COLLECTION MICHEL LÉVY

LES SENSATIONS

DE JOSQUIN

OEUVRES DE CHAMPFLEURY

Parues dans la Collection Michel Lévy

LES PREMIERS BEAUX JOURS.	1 vol.
AVENTURES DE MADEMOISELLE MARIETTE.	1 —
LE RÉALISME.	1 —
LES EXCENTRIQUES.	1 —
LES SOUFFRANCES DU PROFESSEUR DELTEIL.	1 —
LES BOURGEOIS DE MOLINCHART.	1 —
CHIEN-CAILLOU.	1 —
L'USURIER BLAIZOT.	1 —
SOUVENIRS DES FUNAMBULES.	1 —
LES SENSATIONS DE JOSQUIN.	1 —

Paris. — Typographie Le Normant, 10, rue de Seine.

LES SENSATIONS
DE JOSQUIN

PAR

CHAMPFLEURY

PARIS

MICHEL LÉVY FRÈRES, LIBRAIRES-ÉDITEURS

RUE VIVIENNE, 2 BIS

—

1859

Reproduction et traduction réservées

PRÉFACE

On m'a souvent demandé quel était le *Josquin* mystérieux qui semblait connaître à fond le Paris actuel et que personne ne connaissait. J'avais cru répondre suffisamment au désir du public en faisant précéder, en 1856, la publication des premières *Sensations* de la note suivante :

Mon ami Josquin, dont les aventures et les voyages vont se dérouler de mois en mois dans cette *Gazette*, est mort tout récemment, brisé par des sensations trop délicates. Il avait souffert énormément de l'amour, de l'amitié ; pour se consoler il se dépensait en toutes sortes d'amourettes sans conclusions, qui l'intéressaient extraordinairement. Si la plus grande sincérité ne régnait dans les nombreuses pages qu'il a laissées, on aurait peine à comprendre l'intérêt de pareilles aventures : l'explication est facile à en donner.

Jusqu'à vingt-cinq ans Josquin vécut sans aimer réellement ; il avait une certaine terreur des femmes, les regardait comme des êtres d'une essence supérieure, craignait surtout d'être repoussé, et n'osait montrer les trésors d'affection qu'il avait dans le cœur. Plus tard, Josquin eut beaucoup d'aventures ; mais il lui resta jusqu'à la mort un fond de timidité que rien ne pouvait rompre, sinon des avances.

C'était un singulier caractère, composé de comique et de mélancolique ; on le voyait dans la même journée gai, triste, expansif, sombre, baguenaudant, réfléchi, plein de joie ou d'abattement; il allait d'un extrême à l'autre et ne put jamais conserver son sang-froid. Il se jetait à corps perdu dans des folies extrêmes et s'abandonnait ensuite à des tristesses amères. Ceux qui l'aimaient l'aimaient beaucoup, mais par son *humeur* il s'est fait de nombreux ennemis.

Je reviendrai du reste sur lui quand des éclaircissements se feront sentir, et de temps en temps j'expliquerai le décousu de ses notes et de ses aventures.

L'heure est arrivée, au moment où la publication des *Sensations* est en bon train, de dire quelle fut la vie modeste de mon ami, quelles ses aspirations littéraires et le motif qui le poussait en toutes choses.

Ardent en tout (et c'est ce qui l'a tué), il ne put jamais voir dans la littérature un gagne-pain, et, sans être de l'école de Jean-Jacques, il eût volontiers demandé à une profession quelconque des loisirs pour coucher sur le papier ses sensations, ses chères sensations, mélancoliques, gaies, amères, joyeuses, qui étaient toute sa vie. Josquin ne comprenait pas qu'un auteur pût songer un instant à enchaîner des faits sans y avoir été mêlé: pour décrire une passion il fallait l'avoir éprouvée; un chagrin, il fallait en avoir été mordu. Josquin démontrait par la physiologie à combien d'erreurs énormes de détail de passion s'exposait un romancier qui, aimant une *brune*, aurait fait de son héroïne une *blonde*.

Sa religion était la sincérité. A tout propos le mot *sincérité* revenait dans sa bouche; c'était une manie, et ceux qui le voyaient pour la première fois, et qui ne pouvaient plonger dans ses délicatesses infinies, le trouvaient certainement fatigant. Il ne disait pas dix paroles que le mot de *sincérité* ne revînt. Falsifications de mots, falsifications de denrées, falsifications de sentiments le remplissaient de tempêtes.

— On devrait pendre à leur enseigne les marchands de vins qui vendent du poison, s'écriait-il.

Sa colère n'était pas moins grande au théâtre quand il entendait les étalages de *pauvres mères*, etc. Pour les livres, il les jetait avec fureur quand il rencontrait de ces faux semblants de sentiments et il ne permettait plus de prononcer devant lui le nom de ces auteurs qu'il traitait d'hypocrites. Il tenait du *Misanthrope* de Molière, qu'il admirait infiniment, quoiqu'il sortît vivement impressionné à chaque représentation. Il sentait son mal et tâchait de le combattre par quelques grosses plaisanteries pour ne pas rester sous une triste impression.

Sa lecture favorite était celle des *Mémoires*, souvent mensongers, mais qui renferment, à l'insu de leurs auteurs, certains morceaux significatifs. Avec deux lignes vraies, Josquin reconstruisait le personnage réel, et c'était plaisir que de l'entendre refaire, par cette méthode, le personnage tel qu'il avait été, et non pas tel qu'il se peignait.

Poussant à bout ce système, il fut atteint de la même maladie que les auteurs de *Maximes*, qui font entrer des trésors d'observations, de faits, de détails, dans deux lignes concises et qui sont bridés toute leur vie par cette fatale concision.

Josquin en était arrivé à n'étudier que lui et à croire que la fine observation dont il était doué, ne pouvait s'appliquer qu'à l'étude extérieure de ses actions et au ramonage intérieur de ses propres sensations. Aussi passait-il dans la foule absorbé, n'étant distrait par rien, ne regardant plus, n'entendant plus, arrivant peu à peu à une sorte d'état excentrique dont il ne se doutait pas, en raison surtout des gens qu'il voyait fréquemment.

C'étaient certains comédiens, musiciens, peintres, tous enthousiastes de l'art, mais semblables à ces beaux vases de la Chine dont une imperceptible fêlure enlève tout le prix. Pas un des amis de Josquin n'avait le sens entièrement droit : toujours l'imperceptible fêlure qui les jetait hors du commun et les rendait quasi impossibles dans la vie habituelle !

Josquin avait trop de regard pour ne pas s'apercevoir de la légère fêlure de ses amis; il a décrit très-exactement ces détournements d'intelligence appliqués au théâtre, à la peinture, à la musique; mais il n'eut pas le courage de se passer de ses chers camarades, et c'est ce qui lui fit partager une partie de leurs fiévreux enthousiasmes et de leurs fiévreuses amertumes.

Toujours battus par la tempête, ces hommes en arrivaient à des orgueils singuliers qui seuls pouvaient les soutenir dans la vie; mais ils avaient la *sincérité*, et c'est ce qui les rattachait à Josquin.

L'amour se jeta heureusement à la traverse de ces fréquentations, et Josquin redevenait souriant pour une quinzaine. Je devrais dire l'amourette. Josquin, étrillé jadis rudement par l'amour, se sauvait dès qu'il voyait le dieu fouiller dans son carquois; mais il entamait, suivant l'occasion, des aventures qu'il savait rendre piquantes par la tournure de son caractère et les précautions de chat qui ne veut pas être mouillé.

En morale, en politique, il avait des idées très-arrêtées;

PRÉFACE.

je n'oserais en dire autant en matière de religion, que Josquin, nourri de Montaigne, voyait avec les lunettes d'un scepticisme railleur (1).

Si l'époque actuelle n'avait pas remplacé l'extrême *gaieté* par toutes sortes d'études prétentieuses de *passions*, Josquin eût publié un volume de *Propos salés* dont il a laissé quelques fragments curieux. Les vieux auteurs le ravissaient par leur naïveté, leur franchise, leur style facile et amusant, mais tous nous avons peur, et je n'oserais en reproduire quelques fragments. Quatre fois la semaine on joue *Molière* à la Comédie-Française ; il semble un prédicateur couvert de vices qui s'écrierait en chaire : « Mes frères, ne m'imitez pas ! » C'est ce que répétait souvent Josquin, toujours émerveillé des hardiesses du grand poëte comique. — Nous ne pouvons pas le suivre dans cette voie, disait-il ; à quoi bon le donner en spectacle ?

CHAMPFLEURY.

Février 1859.

(1) Dans de futurs *Sensations de Josquin*, je m'appliquerai à donner des fragments significatifs de sa manière de sentir dans ces importantes matières. De même j'essaierai de mettre en ordre la fin du *Voyage à Montbéliard*, dont les feuillets égarés et confiés à un ami viennent seulement d'être retrouvés.

LES SENSATIONS DE JOSQUIN

I

LUDIVINE ET SYLVIÉ.

A une époque déjà éloignée de ma vie d'étudiant ou d'à peu près étudiant, j'entrevois le profil d'une vieille servante, nommée Rosalie, que je demande la permission de crayonner. J'occupais à cette époque, dans le pâté savant des maisons noires qui entourent la Sorbonne, une sorte de logement difficile à qualifier. Ce n'était pas un appartement, ni une chambre d'étudiant, ni un grenier de poëte; on aurait pu comparer cette pièce à un entre-pont de bateau à vapeur par sa longueur, son étroitesse, l'arrondissement des angles du plafond et les deux petites fenêtres qui donnaient de chaque côté sur deux gouttières. Hélas! ces jolis logements de la jeunesse n'existent plus! Les étudiants et les poëtes de l'avenir ne connaîtront pas ces bizarres chambres qui laissent plus de souvenirs que la façade du Louvre. Nous sommes dans une période d'alignement et de régularité, qui, je le crains, déteindra sur les habitudes de la jeunesse.

Au-dessus de mon entre-pont, les intervalles de cette

singulière construction avaient laissé place à un endroit assez noir, bon à servir de débarras pour les malles, et auquel on arrivait extérieurement par une petite échelle de meunier donnant sur le palier. C'était un lieu de divertissement pour les rats et les souris, à en juger par les fêtes nocturnes qui s'y donnaient, et dont le bruit venait jusqu'à l'entre-pont. Le plafond étant très-mince et construit en croisement de lattes recouvertes de plâtre, j'entendais chaque nuit les courses au clocher de mes voisins du dessus, leurs luttes, leurs grignottements et leurs repas splendides. Qui leur procurait ces grosses nourritures? C'est ce que je n'ai jamais pu deviner. Un peintre logeait sur le carré en face de moi, et dans son atelier on entendait plus d'éclats de rire que de bruits de fourchette. Au second demeurait une blanchisseuse, vis-à-vis un petit tailleur, et au premier un relieur, toutes sortes d'industriels dont les bénéfices n'étaient pas considérables, à en juger par leur logement. Enfin, de quelque côté que vînt leur butin, les rats vivaient mieux que tous les locataires.

Ce fut peut-être un peu de jalousie qui m'amena à leur donner congé, car Rosalie vint un jour prendre leur place. Mon voisin le peintre avait eu la singulière idée de posséder une servante, et, comme il ne se sentait pas assez riche pour subvenir à ses besoins, il me mettait de moitié dans la possession de Rosalie, pourvu que je la logeasse. Il me fit entrevoir les bénéfices d'une vie régulière, la considération dont nous jouirions dans le quartier en associant Rosalie à notre destinée, et mille raisons qui me décidèrent d'autant plus vite que le logement était tout trouvé, et qu'en en prenant possession, Rosalie me rendait déjà le service de me débarrasser des courses furibondes des grignotteurs nocturnes. J'acceptai, et Rosalie fut installée pompeusement dans son *appartement*, dont elle trouva d'abord l'escalier un peu roide; mais ce n'était pas une femme à s'effrayer de si peu. On s'étonnera peut-être de ce qu'une servante consentît à entrer en maison chez des gens aussi mal logés que le peintre et moi. Il est bon de dire que Rosalie n'était pas une servante ordinaire; elle savait faire beaucoup de choses, excepté celles que font les autres servantes. D'abord elle causait beaucoup, et en cela elle se rapprochait du penchant propre à sa race; elle s'intéressait extraordinairement aux dessins du peintre et fouillait sans cesse dans ses cartons. Chez moi elle lisait les livres, et je regrette encore les temps où elle arrivait chaque matin pour faire le ménage, s'asseyant dans un vieux fauteuil en tapisserie, nettoyant ses grandes lunettes, les assujettissant avec lenteur sur son nez, et finalement faisant la lecture quotidienne pendant que mes habits attendaient un coup de brosse.

J'en pris mon parti. Rosalie m'amusait, car elle avait un talent remarquable; elle possédait la science du grand Eteila et tirait admirablement les cartes. Or, comme mon avenir à cette époque était inéclairci, chaque matin, après sa lecture du journal, Rosalie me tirait les cartes. Chez moi, elle remplissait donc les fonctions de dame de compagnie, de lectrice et de cartomancienne. Je ne sais ce qu'elle faisait chez le peintre : à force de soins et de conseils, il était parvenu, si je m'en souviens bien, à dresser Rosalie à faire cuire des œufs sur le plat; mais la cuisine ne fut jamais son côté brillant. Quand l'argent se faisait rare dans l'entre-pont, et que, couché, j'appelais des rentrées imprévues, Rosalie ne manquait pas de me consoler en me faisant entrevoir à l'horizon un certain *homme d'argent* qui réjouissait mon cœur. Si de certaines lettres chargées n'arrivaient pas à l'heure de la poste, grâce à sa seconde vue, Rosalie signalait sur des routes lointaines un *porteur de bonnes nouvelles*, et je me frottais les mains en l'attendant.

Avec Rosalie, le réveil était toujours gai ; elle ne me laissait pas le temps de penser aux choses tristes. Elle me racontait tout ce qu'avait fait la veille mon ami le peintre, qui, plus paresseux que moi, n'ouvrait sa porte qu'à midi. Je connaissais tous les intérieurs de la maison comme si j'en avais été l'hôte. Rosalie servait de Moniteur officiel aux différentes actions de la blanchisseuse, du petit tailleur et du relieur. Comme nous la nourrissions d'une manière un peu spartiate, Rosalie, l'après-midi, s'en allait rôder chez les grisettes des alentours, auxquelles elle tirait les cartes. A ce métier, sans doute, elle n'amassa pas de rentes, mais elle pouvait vivre plus largement que ses maîtres.

Si Rosalie n'eût pas commis quelques fautes graves, difficiles à mettre sur le compte de la naïveté, peut-être serait-elle encore avec moi. Pour commencer, il est bon de dire que l'entre-pont commençait à me sembler étroit, et que j'avais résolu de trouver un vaisseau plus splendide. Après de nombreuses recherches, je fus séduit par un septième étage pas trop élevé qui donnait sur un jardin. L'air n'y manquait ni le jour, et, suprême avantage! par une fenêtre, je voyais l'heure au clocher de Saint-Étienne-du-Mont, aussi bien qu'à une pendule sur ma cheminée. En jetant un coup d'œil dans le jardin, j'aperçus une jeune fille qui se promenait en lisant, et qui, au bruit de la fenêtre, jeta un regard en l'air. La jeune fille, quoique très-éloignée, me parut charmante, et immédiatement je devins amoureux du logement. Une espèce de cuisine était attenante à la grande pièce, dont l'alcôve était flanquée de deux cabinets. Dans cette cuisine, j'installerai Rosalie. Les portes de l'alcôve fermées, la pièce pouvait passer pour un salon, dont l'horloge de Saint-Étienne-du-Mont devait nécessairement faire le plus bel ornement.

Le logement ne coûtait que 200 fr. de location par an, ce qui était peut-être lourd pour mon budget d'alors ; mais la vue du jardin et la vue de la jeune fille, voilà ce qui me séduisait. Je rentrai, plein de projets, pour envoyer Rosalie donner un dernier coup d'œil à l'appartement, dans la crainte que mon enthousiasme ne m'eût fait passer sur certains défauts peu apparents au premier coup d'œil. Vis-à-vis de Rosalie je démontrai la commodité de cette magnifique horloge, qui ne nous coûterait jamais de réparations ; j'insistai sur l'avantage d'avoir sans cesse l'heure sous les yeux ; je parlai aussi des arbres, du bon air, sans dire un mot de la jeune fille, car j'avais remarqué que notre servante n'aimait pas que la femme se glissât dans son ménage, et elle ne manquait pas d'accabler le peintre de reproches quand il s'agissait de quelque amourette. Rosalie alla donner *son coup d'œil* au logement ; elle revint en disant que *cela* ne me convenait pas. Comme je me récriai, elle ajouta que le concierge n'était pas bien disposé en ma faveur. — C'est impossible ! dis-je. — Pourquoi demande-t-il un terme d'avance ?

Pourquoi le concierge demandait un terme d'avance, c'est ce que je ne connus que plus tard par mon ami le peintre, quand il m'exposa une longue liste de griefs contre notre servante. Rosalie avait vu le logement et s'était écriée : — Oh ! c'est trop beau pour monsieur ! c'est trop cher pour monsieur ! monsieur ne payera jamais !

Devant cette affirmation donnée par la propre servante d'un locataire futur, le concierge avait frissonné de la menace de non-payement, et ce fut ainsi qu'il exigea ce dur terme d'avance, désir impossible à satisfaire. Je n'ai jamais compris, plus tard, pourquoi Rosalie m'avait posé en si mauvais débiteur, et je ne me le suis expliqué que par l'amour de son trou, le nid à rats, auquel elle tenait sans doute ; ou bien la question d'argent, qui roulait perpétuellement à l'horizon chaque matin entre nous, et qui ne se réalisait que rarement, lui donnait-elle une piètre idée de mon industrie.

Je restai donc dans l'entre-pont par la faute de Rosalie, et je m'en consolai grâce aux gouttières sur lesquelles donnaient mes fenêtres, et qui nous servirent désormais de Petite-Provence au peintre et à moi. Le peintre avait suspendu entre deux cheminées une sorte de hamac, dans lequel on passait les plus gaies journées du monde. Le troisième étage de la maison d'à côté était occupé par un atelier de brocheuses. Un délicieux *far niente* dans le hamac, joint à la vue des brocheuses, la jeunesse n'en demande pas plus. De leur côté les brocheuses n'avaient pas vu sans une certaine joie la distraction que devait leur apporter l'installation de ce hamac suspendu entre deux cheminées. Nous entendions leurs éclats de rire, nous voyions leurs gestes qui nous désignaient ; dès lors un nouveau soleil brilla dans l'entre-pont : il n'y a rien de plus puissant que le voisinage de jolies filles pour faire oublier la pauvreté. Si de beaux tableaux se dessinaient dans l'esprit du peintre, pour moi c'étaient de beaux poëmes.

Nous donnions la comédie aux brocheuses, et elles ne se montraient pas trop farouches aux agaceries des comédiens. Si elles étaient payées à la journée, la maîtresse dut perdre à ce spectacle, car les couteaux de bois s'arrêtaient quand la représentation commençait dans les gouttières. Mon ami le peintre y avait transporté un vieux mannequin habillé en gendarme, qu'on rossait à tour de bras, à coups de bâton, qu'on roulait par terre, qu'on condamnait à la potence, qu'on suspendait par une corde jusque sous les fenêtres des brocheuses, et cette pantomime obtenait à chaque fois un grand succès.

Entre les trois ou quatre ouvrières nos voisines, j'en distinguai une jeune, brune, aux jolies couleurs, qui ne regardait qu'en rougissant et qui baissait aussitôt la tête sur son ouvrage quand elle voyait les regards arrêtés sur elle. Les autres n'avaient pas précisément la timidité en partage : c'étaient celles-là que préférait le peintre. Moi je me sentais attiré vers la timide, peut-être par analogie ; car, quand elle levait ses jolis yeux, c'était à mon tour de rougir et de me retirer en arrière. Ce manége dura près d'un mois. J'aurais bien voulu voir de près la jolie brocheuse, lui parler, mais je n'osai. Ma première audace fut de me rendre compte de la fin de la journée des ouvrières et de la porte par laquelle elles sortaient. Quand elles m'aperçurent, trois d'entre elles se mirent à rire à gorge déployée ; la plus jeune baissa la tête. Je fus étourdi sur le moment, et en sortant de cet étourdissement la rue était vide. Les brocheuses avaient continué leur chemin d'un pas alerte.

La comédie n'en continua pas moins le lendemain, avec des variantes qui obtinrent le plus grand succès. Sous les gouttières demeurait un vieux maniaque comme il en existe beaucoup dans le quartier latin. C'était un de ces fous qui suivent en même temps les cours du Collége de France, ceux de la Sorbonne, ceux du Jardin-des-Plantes, sans compter les leçons de l'école de Droit et de l'école de Médecine. Le bonhomme rentrait avec d'énormes dossiers de notes, et il lui restait à peine de rares quarts d'heure pour mettre en ordre les leçons d'histoire naturelle, de chimie, d'histoire, de physique, de droit civil, de physiologie, de géométrie, de théologie, toutes les sciences du monde, qui se débattaient, Dieu sait comme, dans son cerveau étroit. Une après-midi que mon savantasse suait sur ses notes, il aperçoit avec terreur deux énormes bottes à l'écuyère qui descendent le long de sa fenêtre en s'agitant comme celles d'un pendu. Le savant crie au secours ; les brocheuses, qui d'en face se rendaient compte de son effroi, poussent de tels éclats de rire que leur maîtresse accourt ; tous les voisins se mettent aux fenêtres ; la maison est en révolution sans que nous puissions comprendre l'effet singulier produit par le mannequin. Cependant, sur la plainte du maniaque, notre concierge nous invita de la part du propriétaire à cesser nos représentations, et le mannequin rentra dans l'atelier ; mais nous étions libres de lézarder dans nos gouttières, et les brocheuses nous encourageaient à tenter de nouveau exercices. Il faut si peu de chose pour amuser les grisettes pendant leur journée que nous devions passer pour les hommes les plus spirituels de Paris. C'étaient un jour des exercices à la sarbacane contre les malheureux oiseaux perchés sur les toits, un autre jour des bulles de savon, un autre jour un cerf-volant avec des dessins fantastiques sur le ventre.

Au milieu de tous ces divertissements, elle et moi avions perdu un peu de notre timidité ; quand elle n'osait pas regarder, ses compagnes la poussaient du coude, et nous devinions aux gestes leur langage : « Tiens, regarde ce que ces fous viennent d'inventer. » J'arrivais ainsi à une sorte d'intimité fort éloignée ; nous nous disions bonjour par signe, ainsi qu'adieu, et, aux gestes plus prononcés du lundi, on voyait bien que la séparation du dimanche avait été sentie de côté et d'autre. Les jours de pluie amenaient également une séparation forcée, et je me demandais s'il n'y avait pas moyen, le soir, de remédier à ces séparations. Le moyen était simple : il ne s'agissait que d'attendre la jeune fille à la porte, de lier plus ample connaissance avec elle, et de demander la faveur d'être reçu chez elle. Pour les plans, je n'étais jamais embarrassé ; mais l'exécution ! Cependant je tentai un soir une nouvelle embuscade, et, caché derrière le cheval de renfort qui attend l'omnibus pour les hauteurs du Panthéon, j'attendis la sortie des brocheuses. Comme de coutume elles s'en allaient toutes quatre ensemble, et je les suivis de loin, sans que personne m'eût aperçu. Deux d'entre elles se séparèrent au carrefour de la rue de la Harpe et de la rue de l'École-de-Médecine ; celle que je poursuivais continua son chemin jusqu'à la rue du Paon, où elle entra dans une maison de modeste apparence, après avoir causé quelques minutes avec sa camarade.

Elle demeurait rue du Paon, dans un des plus jolis quartiers de Paris. J'entends *joli* à mon point de vue, qu'il me faut expliquer. La rue du Paon, à partir de la rue de l'École-de-Médecine jusqu'à la rue Hautefeuille, va se perdant dans un centre de maisons toutes particulières qui s'arrêtent à la place Saint-André-des-Arts. C'est un coin tranquille du Paris bruyant; beaucoup de jardins ont été conservés par là dans cette epèce d'îlot, où demeurent spécialement marchands de papiers, libraires, brocheurs, imprimeurs et fabricants d'imagerie. Les corporations, qui jadis se groupaient dans le même quartier, ont laissé par là une sorte d'échantillon du Paris bourgeois et provincial. Les constructions n'ont guère varié depuis deux siècles; des maisons à petites tourelles flanquent encore quelques coins de rue. Il n'y a rien d'analogue sur la rive droite de la Seine.

J'aimais et j'aime encore ce quartier, peut-être à cause de la jolie brocheuse; mais, quand j'eus longtemps considéré la maison où elle venait d'entrer, je ne fus guère plus avancé. Après différents détours qui me ramenaient sans cesse à cette porte, je pris le parti d'y revenir le lendemain de bonne heure, car les brocheuses arrivaient, l'été, à sept heures à l'atelier. Ce qui étonna vivement Rosalie de ne pas me trouver au lit à cette heure; mais elle devait passer par d'autres étonnements. Pendant quinze jours, j'allai chercher le matin et reconduire le soir la petite ouvrière, sans qu'elle s'en doutât. Je l'attendais à l'angle d'une rue, et, quand par hasard elle tournait la tête, je frémissais. Les gens expéditifs en amour ne peuvent comprendre les vives émotions d'un homme timide, en qui il se passe des petits drames inconnus, d'une délicatesse émouvante. Je n'étais pas malheureux, mais je n'étais pas complètement heureux, et je confiai mes tourments au peintre, qui se moqua de moi et jura que dès le même soir il fallait que j'offrisse mon bras à la petite ouvrière. Mon cœur, suivant lui, devait suivre mon bras. Ce plan m'effraya, et je suppliai mon ami de me laisser continuer tranquillement mon petit chemin.

— Alors, pourquoi te plains-tu? dit-il.

Et il avait raison.

— Viens dans la gouttière, ajouta-t-il; tu verras qu'on n'attend que ta déclaration.

Connaissant son audace en de pareilles matières, je ne voulus pas l'accompagner, effrayé de la rapidité qu'il entendait donner à ces conférences.

— Après la spirituelle invention du gendarme, dit-il, s'il y avait cinquante ouvrières, elles se disputeraient toutes les cinquante le droit d'être courtisées par nous. Nous sommes bien vus; tu n'as qu'à te présenter. Ce soir tu les attends; tu leur dis : Bonjour, mesdemoiselles, et tu prends le bras de ton adorée. Veux-tu que je te présente? Je parlerai d'abord si tu crains la première rencontre.

— Non, non, lui dis-je.

— Alors tu ne veux pas lui faire la cour; tu ne l'aimes donc pas?

— Pas beaucoup; c'était une idée qui me passait.

— Si ce n'est qu'une idée...

— Tout bien résolu, dis-je, je ne veux pas perdre mon temps avec cette petite.

— Tu as raison, dit le peintre.

— Pourquoi ai-je raison?

— Parce que tu t'attacherais trop sérieusement, et que ce sont ensuite des chaînes qu'on ne brise pas facilement.

— Eh bien! j'en resterai là. Il faut que je travaille, et, si je devenais amoureux réellement, je sais que je ne ferais rien.

— Moi aussi j'ai à travailler, dit le peintre ; je ne suis pas amoureux, et cependant je flâne toute la journée.

— Voilà assez de temps que nous flânons ; travaillons, dis-je résolûment.

— Oui, travaillons, répondit mon ami.

— Eh bien ! il est deux heures ; va à ton atelier ; j'irai te chercher à cinq heures pour dîner.

— Bon ! dit le peintre plein de courage, en s'en allant.

A peine était-il parti, que je retirai la clef de ma serrure et que je grimpai dans ma gouttière, où, caché derrière la cheminée, je pus regarder à loisir le joli profil de la brocheuse, qui pliait ses feuilles de papier en jetant, de quart d'heure en quart d'heure, un regard du côté de mon toit, inquiète de ne pas voir les comédiens par ce beau soleil. Je passai là des heures charmantes sans me douter du temps qui s'écoulait, et j'y serais resté jusqu'à la nuit si un bruit infernal qui se faisait à ma porte ne m'eût fait descendre. Je frémis en entendant la voix de mon ami qui m'appelait de façon à troubler toute la maison, en battant des roulements prolongés sur ma porte. Je n'avais rien fait, et je ne savais comment expliquer l'emploi de mon après-midi.

Pour me donner une contenance, je me frottai les yeux et j'ouvris d'un air ahuri.

— C'est ainsi que tu viens me prendre pour dîner ! dit le peintre. Sais-tu quelle heure il est ?

— Non.

— Sept heures... Diable ! quand tu pioches, tu pioches

ferme... Qu'est-ce que tu as fait de bon pendant ces cinq heures ?

— Je t'avouerai que j'ai dormi.

— Moi aussi, dit le peintre.

Voilà comment je trompai mon ami; mécontent cependant de ne pouvoir attendre le même soir la brocheuse.

Après un court repas, aussi modeste que court, nous projetâmes d'aller faire un tour de promenade dans le jardin du Luxembourg. Ç'a toujours été le jardin des philosophes, des amoureux et des peintres. Toute la jeunesse de France a aimé sous les ombrages des marronniers et y a fait les plus beaux projets du monde. Mon ami le peintre dessinait sur le sable avec sa canne les futurs tableaux si faciles à raconter, si difficiles à exécuter. Je l'écoutais à moitié, gardant mon attention, pour les couples d'étudiants et de grisettes qui s'en allaient joyeusement dans la direction de l'Observatoire. Je pensais à la petite brocheuse et je me disais combien je serais heureux de pouvoir la promener ainsi à mon bras. Tout à coup mon ami :

— Voilà nos voisines! s'écria-t-il.

Je sens un trouble inexprimable. C'était vrai.

— Quel singulier animal promènent-elles? dit le peintre en s'élançant de leur côté.

Je le suis à quelques pas, au comble de l'émotion. Il venait de s'emparer d'un petit chat, âgé d'un mois tout au plus, à qui les brocheuses venaient faire respirer l'air.

— Enfin, mesdemoiselles, on vous voit de près, et je ne me trompais pas quand je répétais chaque jour à Josquin que vous étiez très-jolies. Vous venez vous promener avec votre chat; c'est une drôle d'idée. Est-ce que les gardiens ne vous ont rien dit?

Voilà le peintre parti, riant, chantant, embrassant le chat, causant toujours, et me laissant fort empêché de ma personne. Les deux brocheuses répondaient à peine, souriaient de temps en temps, et paraissaient intimidées des libertés de mon compagnon.

— Vous n'allez pas au bal? leur dit-il.

— Non, monsieur, nous rentrons tout de suite.

— Comment! vous n'allez pas au bal?

— Jamais, monsieur.

— Ainsi vous ne connaissez pas la Chartreuse?

C'était alors un bal fort à la mode parmi les étudiants.

— Non, monsieur.

— Ni la Chaumière?

— Non plus.

— C'est incroyable! A quoi pensez-vous?

— Nous nous couchons de bonne heure.

— Mais si je vous priais de venir faire un tour à la Chartreuse?

— Merci, monsieur.

— Merci oui?

— Non, vraiment, monsieur.

— Rien qu'entrer et sortir?

— Non, monsieur.

— Pour entendre la musique?

— Merci, monsieur.

— Allons, Josquin, prends le bras de mademoiselle, dit mon ami en s'emparant sans façon du bras de sa camarade.

Mais la brocheuse résista et finit par dégager son bras;

car, de mon côté, je n'avais pas obéi à l'invitation du peintre.

— Nous sommes à la grille du Luxembourg, il n'y a plus qu'un pas, disait mon compagnon.

— C'est impossible, monsieur.

— Eh bien ! dit-il, si vous ne voulez pas venir avec moi, vous viendrez bien avec votre chat.

Et d'un bond, tenant toujours le petit chat dans ses bras, il traversa la chaussée et s'élança dans le bal.

— Oh !... s'écrièrent les brocheuses terrifiées par cet excès d'audace.

En même temps elles jetaient un regard suppliant vers moi.

— Venez, mesdemoiselles, leur dis-je; ne craignez rien pour le petit chat : mon ami n'est pas méchant.

— Non, dirent-elles en regardant les toilettes splendides de quelques lorettes qui descendaient de leur coupé.

Je compris la coquetterie qui les empêchait d'entrer au bal.

— Eh bien ! je vais courir après mon ami, et je vous jure que je vous rapporterai votre chat.

— N'est-ce pas, monsieur? s'écria la petite brocheuse, qui avait presque envie de pleurer.

Je n'eus pas de peine à rejoindre mon ami; mais il se montra inexorable malgré toute mon éloquence : il consentait à rendre le chat à la condition que nos voisines viendraient le reprendre elles-mêmes. Je remontai au contrôle et je leur fis part de l'insistance du peintre, tout en les priant de ne pas me regarder comme son complice. Pendant mon ambassade il était entré beaucoup de monde au bal, du monde de toutes couleurs, des étudiants habillés comme des membres du Jockey-Club, et d'autres, plus nombreux, à la mode de la rue de la Harpe. Si quelques voitures attendaient à la porte les lorettes aristocratiques, combien de petits bonnets venus à pied! Ce spectacle avait sans doute chassé la coquetterie des brocheuses, car, après s'être fait un peu prier, elles se décidèrent à m'accompagner dans cette Chartreuse redoutable, dont la réputation était aussi mauvaise que répandue. Le peintre se montra généreux, offrit aux grisettes de la bière et des croquets dans un petit bosquet, rendit l'otage et tâcha de faire oublier, par mille galanteries, son coup de main audacieux. Après quoi les brocheuses s'en retournèrent seules, sans trop de courroux.

Dans la soirée : — Sais-tu qu'elle est charmante? me dit mon ami.

— Qui?

— Ludivine, quoiqu'elle ait un singulier nom.

— Oui, un nom étrange, repris-je un peu jaloux.

— On ne s'appelle pas Ludivine ; tout le monde doit rire à Paris quand elle le prononce ; je lui ferai changer de nom.

— Comment! m'écriai-je, inquiet de ces droits qu'il semblait déjà prendre.

— Puisque tu ne veux pas lui faire la cour, je me présenterai... Elle me plaît beaucoup. Est-ce que cela te tracasse? me demanda-t-il.

— Non, répondis-je du bout des lèvres ; car je n'osais lutter avec un vainqueur si audacieux ; mais depuis cette courte entrevue mon amour avait pris racine. Ludivine était si jolie qu'elle faisait oublier l'étrangeté de son nom ;

elle avait le droit de s'appeler Ludivine, et, quand on la voyait, le nom ne donnait plus à sourire.

Nous quittâmes le bal bientôt après, et je passai une nuit des plus tourmentées, pensant à elle et craignant les entreprises de mon ami. J'étais devenu jaloux pour la première fois et je connaissais d'affreux tourments.

Je voyais ma situation en noir : le peintre s'était déjà tellement mis en avant que j'avais été remarqué à peine. L'audace ne déplaît point aux femmes, et la tyrannie avec laquelle Ludivine s'était laissée entraîner au bal devait la prévenir en faveur de mon rival. Encore si j'osais lutter fermement, peut-être toute espérance n'était-elle pas perdue ; mais ma timidité redoublait en face des assauts de mon ami, et je me disais que le résultat de la lutte ne pourrait pas tourner en ma faveur. Cependant, sur le matin, j'eus l'idée de faire servir Rosalie à mes projets. Je me levai au petit jour ; je courus au quai aux Fleurs à l'heure où les jardiniers déchargent leurs voitures, j'achetai un bouquet, et je rentrai chez moi, plein d'espérance, griffonner un petit billet par lequel je priais mademoiselle Ludivine d'oublier la scène de la veille, l'enlèvement du chat, auquel j'avais été étranger, et je l'invitais à accepter ce bouquet et à le porter sur elle en signe de pardon. Si tous ces désirs étaient remplis, je me présenterais à elle à la sortie de l'atelier. A travers tout cela, je glissai quelques paroles d'un amour timide, et j'attendis Rosalie d'un pied ferme, après avoir fait un certain sabbat dès six heures du matin à la porte de son trou. La vieille servante entra chez moi, un peu étonnée de ce remue-ménage.

— Voici une lettre et un bouquet, lui dis-je ; vous allez

porter cela rue du Paon, n° 8. Vous demanderez mademoiselle Ludivine au concierge, et vous ne remettrez la lettre et le bouquet qu'à elle-même.

— Fallait-il me réveiller pour cela ! s'écria Rosalie.

— Partez vite, il n'est que temps.

La servante voulait entrer en de nombreuses explications.

— Nous causerons quand vous reviendrez, lui dis-je.

Jamais Rosalie n'avait été commandée sur ce ton; elle tournait dans la chambre, poussant des *si* et des *mais* pour en savoir davantage.

— Partez vite, lui dis-je, partez. Dans cinq minutes vous en saurez davantage.

Au bout d'une mortelle demi-heure, Rosalie revint.

— Eh bien? m'écriai-je.

— J'ai vu la petite demoiselle.

— Bon ! Vous lui avez remis la lettre et le bouquet ?

— Oui, monsieur.

— Qu'a-t-elle dit ?

— Elle a dit : « C'est bien. »

— Pas autre chose ?

— Non; elle a paru étonnée.

— Et puis ?

— C'est tout. Elle est descendue avec moi et m'a accompagnée jusqu'auprès de la porte. Elle a dit qu'elle venait travailler.

— Avait-elle le bouquet ?

— Je ne sais pas.

— Comment ! vous ne savez pas ! repris-je, irrité.

— Dame ! Monsieur m'avait recommandé de donner un bouquet et une lettre; j'ai fait ma commission,

— Vous n'avez pas remarqué si elle emportait le bouquet?

— Non, monsieur.

— Vous ne savez rien faire.

— Bien obligé, monsieur.

— Vous n'êtes bonne qu'à lire les journaux ou à tirer les cartes.

— J'ai offert à la petite demoiselle de les lui faire, mais elle a dit qu'elle n'avait pas le temps, qu'elle était en retard, et que ce serait pour un autre jour.

J'avais envie de sauter immédiatement dans la gouttière, afin de m'assurer de la présence de mon bouquet ; mais une pluie d'orage venait de se déclarer, et la fenêtre des brocheuses était fermée. Je tremblais que le peintre ne se levât et ne voulût monter sur ce que nous appelions notre balcon, afin de commencer à faire sa cour ; mais, pour écarter mon rival, je dis à Rosalie que j'avais à sortir pour une affaire pressante qui me retiendrait toute la journée dehors, et qu'elle en prévînt le peintre quand il se réveillerait. Après quoi j'enlevai ma clef, et j'attendis, patiemment enfermé, que la pluie voulût bien faire place à des rayons de soleil plus propices à mes amours. Le soleil fut docile et ne tarda pas. J'allai à mon observatoire, d'où, armé d'une lorgnette, je pus bientôt voir la fenêtre de mes voisines s'ouvrir, et, sur la table de travail, devant Ludivine, mon bouquet, qui me fit pousser un soupir de joie. Elle l'avait accepté ; elle pardonnait l'offense de la veille ; elle ne me repoussait pas !

Après l'audace du bouquet, le courage me vint. Talonné par la crainte des entreprises du peintre, j'attendis le soir la sortie de Ludivine. Elle était seule ; je la rencontrai. Je ne sais trop ce que je lui dis, mais je conjuguai le verbe *aimer* autant de fois qu'un pensum, et je crus m'apercevoir que Ludivine ne me voyait pas d'un mauvais œil.

— Ah bah! s'écria mon ami quand, faisant le pied de grue dans la rue, il me rencontra donnant le bras à la brocheuse. Il n'en dit pas plus et se retira, plein de discrétion, trouvant l'herbe coupée sous son pied.

— Pour un homme timide, me dit-il le soir, tu as été vite en besogne.

Le jour où Ludivine voulut bien accepter une petite fête que je donnai en son honneur dans l'entrepont :

— C'est gentil ici, dit-elle ; je ne l'aurais pas cru.

— Pourquoi?

— Quand votre bonne m'a apporté le bouquet et la lettre, tu ne sais pas ce qu'elle m'a dit?

— Non.

— Elle a poussé un soupir et s'est écriée : Oh! mademoiselle, si vous saviez comme monsieur est pauvre!

— Et cela ne t'a rien fait?

— Mais ta chambre est un palais à côté de la mienne, et je n'aime pas les gens riches.

Cependant, le lendemain matin j'interpellai vertement Rosalie.

— Qui est-ce qui vous a chargé de dire à Ludivine que j'étais pauvre?

La vieille servante, me voyant irrité, ne sut que répondre.

— Pauvre, qu'en savez-vous?

— Dame, dit-elle en tremblant, je croyais que monsieur n'était pas riche.

— Non, je ne suis pas riche, mais cela ne vous regarde

pas. Si vous n'êtes pas contente de moi, vous pouvez vous en aller.

— Je suis très-contente de vous servir, monsieur.

— Et de ne rien faire, n'est-ce pas? Enfin, dans quel intérêt parliez-vous ainsi à Ludivine?

— Dans son intérêt, monsieur.

— Ainsi vous vouliez lui faire connaître ma position?

— Mon Dieu, monsieur, il y a des femmes qui aiment l'argent, les toilettes, les beaux logements, et je savais que monsieur ne voulait pas tromper une jeunesse.

— A l'avenir faites attention, Rosalie, à ne plus faire de commentaires sur mon compte.

— Monsieur a vu que cela a bien tourné.

En effet, Ludivine n'avait pas été séduite par des promesses dorées; c'est ce qui sauve les amours de jeunesse et rend leur souvenir durable. Nul calcul de part et d'autre, tout est sacrifié au caprice; on s'aime, on se l'avoue jusqu'à ce qu'on ne s'aime plus et qu'on se quitte. L'imprévu est la base de ces amourettes pour lesquelles les gros serments sont laissés de côté. Ludivine remplit l'entre-pont de gaieté pendant six mois; elle n'était pas sans quelque teinture de belles-lettres, grâce à son état de brocheuse. Quand l'ouvrage ne pressait pas, les ouvrières jetaient un coup d'œil sur l'ouvrage qu'elles brochaient, et, s'il s'agissait d'un roman, chacune en lisait des feuilles, de telle sorte qu'à huit elles pouvaient se raconter l'ouvrage tout entier. Elles emportaient en secret chez elles quelques feuillets qu'elles rapportaient le lendemain, et ces lectures diverses leur ouvraient l'intelligence. Ludivine n'avait qu'un défaut, celui de ne pas être assez coquette; tout ce que je voulais, elle le voulait ; elle se pliait trop à mes caprices : elle n'était pas assez femme. Après six mois, l'ouvrage manquant chez sa maîtresse, elle entra dans un atelier très-éloigné de là, et fut obligée de quitter la rue du Paon pour aller du côté de Montmartre.

Cette séparation amena un certain vide dans mon cœur. L'entre-pont me parut triste. J'aurais dû changer brusquement de logement ; mais Rosalie tenait à son trou, et la leçon qu'elle m'avait donnée lors de nos projets de déménagement n'était pas oubliée. Je restai près de trois mois le cœur en jachère, mélancolique, sans pouvoir m'égayer, et je résolus de faire un petit voyage, afin de secouer ce vague ennui. La veille de mon départ, je me promenais dans le Luxembourg, lorsque j'aperçus, assise au pied d'un arbre, une femme qui me frappa par l'accent étrange de sa beauté : une figure allongée très-régulière, de grands yeux noirs, des cheveux épais et abondants, séparés par une raie sur le côté, qui, jointe à la couleur bistrée de sa peau, lui donnaient quelque ressemblance avec certains portraits espagnols. Entourée dans un grand châle imitant les dessins de l'Inde, elle était caressée par les rayons du soleil sans paraître en être gênée. Sa chaise penchée contre l'arbre, cette femme représentait à la fois la langueur de l'Espagne et de l'Italie. Si cette raie sur le côté lui donnait quelque chose de provoquant, ses yeux noirs mélancoliques, qui ne se levaient sur aucun des promeneurs, chassaient toute idée de coquetterie. Je l'étudiai attentivement comme si j'avais regardé un beau portrait du Titien ou de Vélasquez, et je fus frappé d'une certaine nonchalance pleine de fierté qui n'appartenait en rien au quartier latin.

Divers promeneurs passèrent devant elle, la regardèrent ; elle ne semblait pas y faire attention.

Pour mes adieux au Luxembourg j'avais du bonheur. J'emportai en voyage une image singulière qui ne me quitta pas. Partout je me représentais cette femme qui me troublait par sa pose, sa beauté et sa raie de côté sur la tête. A quelle classe elle appartenait, il m'était impossible de le définir. Ce n'était ni une grande dame, ni une lorette, ni une bourgeoise. J'aurais donné tout au monde pour connaître son nom et sa position, car elle tenait autant du sang étranger que du français. Cet inconnu plein de charmes me donna à travailler et me fit revenir de voyage plus vite qu'à l'ordinaire. J'avais soif de revoir le Luxembourg et la pépinière où je l'avais vue, assise sous un massif de lilas embaumés ; mais j'eus beau arpenter le jardin dans tous les sens, y passer des après-midi entières, l'étrangère ne reparaissait plus, car, je n'en pouvais douter, c'était une étrangère conduite par hasard dans le Luxembourg, et il fallait un second hasard bien propice pour me la faire rencontrer.

Cependant j'ai une idée enracinée : c'est que la pensée fortement appliquée à une chose ou à une personne ne se produit pas en vain. Quelques faits qui me sont arrivés m'ont encouragé dans cette voie, et quand, dans ma chambre, seul, je pensais à l'inconnue, et que je me tourmentais de ne pas la voir, je me disais : Tu n'y penses pas encore assez. Souffre, mais penses-y.

Il y avait à cette époque une galerie de tableaux espagnols, au Louvre, et j'y découvris le portrait de mon inconnue. Le catalogue donnait ce portrait comme celui de la fille du *Greco*, un maître dont les œuvres étranges m'attiraient, mais qui, dès lors, joua un grand rôle dans ma vie, grâce à l'étonnant portrait de femme qui, par suite des révolutions, est perdu pour la France. Cette fille du Grec *Domenico Theotocopuli*, j'allais la voir tous les jours et je ne pouvais m'en lasser. On ne le regardait pas beaucoup, parce qu'il était dans ces galeries espagnoles contre lesquelles la sotte opinion publique se prononçait. Je n'en étais que plus seul dans la galerie, et je finissais par croire que le portrait m'appartenait. Suivant les variations du temps, le portrait changeait de physionomie, et, quand le soleil donnait dans cette grande salle déserte, la fille du Greco, habituellement froide et mélancolique, se laissait aller à une sorte de sourire qui n'existait que dans mon imagination. Un portrait n'est souvent beau qu'aux yeux de celui qui le regarde. J'ai vu des vieillards émus devant de très-médiocres peintures, dont le côté vivant n'existait que dans leur cerveau ; mais la fille du Greco se transformait à mes yeux : les fourrures d'un ton plâtreux dans lesquelles elle s'enveloppait étaient remplacées par le châle indien de l'étrangère du Luxembourg, dont le souvenir ne me quittait pas.

Un amant aime qu'on admire sa maîtresse.

— Je gage, dis-je à mon ami le peintre pour exciter sa curiosité, que tu ne connais pas le plus beau portrait de femme du Louvre.

— La Joconde ?

— Non ; c'est dans la galerie espagnole.

— Il n'y a, me dit-il, que des messieurs maigres et dédaigneux, avec de grandes moustaches en croc, et de petites infantes avec de gros chiens.

— Eh bien ! je veux te le montrer.

J'entraînai le peintre au Musée, devant le portrait.
— Regarde !
— Deviens-tu fou ou est-ce pour te moquer de moi ?
— Ni l'un, ni l'autre ; c'est le plus beau portrait du monde !

Là-dessus mon ami se mit à discuter la qualité du ton, la sonorité de la couleur, et mille détails matériels de la peinture qui n'étaient pas ma préoccupation.
— Tu raisonnes comme un peintre, lui dis-je.
— Et toi comme un bourgeois.
— Je te parle de la physionomie.
— Ton Gréco est un piètre coloriste.
— Qu'importe si cette tête de femme est belle ?
— Viens dans la galerie italienne, dans la galerie flamande, et je te montrerai ce que j'appelle un beau portrait.

Mais comme Titien ni Rubens n'avaient peint l'inconnue du Luxembourg, je laissai le peintre parcourir les galeries, ne pouvant me détacher de la contemplation de la fille du Gréco.

Presque tous les jours, en revenant du Musée, à travers le jardin du Luxembourg, j'allais m'asseoir sous les lilas, à l'endroit même où j'avais rencontré l'inconnue ; mais elle ne revenait pas. Allons, c'est un beau rêve qui a traversé ma vie, pensai-je un matin en renonçant sérieusement à mes fréquentations du Louvre. Pour chasser mes souvenirs, j'appelai l'image de Ludivine, la singularité de notre première rencontre, l'introduction de son petit chat au bal, et ces réflexions me conduisirent le même soir à ce bal, dont la musique joyeuse invitait les promeneurs à entrer. Il y a dans la danse un charme tout particulier qui s'accroît pour moi quand je me trouve en présence de danseurs jeunes. Si on peut ne pas être choqué des écarts violents, des brusques mouvements et de la sauvagerie de la majorité, le plaisir est grand de rencontrer deux ou trois danseuses ou danseurs qui ont de l'accent, savent faire passer leur propre tempérament dans un quadrille, en ne se pliant pas aux pas convenus. Dans ce bal d'étudiants, toutes les folies étaient permises et laissaient plus de place qu'ailleurs à l'individualité. Du haut d'un petit sentier escarpé, bordé de haies vives, je regardais les danseurs, lorsqu'à deux pas de l'orchestre j'aperçus mon inconnue du Luxembourg; elle aussi observait, enveloppée dans son grand châle, les cheveux disposés sur le côté et le regard fièrement mélancolique. Je dus pousser un cri, et mon premier mouvement fut de m'élancer vers elle; mais je ne sais quoi me retint à cette même place, afin de l'observer plus attentivement sans être remarqué.

La contredanse terminée, l'orchestre fit entendre l'introduction d'une valse. Appuyée contre un des angles de l'orchestre, l'inconnue devait appeler l'attention. En effet cinquante jeunes gens se présentèrent l'un après l'autre pour l'inviter à valser; tour à tour vinrent s'offrir des étudiants élégants et des carabins sans gêne, des créoles, des artistes aux chapeaux pointus, des Orientaux avec leur fez rouge; elle refusa tous les inviteurs par un signe de tête non équivoque qui ne laissait aucun espoir. Les uns passaient vite, les autres résistaient; prières inutiles. Devant ceux qui voulaient entrer en conversation elle se reculait, détournait la tête, et le dédain poli qu'elle montrait à tous ces danseurs faisait qu'ils se retiraient un peu étonnés, allant chercher fortune ailleurs. Les étudiants ne sont pas habitués aux grandes manières : les plus audacieux devenaient polis en parlant à l'inconnue ; devant elle ils subissaient une sorte de respect auquel ils ne sont pas faits, et, comme ils n'aiment pas à perdre leur temps en belles manières, ils préféraient choisir des danseuses plus faciles.

Ainsi ce n'était pas une femme ordinaire. Ses manières ne démentaient pas sa physionomie. Elle pouvait se trouver par hasard dans ce bal, comme elle s'était trouvée dans le Luxembourg. Si, au premier abord, j'avais été surpris de la rencontrer dans cet endroit un peu bruyant, maintenant je la revoyais, comme dans le passé, pleine d'une distinction particulière. Me perdant dans les groupes, je pus l'examiner à souhait. Elle ne venait pas au bal pour danser, et je formai le projet de l'accompagner à la sortie,— de loin comme toujours,— car ma maudite timidité n'était pas encore partie. A la porte, un coup me fut porté des plus violents de ceux que j'aie ressentis de ma vie.

L'inconnue, toujours seule, qui n'avait parlé à personne dans le bal, s'en retournait au bras d'un jeune homme !

— Elle est comme toutes les autres, me dis-je. Et je jurai de ne plus revenir dans ce maudit endroit qui m'avait enlevé toutes mes illusions ; mais, le jeudi suivant, à peine les portes ouvertes, j'entrai le premier, avec l'impérieux désir de la revoir encore une fois. Je voulais étudier la figure de l'homme qui la reconduisait, et je mettais ma rentrée au bal sur le compte d'une simple curiosité. Une heure après j'aperçus l'inconnue, seule encore, comme précédemment, toujours dans la même toilette, avec le même regard un peu triste et sa belle chevelure sur le côté. Les danseurs se représentèrent en foule, et elle les accueillit avec la même froideur. J'aurais voulu entendre sa voix : si elle eût parlé, je me serais glissé derrière elle, mais c'était d'un signe de tête seulement qu'elle remerciait les étudiants. Riches ou pauvres, qu'ils fussent vernis ou non gantés, elle les renvoyait sans paraître les regarder ; car il est des femmes élégantes dans les bals publics qui, d'un coup d'œil, toisent des pieds à la tête ceux qui les invitent, n'accordant leur main qu'à ceux dont une mise irréprochable annonce quelque fortune. L'inconnue n'avait pas de ces préférences ; elle refusait tout le monde.

— Monsieur veut-il un bouquet ? me dit la marchande en passant près de moi.

— Oui, lui dis-je spontanément. Voyez-vous là-bas, près de l'orchestre, cette femme enveloppée dans son châle. Portez-lui ce bouquet de ma part.

Je me cachai derrière un arbre, afin d'étudier la scène qui allait se passer.

— Si elle accepte le bouquet, me dis-je, j'irai me présenter à elle.

Plein d'émotions, je suivis des yeux la marchande, qui alla vers l'inconnue, lui parla et lui présenta les fleurs. Elle parut un peu surprise, sembla faire quelques questions à la marchande et finit par prendre le bouquet.

— Allons, me dis-je, j'ai le droit de me présenter. Et j'allai du côté de l'orchestre tourner autour de l'inconnue ; mais, ainsi qu'une pierre jetée dans l'eau produit d'abord un cercle étroit, puis un autre plus large, et encore un autre qui va s'agrandissant, jusqu'à ce que l'eau reprenne son assiette, à chaque tour que je faisais je m'éloignais, effrayé de ma hardiesse. Une réflexion me vint qui me ramena à mon observatoire. Si le jeune homme qui avait reconduit l'inconnue au bal précédent, se présentait tout à coup, que dirais-je? Il était prudent d'attendre la fin du bal et d'étudier la conduite à tenir. Pendant le dernier galop furieux qui fut l'épilogue de la soirée, je perdis tout à coup de vue l'étrangère, et, malgré mes recherches, il me fut impossible de la découvrir entre les deux mille personnes qui s'en allèrent en se poussant.

— Ce sera pour le prochain lundi, pensais-je, heureux de ce que mon bouquet était accepté et bâtissant là-dessus les plus folles illusions.

Le lundi arriva sans trop se faire attendre, ainsi que l'inconnue, qui était toujours près de l'orchestre. Elle aime la musique, pensais-je, c'est ce qui l'amène au bal. Cette fois, j'étais bien décidé à l'aborder; mais je jugeai qu'un second bouquet me rendrait son accueil plus favorable, et j'envoyai de nouveau la marchande vers l'inconnue. Il me parut que l'entretien était plus long que le premier.

— Portez ce bouquet de ma part, avais-je dit, mais, au geste de l'étrangère, je compris qu'elle demandait de quelle part. La marchande se retourna, désigna le petit sentier d'où je dominais le bal, et je n'eus que le temps de m'accroupir derrière la haie pour ne pas être vu. Chose singulière! j'avais le ferme désir de me présenter, et une force mystérieuse me poussait à me cacher. Cœur timide, me dis-je, oseras-tu te montrer!

Je me mêlai aux danseurs, et tout à coup, me trouvant près de la marchande de bouquets, je fis un brusque soubresaut pour ne pas me rencontrer avec elle. Je grillais d'envie de connaître le résultat de la conférence; la marchande pouvait me l'apprendre, et je me sauvais. Toute la soirée je rôdai autour de l'inconnue, cherchant à lire de loin sur ses traits l'effet produit par ces fleurs mystérieuses; elle tenait le bouquet d'une jolie main qui avait consenti à sortir de son châle. Ce fut là le seul renseignement que je tirai. Plus j'allais et plus ma timidité s'accroissait. Enfin le bal se termina, et je pus voir l'inconnue s'en aller seule, sans que je pusse avancer d'un pas vers elle.

Rentré chez moi, je m'accablai des reproches les plus vifs, et je prononçai un serment terrible.

— Si elle accepte mon troisième bouquet, me dis-je, je jure que je me présenterai.

En effet, le jeudi suivant, armé de ma résolution, je fis signe à la marchande; je choisis le plus beau bouquet de son étalage, et je l'envoyai en mission; mais bientôt après elle revint.

— Monsieur, voilà votre argent; cette demoiselle n'accepte pas mes fleurs.

— Pourquoi? lui demandai-je.

— Elle prétend qu'elle ne vous connaît pas et que vous vous moquez d'elle.

— Allez lui reporter ce bouquet, et dites-lui que je vais me faire connaître.

La marchande partie, je respirai fortement; tout sembla tourner autour de moi. J'avais une sorte de vertige; mais je me sentais entraîné comme vers un précipice.

— C'est moi, madame, dis-je, qui vous ai envoyé ces fleurs.

Elle me regarda de ses grands yeux noirs. Je sentais mes veines battre, tout mon être en révolution.

— Ah! dit-elle; et elle attendit.

Forcé de parler : — Il y a six mois, madame, que je vous ai rencontrée dans le jardin du Luxembourg, assise sous les lilas... Je suis parti le lendemain en voyage; mais j'emportais votre souvenir, qui ne me quittait plus, qui ne m'a jamais quitté... Je vous ai retrouvée ici, je vous ai envoyé un bouquet avec l'intention de vous parler. Je n'ai pas osé. Vous ressemblez si peu aux femmes qui fréquentent ce bal, vous êtes tellement distinguée que toute votre personne m'en imposait... La façon dont vous remerciez les gens qui vous invitent me faisait rester à l'écart...

— Je n'aime pas la danse, dit-elle.

— Voulez-vous, madame, accepter mon bras et faire un tour dans le bal?

— Si vous voulez, dit-elle.

Quand elle m'eut donné le bras, je perdis la parole. Je ne me croyais plus moi. Étais-je bien celui qui depuis quinze jours baissait la tête pour ne pas rencontrer les regards de celle que j'avais à mon bras? Les étudiants nous regardaient avec curiosité l'un et l'autre, car cette belle farouche, toujours seule et remarquée, avait enfin trouvé un vainqueur. J'en étais fier, et cependant je n'osais croire à mon bonheur.

— Comment vous appelez-vous? lui demandai-je pour renouer la conversation.

— Sylvie.

— Vous n'êtes pas Française?

— Je suis de Paris.

— Et moi qui vous croyais Espagnole ou Italienne.

Elle sourit.

— C'est surtout cette raie de côté qui est singulière.

— Je veux à l'avenir me coiffer comme tout le monde, dit-elle.

— Je vous en prie, gardez-la ; vous ne ressembleriez plus à la fille du Greco.

— Greco, qu'est-ce? demanda-t-elle.

Alors je lui racontai la rencontre de son portrait au Louvre, mes longues contemplations dans les galeries, la crainte que j'avais de ne pas la revoir. Quoique Sylvie ne parût pas comprendre la peinture, cependant mes paroles semblaient l'intéresser. Si ce n'était pas une passion violente que je lui manifestais, c'était quelque chose qu'elle n'avait peut-être jamais entendu, et cette première entrevue me fut si favorable que j'obtins dès le même soir la permission de la reconduire.

En chemin je tâtai ses goûts, qui, chez beaucoup de personnes, se traduisent en argent ou en divertissements. La fortune ne se montrait pas alors pour moi une déesse souriante. J'étais jeune, j'avais du temps à dépenser, qualités équivalentes à l'argent. La fortune, à bien l'envisager, me semble assez impartiale dans ses faveurs : elle se donne volontiers aux gens entre quarante et cinquante ans, qui ont beaucoup de ventre et pas du tout de cheveux. J'avais beaucoup de cheveux et point de ventre ; la fortune me fuyait. Pour les divertissements, comme Sylvie ne dansait pas, je parlai de spectacle, et elle accepta franchement, pour le courant de la semaine, que je la conduisisse à un théâtre amusant.

Les comédiens des Variétés jouaient à cette époque la

Vie de Bohême; et, comme cette jolie pièce cadrait avec ma situation, je chargeai Rosalie d'aller prévenir Sylvie que je viendrais la chercher le lendemain pour la conduire au théâtre, et en même temps je la priai de se coiffer comme d'habitude. C'était cette coiffure qui avait entraîné mon cœur, et je tenais à en admirer l'effet sous un lustre brillant. Si cette comédie lui plaît, me dis-je, je n'ai plus qu'à la supplier de la continuer dans la réalité.

Je n'oublierai jamais l'effet que produisit Sylvie en arrivant à la galerie du théâtre. Sa fière tournure, sa coiffure provoquante, ses regards si beaux et si mélancoliques attiraient l'attention de chacun. Des lorgnettes, impertinentes peut-être en toute autre situation, me ravissaient. Je ne m'étais pas illusionné : c'était vraiment une beauté singulière. La pièce commença; je la regardai dans les yeux de Sylvie, et je m'étonnai un peu de ce qu'elle ne riait pas franchement aux drôleries de certains personnages. — Elle n'a pas grande sympathie pour cette bohème, pensais-je; je suis perdu.

— Vous ne vous amusez pas, Sylvie? lui dis-je.

En essayant un faible sourire, elle m'assura qu'elle se divertissait infiniment.

Il faut réellement que la jeunesse ait d'immenses confiances en soi-même. J'étais habillé d'un certain habit vert à la Marat, la tête perdue dans un grand collet, tel qu'il s'en porte encore dans les montagnes du Velay; des cheveux à la façon de ceux du général Bonaparte, un chapeau de feutre à bords plats comme une feuille de papier, des joues creuses et pâles n'étaient pas faits pour inspirer une vive passion. Dans les circonstances ordinaires je devais être passablement ridicule, mais à ce théâtre, avec mes boutons d'acier sur lesquels le gaz frappait comme sur un miroir, aux côtés de cette femme d'une beauté singulière, j'ose penser à peine à la curiosité que tous deux nous devions exciter. Sylvie elle-même, que pouvait-elle penser de ces excentricités de costume? J'avais la jeunesse et le manque de doute, cela explique tout.

Le spectacle finit tard ; nous allâmes souper rue de l'Ancienne-Comédie. Sylvie ne mangea presque pas, et j'étais trop amoureux pour ne pas l'imiter. Une heure du matin sonna.

— Une heure ! s'écria-t-elle ; il faut que je rentre.

— Déjà !

— Mon concierge ne m'ouvrirait pas.

Le dit-elle avec intention? Mais je saisis vivement l'occasion, et j'offris une hospitalité qui ne fut refusée qu'à demi. N'ayant pas calculé la rapidité du dénoûment, rien n'était prêt dans l'entre-pont pour recevoir Sylvie. La neige tombait dans la rue, et nous arrivâmes dans la mansarde, Sylvie se plaignant du froid. C'était à la fin du mois ; l'argent, le bois et le charbon faisaient complétement défaut.

— Bah ! m'écriai-je, il y a dans un coin une malle qui ne sert à rien. J'arrachai les planches de la vieille malle, et elle flamba bientôt avec vivacité.

— Je croyais que vous demeuriez au premier, me dit Sylvie.

— Oh ! ce n'est pas haut : un petit quatrième.

Quand elle eut embrassé d'un coup d'œil l'entre-pont :

— Ce n'est pas un appartement, dit-elle.

— Non, pas précisément.

— Et les tapis? demanda-t-elle.

— Je n'ai pas besoin de tapis ici, il ne fait pas humide.

— Et le lustre?

— Un lustre dans cette petite chambre! Vous vous moquez de moi, Sylvie?

— Non, dit-elle; je croyais que vous demeuriez dans un bel appartement, orné de tableaux, recouvert de tapis, avec un lustre.

— Qui vous faisait croire un tel luxe?

— Mais c'est votre vieille bonne qui me l'a dit.

Encore un nouveau tour de Rosalie. Elle avait pris le contre-pied de sa faute précédente : après avoir prévenu Ludivine de mon excessive pauvreté, elle avait trompé Sylvie en lui parlant de ma fortune et de mes splendides appartements. J'étais atterré. Sylvie n'en dit pas plus à ce sujet; mais sa voix changea. Le lendemain matin elle prétexta une course éloignée, me quitta froidement, en promettant de revenir. Elle n'est jamais revenue!

Quand je pense à cette singulière beauté, immédiatement entre elle et moi vient se placer le profil souriant de la petite brocheuse qui n'aimait pas les gens riches. De Sylvie il ne reste qu'un beau masque dédaigneux; de Ludivine, un pastel toujours frais.

Si on me demande dans quel but sont écrites ces quelques pages, je répondrai qu'évidemment elles ne feront pas avancer l'humanité d'un pas; mais les hommes graves me comprendront. Que les notaires, avoués, médecins, avocats veuillent bien faire un retour sur eux-mêmes. Dans un coin de leurs souvenirs gisent beaucoup de Sylvie, et, peut-être, une petite Ludivine ensevelie sous les devoirs, le mariage, l'ambition, la lutte des intérêts. Qu'une figure de grisette souriante se dresse en lisant ces lignes ; elles ne seront pas tout à fait inutiles !

II

HISTOIRE DE M. T...

Il est écrit que je ne rencontrerai jamais que des êtres singuliers, vivant en dehors des habitudes reçues, choquant les gens droits par des habitudes bizarres, choqués eux-mêmes de la rectitude d'action desdites personnes dans la société. Devrais-je me plaindre de ces rencontres? Cependant j'en subis une influence défavorable, et je me demande souvent pourquoi la destinée me pousse sur le chemin de ces individus.

Le dernier en date qui prit une chambre meublée dans mon cerveau était bien le locataire le plus tyrannique qui se pût voir. Aussitôt entré, il n'y eut plus de place que pour lui. Cet importun faisait que je ne pouvais m'occuper exclusivement que de ses grimaces ; sa personnalité était tellement accentuée, que tout se rapportait à lui. Par ses angles vifs, il froissait tous ses voisins, mes propres pensées, qui, en présence d'un nouveau locataire si incommode, s'enfuirent, Dieu sait où. A tout instant, mon homme

raisonnait, parlait, discutait, et semblait dire à mes oreilles :
« Écoutez-moi. » Puis il se livrait à mille poses allanguies,
marchait, s'asseyait, se relevait et disait à mes yeux :
« Regardez-moi. » Cette obsession dura si longtemps que,
pour me débarrasser de ce tyrannique locataire, je lui
donnai congé, c'est-à-dire qu'abandonnant travaux, plaisirs, plans commencés, je le couchai sur le papier. On
verra si le personnage en valait la peine.

Comme j'étais de passage dans la petite ville de S...., on
me conseilla d'aller visiter la galerie de tableaux du jeune
T..., qui remplissait le pays du bruit de ses actions ; —
non pas qu'il choquât la société de l'endroit par des opinions en dehors des habitudes bourgeoises : au contraire
il passait pour un homme très-discret, dont on ne pouvait
arracher une parole ; mais les rares individus qui avaient
pu pénétrer dans sa galerie de tableaux en revenaient étourdis, ne sachant s'ils devaient s'en rapporter à leurs propres
yeux.

La manie du jeune T... consistait à ne collectionner que
des portraits d'après sa propre physionomie.

A l'époque où j'eus l'honneur de faire sa connaissance,
il ne possédait pas moins de quarante-sept portraits de son
individu ; mais les chroniqueurs de petites villes, portés à
l'exagération, en accusaient trois ou quatre cents, et l'hôtelier qui me donna ces renseignements ajouta qu'à l'âge
de soixante ans, si M. T... continuait à marcher dans la
même voie, il arriverait certainement à plusieurs milliers
de portraits de tous les âges. La vérité est que le jeune T...
faisait à peu près toutes les années un voyage à Paris, et
qu'il rapportait chaque fois de nouveaux exemplaires de

sa physionomie peinte à l'huile et richement encadrée.

Ce simple fait m'intéressa vivement. J'aurais du prendre immédiatement le chemin de fer et ne pas chercher à voir M. T...; mais tout d'abord mille petits *pourquoi* suppliants se jetèrent à mes pieds pour me prier de ne pas partir sans visiter cette galerie, afin d'avoir une idée nette de l'homme. Celui qui n'a pas la force de résister à ces *pourquoi* curieux se prépare dans la vie d'amères déceptions. Pour moi, malgré les nombreux tours qu'ils m'ont joués, je m'accuse de faiblesse à leur égard, et jamais je n'ai osé répondre un *non* bien accentué à ces fantasques questionneurs.

J'allai tirer timidement la sonnette du jeune T..., et, après avoir été introduit, j'exposai le motif de ma visite.

M. T... était étendu nonchalamment sur un divan, et tout d'abord la chambre dans laquelle je fus reçu ne me sembla pas confirmer les propos qui circulaient dans la ville sur son compte. Le mobilier pouvait aller de pair avec d'honnêtes mobiliers de personnes aisées. Ce premier coup d'œil rapidement donné, je regardai l'homme en face. D'apparence normande par le blond roussâtre de la barbe et des cheveux, M. T... se faisait remarquer par un nez mince, bien dessiné et d'une certaine aristocratie; ce nez s'élançant avec un certain développement à partir de l'arcade sourcilière, portait ombre dans des orbites un peu creusées, au fond desquelles deux yeux bleus voilés semblaient plutôt relever de sommeil que regarder. Le teint était d'un aspect d'opale; je ne saurais mieux le comparer, pour la transparence, qu'à une lampe de porcelaine éclairée par une veilleuse mourante sur la table de nuit d'un malade.

En regardant M. T..., l'idée d'une maladie lente plutôt

que d'une convalescence venait à l'esprit : sa pose allongée sur le divan indiquait quelque rouage détendu. Il y avait dans tout son être de la jolie femme qui s'ennuie, de l'attitude d'un mystique brisé par l'extase, et de l'énervement d'une personne sensuelle. Je fus surtout frappé par un détail presque imperceptible, c'est-à-dire la courbure toute particulière du petit doigt des mains, remarquables par un allongement aristocratique. Dans la conversation surtout, ce petit doigt prenait une attitude insolite.

Ce sont là de misérables détails pour certaines personnes, mais j'en suis particulièrement frappé, et le plus souvent l'ensemble d'une physionomie ne m'apprend rien, tandis que je suis mis sur la trace d'un caractère par un trait presque insaisissable. Contrairement à la majorité des hommes qui font subir mille évolutions diverses à leurs mains pendant la conversation, M. T... employait rarement ce moyen subtil; seulement son petit doigt prenait des courbes singulières de bec d'aigle, tandis que les autres doigts, moins mobiles, semblaient considérer leur petit confrère avec admiration. Le violoniste adroit qui a réussi, par une gymnastique particulière, à allonger considérablement son petit doigt sur la chanterelle (spectacle toujours pénible comme celui de tout effort) peut donner une idée de la main nerveuse du jeune T.... Les nombreuses personnes qui ont étudié les premiers principes du piano se rappelleront quels ennuis et quelles larmes leur a coûtés dans la jeunesse le jeu particulier d'un seul doigt pendant que les autres sont condamnés à une inaction forcée sur les touches d'ivoire. En nous donnant une précieuse mobilité dans cette partie du corps, la nature a fait qu'une certaine concordance résulte du mouvement varié de la main; il y a complète harmonie dans le jeu des doigts. Au contraire, chez M. T..., le petit doigt était en discorde avec ses camarades. Il avait des évolutions de serpent, et se livrait à de telles courbures qu'un courtisan qui salue un potentat n'arrive pas à se contorsionner davantage l'épine dorsale. Je fus d'autant plus frappé de cette singulière manière d'être, que, tout en causant avec le jeune T..., pour bien m'assurer que je ne trouvais pas extraordinaire une chose ordinaire, j'essayai de l'imiter, et je m'appliquai à faire agir mon petit doigt de la même sorte; mais je ne réussis qu'à me donner des crispations qui de la main se répandirent par tout mon corps, et je fus certain alors, par analogie, qu'il y avait chez M. T... une sorte de surexcitation particulière qui se manifestait dans son petit doigt.

Après vingt minutes de conversation sur les arts, M. T... s'aperçut qu'il n'avait pas affaire à un profane, et m'invita poliment à visiter sa galerie.

On ne m'avait pas trompé. Tout en entrant dans la première salle, je me trouvai en présence d'une quinzaine de portraits de M. T..., les uns médiocres, les autres d'un bon pinceau, certains maniérés, d'autres avec des regards plongés dans l'infini. La seconde salle renfermait certaines fantaisies, telles que M. T... en habit de masque, M. T... surpris en Italie par des brigands, M. T... faisant une déclaration à une danseuse, M. T... admirant l'Océan. Un peintre avait imité l'ancienne manière, en dessinant tout au fond de son atelier un imperceptible M. T..., tandis que lui, le peintre, s'était placé tout au premier plan, à son chevalet, son rapin auprès de lui, un gros chat accroupi sur la poutre de l'atelier mansardé, et un chien aboyant après le chat. C'était un véritable tableau, d'autant plus comique que le modèle qui en payait les frais y était sacrifié. Je ne sais si le peintre avait eu connaissance de l'irrespectueux chef-d'œuvre de Vélasquez, qui, pour peindre un roi d'Espagne, s'avisa de le représenter tout au loin, tournant le dos au spectateur, mais reflétant sa royale figure dans une misérable petite glace, tandis que les honneurs de la représentation sont pour deux horribles nains, mâle et femelle, qui jouent dans l'atelier avec un gros chien sur le devant du tableau. Toujours est-il que, pour la première fois, M. T... n'était guère plus grand qu'une allumette, tandis que l'artiste s'était décerné les honneurs de la grandeur naturelle.

— Un bon tableau ! dis-je pour montrer enfin quelque enthousiasme, car cette représentation d'une seule et même personne m'avait bridé la langue.

M. T... répondit par un son gémissant qui ne me donna pas la véritable clef de sa pensée, mais son petit doigt se *crocha*, pour ainsi dire, encore plus étrangement que de coutume. « Deux Espagnoles à leur balcon regardant passer dans la rue M. T... » me firent croire que décidément l'homme aux portraits était un modèle de fatuité dont seuls les photographes, qui exposent à chaque coin de rue leurs airs penchés, pouvaient approcher. M. T... était le Narcisse d'une civilisation qui a donné à l'homme le moyen de se mirer sur une toile à la place d'une claire fontaine. Il se trouvait le plus beau des mortels, et n'avait jamais rencontré un peintre assez adroit pour rendre sa physionomie à l'aide du pinceau. Certainement son nez, sa bouche, sa barbe, ses cheveux et ses yeux attendaient encore un Holbein pour être dessinés dans toute leur perfection. Après une demi-heure de contemplation, telle était à la grosse l'idée que je me faisais du musée de M. T....

C'est dans l'exécution de ces portraits que les peintres modernes montraient leur vulgarité et le peu de connaissance qu'ils ont de l'homme intérieur. A part quatre ou cinq toiles perdues dans la galerie, M. T... n'avait pas lieu d'être satisfait du masque dont l'avaient doué la majorité des artistes. Je ne sais vraiment ce que font les peintres de leurs yeux, car certains avaient pris leur modèle à rebours. Le jeune T... était représenté sémillant, chevaleresque, penseur, galant, spirituel, audacieux, profond, badin, les yeux vifs, sensuels, pétillants, despotiques, cruels, mourants, le geste pompeux, abattu, dominateur, colérique, charmant, tandis que le modèle ne possédait aucune de ces qualités. Même la couleur fauve de ses cheveux avait subi des transformations, comme si M. T... eût été se faire teindre chez une épileuse du Palais-Royal. Un peintre eut l'audace de représenter son modèle en jeune brun, aux allures provoquantes ; mais peut-être était-ce la volonté de M. T...!

Je croyais avoir passé en revue toute la collection, lorsque le propriétaire, d'un air mystérieux, ouvrit une porte que je n'avais pas remarquée, et m'introduisit dans une pièce à demi éclairée par un jour rougeâtre pénétrant à travers des rideaux de couleur pourpre. Cette salle recevait la lumière, comme un atelier, par le toit ; mais des stores d'une complication particulière me donnèrent à penser que j'allais assister à une exhibition intéressante. La décoration, d'un grand luxe, les murs tendus de velours, les barrières en fer doré, qui ne permettaient pas d'approcher du tableau de plus d'un demi-mètre, certaines inscriptions dans des cartouches, faisaient de cette troisième salle une sorte de *tribune* imitée du musée de Florence.

Tout d'abord je fus frappé par un certain portrait crispé, d'une étrange peinture, qui ne pouvait venir que d'un célèbre peintre romantique dont on cite peu de portraits. Hamlet, Manfred, Faust, Lara, Olympio se retrouvaient par quelque côté sur cette toile remarquable par de lointains rochers verts qui donnaient une grande valeur (de ton) à la toque rouge que portait M. T...

L'illustre auteur de ce portrait, je le connais. Il est fin, spirituel, d'un commerce charmant; homme du monde, il a su par une conduite diplomatique se faire commander d'immenses travaux qui révoltaient le goût des gens du gouvernement; mais, dans son atelier, le peintre n'a jamais transigé avec son génie tourmenté : il peint ce qui lui plaît et non ce qui plaît aux autres. Incapable du moindre asservissement, pour obéir à l'idéal poétique, l'artiste n'a pas consenti plus de trois fois dans sa vie à faire un portrait. Par quel habileté M. T... était-il arrivé à posséder son image de la main d'un homme effrayé de courber sa pensée sous la volonté d'un être étranger aux arts? Ce fut là ce qui me donna la certitude de la force de l'idée fixe et de l'adresse qu'elle communique à ceux qui en sont possédés. Sans doute le jeune T... ne retrouvait pas sa propre ressemblance égarée au milieu de ces souvenirs de Byron, de Goethe, de Shakspeare, d'Hugo; mais ce n'en était pas moins un honneur que de posséder un essai de portrait du grand artiste, qui, abandonnant sa propre fantaisie, avait bien voulu descendre jusqu'à essayer de rendre l'image d'un homme ordinaire.

Je n'étais pas au bout des bizarreries peintes de la collection. Dans cette troisième salle on voyait accrochés dix portraits qui avaient dû coûter une centaine de mille francs, car M. T... s'était adressé, pour orner sa *tribune*, à des maîtres de la plus grande réputation, même à des paysagistes. Ainsi l'homme qui a pour habitude d'envelopper de brumes la nature du matin et du soir, le peintre qui ne cherche que les effets de rosée, les légères vapeurs chassées par le soleil levant et les demi-jours provoqués par la fuite du soleil à l'horizon, le même dont les feuillages sont à demi estompés dans une atmosphère grise, avait abandonné un moment sa chère nature pour peindre M. T...; mais aussi quel singulier portrait! Des traits flottants, une physionomie analogue aux formes que dessine tout à coup un nuage qui passe, tel était M. T... interprété par le paysagiste.

Un autre avait fait de la figure du jeune homme une sorte de muraille pleine d'accidents, de petits ravins, d'excroissances, de roches, de vallons et de collines. C'étaient comme des râclements avec les ongles, des grattures, de vieux tons rouillés, des épaisseurs de couleurs semblables à de petits tertres ; les bitumes y dominaient, et l'aspect général faisait songer au fond d'une vieille casserole. La physionomie avait quelque chose de turc ou d'albanais, et M. T... ne pouvait se plaindre du peu de travail de l'artiste, car la peine avait passé par là.

A gauche, dans un cadre splendide, se trouvait un portrait blanc et rose, joli comme une poupée de cire. C'est ainsi que se font peindre habituellement les souverains. Si la physionomie était insignifiante, la cravate blanche, la fleur à la boutonnière et le satin luisant du drap étaient traités avec un soin sans égal. Tout était également léché et verni dans ce portrait, et, si M. T... n'eût jamais commandé que celui-là, certainement ses compatriotes n'auraient pu manquer de l'envoyer à la Chambre en qualité de représentant du département.

Il y avait encore quelques portraits, mornes, gris, sans vie, d'un profil régulier, avec des contours exacts et des ameublements dessinés comme par le compas d'un architecte; ils ne choquaient pas les habitudes reçues, et ressemblaient un peu, il est vrai, aux figures des cartes à jouer; mais leur gravité solennelle, leur roideur donnaient au personnage représenté quelque chose d'officiel, et les bourgeois de S... ne pouvaient y trouver à redire. Malheureusement M. T... commit la maladresse de montrer à quelques personnes de la ville une certaine toile à laquelle il semblait attacher une extrême importance, à en juger par l'appareil dont il l'entourait...

Dans le fond de la galerie était une estrade à laquelle on arrivait par six marches tendues de velours noir. Sur la plate-forme, une espèce de tabernacle doré faisait croire à un autel. D'un geste M. T... m'engagea à monter les marches, et, à la singulière physionomie qu'il prit tout à coup, je me sentis saisi d'une curiosité mêlée d'angoisses. — Que puis-je voir encore? pensais-je pendant que mon hôte faisait jouer autour d'une poulie les cordons de soie qui communiquaient aux stores de la galerie.

La lumière changea de coloration à plusieurs reprises.

Les étoffes qui se déroulaient lentement sur la fenêtre du toit offraient diverses gammes tendres et affaiblies qui changeaient à chaque mètre, autant que j'en pus juger.

— J'essaye le jour, dit d'une voix faible M. T...

Après avoir déroulé des verts et des jaunes, des roses, des lilas, mon hôte s'en tint à une certaine couleur sans précision qui rappelait la cendre de cigarette. Alors il ouvrit les portes dorées du tabernacle, et j'aperçus...

— Un peu plus loin, monsieur, je vous prie, dit M. T... en me faisant un geste suppliant.

Je fis quelques pas en arrière. — Légèrement à gauche, s'il vous plaît! reprit M. T...

Sans doute le store couleur de cendre de cigarette ne parut pas tamiser la lumière convenablement, car M. T... reprit la corde de soie, et amena une sorte de tenture d'un bleu impalpable.

C'était le portrait du Christ! le Christ couronné d'épines!... Par un mouvement instinctif j'allais me découvrir, lorsque mon attention s'arrêta sur un doigt crochu qui se voyait autour de la croix portée par le Christ. Ce doigt était le petit doigt de la main de M. T... M. T... s'était fait peindre en Christ! Là devait aboutir la contemplation de sa figure. M. T... se croyait-il un nouveau Christ? avait-il été poussé à cette fantaisie par la couleur de sa barbe? Était-ce un symbole que ce dernier portrait, le *conclusum* de la galerie? Après la première pièce, où se trouvaient encadrées les équipées d'une folle jeunesse (*M. T... faisant une déclaration à une danseuse*, etc.), mon hôte en était-il arrivé à porter la croix du repentir? Je ne sus qu'en penser, même lorsque je pus lire au fond du sanctuaire ces trois mots écrits en lettres d'or : *Travail, Amour, Liberté.*

— Encore une religion ! pensai-je, car ces mots étaient disposés en triangle, forme dont abusent les dieux modernes. Dès ce moment M. T... me fut révélé. J'étais en face d'un de ces faibles cerveaux que les tourmentes sociales depuis trente ans ont encore affaiblis. Pauvres natures dans l'esprit desquelles est tombé tout à coup une graine de recherches sociales ! Vingtièmes d'intelligences qui se croient propres à comprendre de gros livres pleins de négations troublantes ! Chétifs estomacs intellectuels qui ne peuvent digérer des nourritures trop substantielles ! Cerveaux étroits sur lesquels manquent tout à la fois les bosses de l'analyse et de la synthèse ! Corps débiles qui ploient sous un fardeau trop lourd ! Combien en ai-je rencontrés de ces utopistes bourgeois qui, pour leur malheur, ont appris à lire !

Je regardais M. T... en pensant de la sorte, et je me sentais embarrassé. Il m'était permis de dire mon opinion sur le tableau qui représentait *deux Espagnoles à leur balcon, regardant passer M. T... dans les rues de Madrid;* mais parler du pseudo-Christ, je ne l'osais réellement. Je craignais par un simple mot d'ouvrir les écluses du système moral et religieux inventé par M. T... Je ne sais s'il eut pitié de moi ; mais, voyant mon indifférence, il referma la porte du tabernacle et le fameux portrait disparut tout à coup. Pour cacher mon trouble et empêcher l'inventeur de religions de développer ses théories, j'affectai de revenir au portrait peint à la truelle, et je me lançai dans les discussions esthétiques de glacis, d'empâtement, de rissolement, de grattures de palette, qui sont le pont-aux-ânes des esprits superficiels. En province je pouvais passer aux yeux de M. T... pour un ami consommé des arts, et je ne craignis pas d'emprunter aux feuilletonnistes en matière de peinture les épithètes les plus truculentes qu'ils emploient avec le même enthousiasme depuis une trentaine d'années. Grâce à cette méthode facile, je pus bavarder pendant une heure sur les procédés matériels de la peinture, et j'écartai avec le plus grand soin tout ce qui touchait au sentiment intime. Je craignais d'être victime d'un dieu bavard, et j'étais tombé dans le même défaut.

Ce fut ainsi, en marchant à reculons avec précaution vers la première salle, que j'arrivai à la porte en prenant congé de M. T... le plus poliment possible. J'avais hâte de sortir de cette galerie où je me sentais mal à l'aise. Il m'est passé sous les yeux bien des tableaux ineptes, j'ai visité pour mon malheur trop de collections particulières; mais jamais je ne me suis senti plus troublé que devant cette collection de portraits.

Heureusement la maison de M. T... donnait sur un cours planté d'ormes et de tilleuls où j'allai chasser, en retrempant mes yeux avides de verdure, les tristes impressions de cette maudite galerie. « C'est bien la dernière fois, m'écriai-je, que je visite un amateur de tableaux! Que de couleurs accumulées sottement sur des toiles! A quoi bon? » Mais comme depuis dix ans je fais le même serment, et que, semblable aux ivrognes, je retourne toujours à la peinture, je songeai aussitôt que chaque chose contient son enseignement. Tout en marchant, j'oubliai la galerie pour ne penser qu'au propriétaire.

Une petite rivière borde le *cours*, de riches prairies s'étendent au loin et font des promenades de la ville de S....

un riant endroit. Dans ces prairies pâturaient de grands bœufs qui, en apercevant un promeneur, fait assez rare sans doute pour ces animaux, s'avancèrent près de la rive en me considérant curieusement. Je m'assis sur le gazon : de mon côté je pris plaisir à regarder ces bœufs curieux ; mais M. T... n'était pas sorti de mon cerveau. L'analyse se livrait à son mystérieux travail, sans que j'y prisse part, et bientôt M. T... allait apparaître sous un nouvel aspect, comme un acide composé dans une cornue, pendant que le chimiste, occupé ailleurs, laisse l'opération se faire tranquillement.

Je ne me charge pas d'expliquer l'enchaînement des idées : que deviendraient les philosophes? Je me borne à constater l'enfantement. Pendant que je croyais m'intéresser aux bœufs dans la prairie, la solution du problème s'était faite naturellement en moi, sans souffrances, sans efforts, j'oserai presque dire sans pensée. La nature maladive du jeune T...; cette prodigieuse quantité de portraits me donnèrent la certitude que, tout à la fois plein de respect et d'adoration pour sa propre image, plein de défiance et de faiblesse à l'idée du rôle qu'il avait à jouer dans la société, M. T... voulait à coup sûr léguer sa physionomie aux générations futures, tout en ayant la certitude de n'être ni un grand penseur, ni un grand capitaine, ni un grand savant, ni un grand poëte. Bien certainement le raisonnement suivant venait d'éclore dans sa pensée : — Je *veux* laisser quelque chose de moi sur la terre. Ma nature s'oppose à ce que je fasse quelque action d'éclat; mon intelligence se refuse à une de ces grandes découvertes qui font que la mémoire d'un homme passe de bouche en bouche. Je *dois* commander mon portrait à l'artiste le plus éminent de mon époque, afin que son génie me serve de passeport pour l'avenir. Titien a laissé le portrait de l'*homme au gant*, qui peut-être, pas plus que moi, n'avait de droit à être inscrit sur le livre d'or des chefs-d'œuvre. Pourquoi ne serais-je pas l'*homme au gant* de ce temps-ci, et ne fournirais-je pas à un Titien moderne l'occasion de se signaler?

Je regardai un des bœufs avec l'œil enthousiaste d'un joueur qui vient de faire sauter la banque, et il me parut que l'animal, avec sa physionomie candide, m'encourageait dans cette voie de déductions. Mais un léger obstacle devait se présenter naturellement à l'esprit de M. T.... Le chef-d'œuvre du Titien moderne pouvait être détruit tout à coup dans une guerre, un pillage, un incendie; alors le portrait disparaissait, et l'image du futur *homme au gant* retombait dans l'oubli. Qui prouvait que le peintre en réputation aujourd'hui serait accepté par la postérité? Les arts sont sujets à des bouleversements d'opinions aussi singuliers qu'un volcan. Tout à coup la flamme brille autour du nom d'un homme; le lendemain ce ne sont que cendres.

Pour trancher cette difficulté, M. T... avait résolu sans doute de commander une nombreuse quantité de portraits, et il s'était proposé ainsi un double but : 1° échapper à une destruction quelconque; 2° se mettre en face du chevalet de tous les meilleurs artistes modernes, afin d'en rencontrer un que la postérité accueillerait inévitablement.

Je me frottai les mains et me levai joyeusement en donnant un dernier coup d'œil aux bœufs de la prairie. — Ce ne sont pas ces grosses bêtes, pensais-je, qui auraient trouvé dans leur épais cerveau une telle explication du catalogue des portraits de M. T...!

Quoique cette histoire date de quelques années, je me rappelle la surprise d'un honnête rentier de la ville qui me rencontra au détour d'une allée, pendant que je chantais un peu trop fort la solennelle chanson qui commence ainsi :

> Quand la mer Rouge apparut
> Aux yeux de Grégoire,
> Aussitôt ce buveur crut
> Qu'il n'avait qu'à boire...

Voilà comment on peut passer pour un ivrogne, quand l'ivresse seule causée par mes inductions faisait que je me récompensais par un petit concert personnel.

Le soir même était fixé pour mon départ, les malles faites. En rentrant à l'auberge, le premier feu de mon enthousiasme passé, les dernières bouffées d'amour-propre envolées : « Ce n'est pas tout, » pensai-je. Et un doute timide vint se greffer sur la tige de la brutale affirmation : « *Peut-être* ai-je sondé une des cases du cerveau de M. T...; mais il doit se passer quelque autre phénomène à propos de ces portraits. Le mélancolique abattement de M. T... serait inexplicable s'il était au comble de ses désirs. » Et une voix me criait : « Hardi! creuse encore, fouille toujours, ne crains pas la fatigue! »

L'homme, de sa nature, est paresseux, et j'en suis un exemple vivant. Je me révoltai contre cette voix intérieure, donnant pour raison que certainement j'avais trouvé le réel motif qui poussait M. T... à collectionner une si nombreuse quantité de portraits. De ma visite à la galerie j'avais tiré tout ce qu'on pouvait en attendre, et je me sentais peu propre à de nouvelles inductions : quand les idées ne jaillissent pas vivement tout à coup, j'ai beau me replier sur moi-même pour en engendrer de nouvelles, je n'arrive qu'à l'abattement. Je regardais tristement mes malles prêtes pour le départ du soir, lorsque, par une résolution subite, je pris le parti de rester encore le lendemain. Une visite nouvelle au jeune T..., quelque pénible qu'elle fût, pouvait me développer d'autres horizons. Je me reprochai mon impatience du matin; car j'avais pris l'homme à rebours. Ne devais-je pas le laisser causer, l'écouter en toute humilité, subir ses dissertations symboliques avec calme? Ma lâcheté m'avait conduit à traiter des *empâtements*, des *bitumes*, et des *frottis*, mais ce n'était pas là ma mission. — N'es-tu pas condamné par ta profession à écouter les sots? reprit la voix intérieure. Tu n'es pas libre de faire ce qui te plaît. Pour analyser ceux qui t'entourent, tu dois devenir purement *impersonnel*, chasser toute sympathie comme toute antipathie, sinon tu es incapable de juger les hommes. — Allons! répondis-je, frappé de la justesse de ces conseils, je reste, et je retournerai voir la galerie, quoi qu'il m'en coûte.

Un vieux médecin original, qui aimait beaucoup les jeunes gens, ne manquait pas de les aborder avec ces mots : « Et les femmes? et l'argent? » Il avait supprimé l'inévitable *Comment vous portez-vous?* pour le remplacer par cette double question, toujours intéressante. C'est de lui que je tiens ce conseil : « Mon ami, dans toute question grave qui se présentera à votre esprit, cherchez la femme cachée dessous. » Cette indication me revint à la mémoire : j'avais oublié la femme dans l'analyse de M. T...; mais, dans la première chambre où je fus reçu, je n'avais pas aperçu le plus petit médaillon accroché à la cheminée. S'il y avait une femme, il était impossible, avec les nombreux peintres employés par M. T..., que la femme n'eût pas reçu l'aumône d'un simple portrait. Il pouvait arriver toutefois que seul M. T... se crût digne d'être couché sur la toile à peindre, et l'admiration pour sa propre image devait le conduire à un froid égoïsme.

Pour me distraire, j'allai le soir au cercle. On y jouait aux dominos, aux cartes, on causait politique; ce n'était pas là mon affaire. Tout en feuilletant les journaux accumulés sur une table, je jetai un rapide coup d'œil sur les habitués, et j'avisai dans un coin un vieillard qui prenait silencieusement une tasse de café. Il ne fumait pas, ne lisait pas, et à sa figure je compris qu'une petite conversation ne devait pas lui être désagréable. Aussi, après les premiers saluts échangés et les compliments habituels sur la beauté des environs de la petite ville, je déclinai ma profession de voyageur enthousiaste des arts, et j'arrivai à toucher un mot de la galerie de M. T... Le vieillard, en entendant ce nom, me regarda d'un certain œil malin, afin de se rendre compte de mes impressions intérieures; mais j'eus la force de ne rien laisser paraître, et me traînai dans les lieux communs en parlant seulement de la curiosité que j'emportais de la contemplation des portraits de certains maîtres. — Monsieur est artiste? me dit le vieillard en voyant que je m'appesantissais sur les procédés des peintres et que ma conversation roulait plutôt sur la manutention matérielle de la peinture que sur la question psychologique.

— J'aime les tableaux, dis-je hypocritement, et il m'a été donné de vivre avec des peintres qui m'ont initié à leur langage.

— Monsieur T... vous a-t-il donné son catalogue? reprit le vieillard.

— Quel catalogue? dis-je en flairant une curiosité. Il n'y a pas besoin, ce me semble, de catalogue dans une galerie qui ne renferme qu'un seul et même portrait.

— Ah! dit le vieillard, M. T... ne vous a pas fait hommage de son catalogue... Il le cache alors, mais je l'ai gardé précieusement, moi qui vous parle.

J'aurais volontiers tenté une escalade avec effraction dans la maison du vieillard pour connaître ce catalogue mystérieux, mais je continuai froidement : — Pourquoi M. T... cacherait-il ce catalogue?

— Par un motif plus grave que vous ne le supposez.

— Ah!

— La famille de M. T..., continua le vieillard, qui ne demandait qu'à parler, n'est pas absolument enthousiaste de cette collection, qui ne semble pas avoir de fin... M. T... est maladif, d'une frêle santé, et on sait dans la ville qu'il a jeté des sommes immenses dans les ateliers de Paris pour se faire peindre... La famille craint avec juste raison que cette fantaisie ne prenne des proportions plus énormes encore. Que pourrait-on faire de tous ces portraits si M. T... venait à mourir? Ses parents en garderont un ou deux, je l'accorde; mais on ne retrouvera pas aux enchères publiques la centième partie des sommes dépensées par M. T... Moi aussi, j'aime à collectionner; j'y vais doucement.... Les belles choses me tentent, mais je laisserai des pâtes-tendres que je paye cher, et qui sont malgré tout le meilleur placement de mon argent.

J'eus l'effronterie de témoigner au vieillard une vive admiration pour les porcelaines, quoique je n'y entende goutte, et il me fallut subir mille dissertations sur les produits de Sèvres, sans pouvoir ramener la conversation sur le compte de M. T... — Encore un maniaque! pensai-je ; mais en restant dans la ville, j'avais pris une dose de patience, et j'écoutai attentivement en apparence cette nouvelle dissertation. Au bout de deux heures, à force de jeter des bâtons dans la conversation du vieillard, j'arrachai quelques lambeaux sur la vie de M. T..., et j'appris qu'il avait publié jadis une brochure si étrange sur sa galerie, que sa famille s'en était émue et avait manifesté l'intention de le faire interdire, se fondant sur certains passages bizarres de cette brochure.

— Rien n'est plus tristement intéressant, dis-je, qu'une interdiction. C'est une question qui me préoccupe beaucoup.

— Monsieur est avocat? demanda le vieillard.

— Pas précisément ; j'ai étudié le droit et, entre beaucoup de questions légales, celle-ci, à mon sens, est une des plus graves. Je serais fort curieux de lire cette brochure.

— Il n'y a peut-être pas dans la ville cinq personnes qui aient conservé cet imprimé. Pour moi, homme d'ordre, je l'ai rangée dans ma bibliothèque, et je comprends maintenant pourquoi M. T... ne vous l'a pas offerte : c'est que, sous le coup de cette interdiction et en connaissant le but, il aura détruit le restant des exemplaires.

— Vous croyez?

— Certainement; les parents seuls l'auront conservée.

— Ayant étudié profondément la question de l'interdiction, je vous avoue que je suis très-curieux de lire cette brochure. Je connais l'état d'esprit de M. T... Rien dans ses idées, dans sa conversation, n'annonce un dérangement des facultés mentales; mais l'écriture mène souvent un homme dans des sentiers capricieux, et j'aurais voulu voir si, la plume à la main, M. T... n'offrait pas de prise à ses adversaires.

Malgré ma curiosité bien évidente, le vieillard ne semblait pas disposé à me communiquer le catalogue précieux, et je n'osai lui en faire une proposition plus directe, lorsque heureusement pour moi mon interlocuteur se prononça vivement contre M. T..., en prétendant qu'il se faisait fort de faire prononcer l'interdiction rien qu'en lisant deux lignes du catalogue devant le tribunal. Par instinct je combattis poliment cette affirmation, et je pris le parti de M. T... La discussion s'échauffa peu à peu; mais les arguments sans preuves ne suffisaient pas. — Il est onze heures, dit le vieillard; si vous aviez une demi-heure à me donner, je demeure à quatre pas d'ici, et je vous prouverais, pièces en main, que j'ai raison.

— Je vous donne toute la nuit, monsieur! m'écriai-je, enthousiasmé d'être enfin sur la piste.

Je ne m'attendais pas à une nouvelle épreuve. Le vieillard qui me tenait ne lâchait pas si facilement sa proie. Il me fallut admirer l'une après l'autre toutes les porcelaines de la collection, subir la biographie de chacune des tasses, à savoir leur origine, leur provenance, le prix qu'elles avaient coûté, le taux auquel elles devaient arriver; enfin les mille manies qu'enfante la possession. A deux heures du matin seulement nous passions dans la bibliothèque, fort en ordre. Du premier coup le vieillard tomba sur un paquet de brochures, au milieu desquelles se trouvait le catalogue de la galerie de M. T... J'avoue que je fus pris d'un certain frémissement de joie en apercevant ce trésor, plus précieux pour moi que tous les palimpsestes du moyen âge. Je tenais mes coudes serrés au corps pour empêcher mes mains de s'élancer en avant, car le vieillard apportait dans tous ses actes une sage lenteur. Quand il tint la brochure, il lui fallut chercher ses lunettes, se moucher, prendre du tabac, se tasser dans le fauteuil, et divers autres incidents qui me faisaient bouillir le sang. Le vieillard avait deviné ma curiosité, et, pour mieux me faire goûter l'audition du catalogue, il se mettait en scène comme un acteur consommé qui aime à faire attendre son public. Pour moi, j'aurais crié : La brochure! comme au théâtre les gens du parterre crient : La toile! Après une lente lecture du catalogue, que le vieillard examina d'abord à son aise, comme s'il préparait ses inflexions de voix, le traître commença par me lire diverses nomenclatures sans importance. La première salle n'avait pas offert à M. T... l'occasion de se signaler : il gardait ses effets de style pour les portraits importants; mais tout à coup à ces explications parfaitement claires succéda une phrase un peu trouble : — Nous y voilà, dit le vieillard, qui lut : *L'exploré ne s'agitant plus, l'idée-mère appuiera nos gestes sur le fond d'un regard meilleur que n'a point fixé l'hôte ingrat.*

— Oh! m'écriai-je.

— Ceci, dit le vieillard, est une phrase tirée de la préface; mais nous allons passer à des fragments plus clairs.

— Je ne demande pas mieux.

— Voici ce que dit M. T... d'un de ses portraits : *Le profil n° 2 est très-exact surtout par la localisée blonde. Il s'y révèle déjà comme expression ce que j'appellerai le croisé de la pensée.*

— Voulez-vous me permettre? dis-je en prenant la brochure; je ne comprends pas, il faut que je lise.

M. T... analysait sa galerie tout entière : dans son *portrait au fauteuil*, il admirait « sans limites le double drame de l'homme et du spectacle pittoresque. La main seule d'en bas est sublime! » s'écriait-il. Quant au portrait en Christ, voici ce qu'il en pensait : « La tête est profonde; elle a beaucoup souffert, elle souffre encore. Une larme du sang de rédemption est prête à tomber de l'œil... » Et il ajoutait naïvement : « Le pli de la manche est inappréciable. »

A trois heures du matin, je sortis de la maison du vieillard, enchanté de mon expédition. La timidité de M. T... m'était révélée par cette menace d'interdiction qui planait sur sa tête. Un homme a commis un crime avec des complices, qui plus tard veulent le dénoncer. Il peut espérer faire taire ses complices à force d'argent, essayer de s'en débarrasser; mais l'imprimerie est le plus redoutable des complices. La moindre feuille de papier sortant de la presse couverte de caractères noirs ne peut pas disparaître. Il se trouve toujours quelqu'un qui la possède, quand même elle n'existerait plus au dépôt légal. Le sage qui recommandait de tourner sept fois sa langue dans sa bouche avant d'émettre son opinion n'eût pas manqué de passer sept jours et sept nuits avant de confier sa pensée à la presse. Quoique M. T... trouvât sa brochure pleine de raison, en ce sens qu'elle répondait à ses sentiments personnels, néanmoins il jugea prudent de détruire le restant des exemplaires, afin que l'opinion publique ne vulgarisât pas les sentiments de ses propres parents. Possesseur d'une fortune considérable, il savait combien elle tentait ceux qui l'entouraient, et, en même temps qu'il voulait conserver le libre maniement de ses revenus, il ne se souciait pas de passer comme atteint de démence auprès de ses compatriotes.

Pour moi, je ne jugeai pas l'interdiction possible malgré cette bizarre brochure. Certainement M. T... avait une fuite à un certain endroit du cerveau, surtout en ce qui touchait aux beaux-arts et à la vanité attachée à sa personnalité ; mais combien ne rencontre-t-on pas d'hommes sérieux, accomplissant régulièrement tous les devoirs de la société, qui s'enflamment pour quelques projets étranges, et semblent, par leurs illusions, échappés des Petites-Maisons ! Pour M. T..., il s'agissait de démontrer, au cas où ses parents provoqueraient une enquête, qu'il ne jetait pas dans sa collection plus que ses revenus ne le lui permettaient.

Ce fut après avoir réfléchi à ces questions complexes que je fus pris d'un vif sentiment de pitié pour M. T..., dont la tristesse, les façons inquiètes, le parler sans audace, étaient expliqués par la lutte sordide des intérêts qui s'agitaient autour de lui. Combien sont poignantes ces souffrances dans une petite ville de province, où les moindres actions sont analysées par de trop habiles chimistes ! La famille de M. T... avait de hautes relations dans le pays et pouvait disposer de nombreuses influences. M. T... vivait à l'écart, ne voyait pas le monde : autant de motifs d'accusation. Il parlait peu, riait moins encore, et concentrait ses pensées en lui-même ; il était facile de l'accuser d'hypocondrie, de le montrer sous le joug d'une idée fixe : la galerie de portraits était écrasante, et surtout le catalogue, dont la destruction seule était de nature à témoigner contre M. T...

Je résolus d'aller lui faire une seconde visite, dans laquelle il entrait autant de sympathie que de curiosité. Le lendemain, le domestique, m'ayant reconnu pour m'avoir ouvert la veille, m'introduisit sans m'annoncer dans la galerie de tableaux, où je trouvai M. T... assis dans un fauteuil, livré à ses réflexions. — Si j'étais médecin, pensai-je, je commencerais par enlever le malheureux à ces images mélancoliques, trop de fois répétées, qui ne peuvent qu'apporter du trouble dans ses idées. — Je me suis permis, monsieur, lui dis-je, de venir visiter encore une fois votre galerie avant de partir : j'ai été tellement frappé par quelques-uns de vos tableaux que j'ai désiré les revoir. Veuillez excuser mon indiscrétion.

Un pâle sourire passa sur les lèvres de M. T..., qui me tendit la main. Après avoir jeté un coup d'œil sur l'ensemble de la galerie, je m'arrêtai devant le portrait des *dames espagnoles regardant de leur balcon M. T... passer dans les rues de Madrid*. — J'ai lu, dis-je, une petite notice sur ce tableau dans votre catalogue.

— Le catalogue ! s'écria-t-il, où avez-vous trouvé le catalogue ?

J'avais causé une vive émotion au pauvre homme, mais j'étais décidé à entrer en lui comme une vrille, et je ne m'arrêtai pas plus qu'un chirurgien après la première incision. — Cette notice est fort intéressante, monsieur, et je vous en fais mon compliment ; elle m'a servi à pénétrer plus avant dans le sens intime de votre collection.

— Qui vous a fait tenir ce catalogue? dit M. T... en se levant tout à coup; là, ne me le cachez pas, monsieur, j'ai beaucoup d'ennemis, beaucoup, beaucoup.

— Je les connais, on m'a tout appris; mais ne croyez pas que la personne qui m'a communiqué cette brochure vous veuille du mal : une simple curiosité de ma part a amené un habitué du cercle, un homme aimable, à me faire lire le texte explicatif que vous avez rédigé d'après votre galerie.

— Quel est cet homme? comment est-il, je vous prie?

Quand j'eus décrit le vieillard et parlé de sa collection de porcelaines, M. T... respira plus librement. — Je sais qui vous voulez dire, reprit-il, et les difficultés ne viendront pas de ce côté; mais j'espérais qu'il ne restait plus trace de ma brochure.

— Je ne la trouve pas si dangereuse que vous le croyez, monsieur; chassez donc ces inquiétudes qui sont trop nettement accusées sur votre front.

— Vous a-t-on donné quelques détails sur la lutte qui me sépare de ma famille?

— Je la connais, et je la déplore.

— J'en ai souffert un moment, mais vraiment ces tourments ne sont pas les seuls; ceux-là, il était si facile de les dompter! Il en est d'autres, ajouta M. T... en se couvrant la figure de sa main gauche. Partez-vous aujourd'hui pour Paris? reprit-il en changeant de conversation.

— Oui, monsieur, répondis-je surpris.

— Je vous écoutais hier pendant que vous parliez peinture; vous êtes un homme compétent; on voit que vous avez beaucoup vu, beaucoup comparé; les combinaisons de la palette vous sont connues, vous raisonnez comme un habile marchand de tableaux.

Ce dernier trait, qui pouvait passer pour une épigramme, me donna à penser que M. T... était plus fin que je ne le supposais.

— Il y a autre chose dans la peinture, continua-t-il.

— Oui, il y a autre chose, m'écriai-je, sentant que nos pensées étaient à l'unisson.

— Surtout dans l'art de rendre un portrait. Il semble que l'artiste a le privilége d'évoquer notre âme, car celui qui ne s'occupe que de la ressemblance brutale n'est qu'un ouvrier plus ou moins habile; mais tirer l'âme des milieux sensibles où elle habite, la faire rayonner autour de notre enveloppe matérielle, la fixer pour ainsi dire sur la toile à tout jamais,... ne craignez-vous pas, monsieur, qu'il y ait là un certain danger?

— Pour le peintre? demandai-je.

— Au contraire; l'artiste est le magicien qui, plein du contentement d'exercer sa funeste puissance, s'empare de sa proie et l'immole palpitante aux pieds de sa réputation!

Je ne pus m'empêcher de penser aux idées touffues du catalogue.

— Pourquoi, continua M. T..., les souverains confient-ils en général à des ouvriers vulgaires le soin de transmettre leurs traits à ceux qu'ils gouvernent? Ils ont une raison secrète, croyez-le.

— Historiquement parlant, je ne puis admettre cette proposition; d'illustres artistes ont peint des souverains; nous en avons des preuves existantes, à commencer par Holbein.

— Holbein ! s'écria M. T..., c'est le plus dangereux de tous ceux que j'appelais des magiciens. Savez-vous ce qui est résulté de ses rapports entre lui et le roi d'Angleterre après l'achèvement du portrait?

— Ces détails tout intimes ne se trouvent nulle part.

— Je les connais, s'écria M. T....

— Comment?

— Une question encore. Vous êtes-vous fait peindre souvent?

— Une seule fois.

— Quelle impression en avez-vous reçue?

— Je ne sais.

— Rappelez-vous, cela m'intéresse beaucoup.

— Un ennui profond, si je me souviens bien, une inquiétude nerveuse, une fatigue générale, un affaissement sur le fauteuil où j'étais assis.

— Détails purement matériels, reprit M. T.... Qu'éprouviez-vous au moral?

— Rien. Toutes mes idées s'accordaient à plaindre mes membres d'être ainsi emprisonnés.

— Peut-être auriez-vous ressenti d'autres impressions si vous aviez été exposé de nouveau aux regards plongeants d'un grand peintre... Je peux vous dire ce qui m'est arrivé : je suis un témoin vivant et infortuné de l'action trop souvent réitérée des pinceaux, qui ont exercé sur ma vie une si fatale influence. Regardez-moi attentivement, monsieur, et dites si je suis aujourd'hui le même homme qui se faisait peindre déclarant son amour à une danseuse.

M. T... était allé se placer à côté du portrait dont il parlait.

— Plus jeune alors, n'est-il pas vrai? plus gai, les yeux

brillants; je crois à la passion, la femme m'attire... Le système nerveux est en équilibre parfait; je jouis de la vie, je me réveille en chantant, des rêves dorés ont traversé mon sommeil... Je ne voyais que cette femme dans l'univers entier; je me serais fait peindre à ses genoux, car je rêvais d'y passer ma vie tout entière... Un jour, je fus trahi odieusement : cette femme me trompait avec son coiffeur, la basse créature! Elle eût pris un amant dans la société des jeunes gens qui m'entouraient, j'aurais souffert cruellement, mais choisir un coiffeur! Je la quittai le jour même, et je pris le parti de l'oublier en voyageant. Ne croyez pas, monsieur, que je vais vous fatiguer de mon amour; il est bien passé, et je range les souffrances amoureuses avec les dissensions de famille. Ce n'est pas là que gît mon mal.

M. T... passa dans la seconde salle, et d'un regard m'engagea à la suivre.

— Ici commencent les premiers symptômes, s'écria-t-il en regardant avec une certaine angoisse les portraits qui entouraient la chambre. Vous ne me comprenez pas, et je vous parais singulier, avouez-le...

Je fis un signe négatif.

— Que m'importe? reprit M. T...; vous êtes étranger, vous partez bientôt, et j'espère qu'après m'avoir écouté vous aurez la loyauté de ne rien révéler de ma maladie à personne de la ville.

— Je vous jure, monsieur...

— Pourquoi un serment? J'ai confiance en vous. De ma nature je n'ai jamais été un homme joyeux; tout enfant j'étais porté à analyser mes pensées. Cette disposition d'esprit ne fit que s'accroître avec l'âge. Si je suis malade aujourd'hui ; vous pouvez être certain d'entendre un malade intéressant, car tout ce que j'ai pensé jour par jour depuis que je suis dévoré par la peinture est inscrit là (il se toucha le front) comme si j'avais tenu un registre exact de mes sensations. Le premier peintre que je rencontrai sur ma route, celui de la danseuse, me livra ce tableau tel que je le lui avais commandé afin de conserver un souvenir de ma folle vie de jeunesse. D'abord ce portrait me plut ; j'en récréai ma vue pendant une quinzaine de jours ; à la fin du mois il me fatiguait sans que j'en connusse la raison. Mon intelligence ne s'était pas encore réveillée au contact des belles œuvres ; j'étais un ignorant, incapable de définir la différence du beau et du médiocre ; mais mon instinct se révoltait contre cette peinture creuse et facile qui ne se sauvait par aucun détail. Comme ce portrait ne me plaisait pas, j'allai frapper à la porte d'un autre peintre, puis d'un troisième, et ainsi jusqu'à dix, les dix que vous avez vus dans la première salle. Mon goût s'épurait lentement ; mais chaque peintre nouveau me donnait la clef de la pauvreté des portraits précédents, en prenant à plaisir d'en faire ressortir toute la médiocrité. Ces gens-là passent une bonne partie de leur temps à se dénigrer, et ils n'ont pas toujours tort. Leurs critiques envieuses m'ont beaucoup appris. Comme les noms des grands maîtres revenaient souvent dans leur conversation, je finis par apprendre qu'il existait des Titien, des Rubens, des Van-Dyck, des Vélasquez et des Holbein. J'allai souvent au Louvre en compagnie des peintres qui faisaient mon portrait, et j'y commençai une solide éducation, d'où vint mon mépris pour l'art appris à l'atelier, car jusqu'alors je n'avais eu affaire qu'à d'honnêtes médiocrités qui étaient incapables de rompre les lisières de l'enseignement et se livraient à la peinture je ne sais trop pourquoi. Telle est ma première phase uniforme, monotone et sans douleur. Les peintres que j'avais employés jusqu'alors ne souffraient pas, mais aussi ne me faisaient pas souffrir. Je regrette maintenant d'avoir gravi lentement l'échelle de l'art, car j'ai été soumis aux mêmes perturbations qui attendent l'homme dont la force et l'intelligence sont occupées à creuser les pénibles sentiers du beau.

— Je vous comprends maintenant, monsieur, m'écriai-je. Sans pratiquer l'état matériellement, vous avez épousé trop vivement les inquiétudes des pauvres gens qui courent après la réputation.

— Vous saisissez seulement un des côtés de la question, dit M. T... Oui, plus tard je me suis marié avec les peintres, et ce mariage n'a pas donné les résultats tranquilles que j'en espérais; mais d'autres tiraillements plus graves m'attendaient. Voilà le premier portrait qui a fait naître en moi des sensations étranges.

M. T... me montrait le cadre où il était représenté en Albanais, avec les mille accidents cherchés par un artiste qui s'est trop complu à croire au hasard de sa palette, aux entassements de couleurs les unes sur les autres, aux caprices de la pierre-ponce. — J'ai posé peut-être treize mois pour ce portrait, dit M. T...; l'artiste n'était jamais satisfait; il attendait des miracles de la siccation des couleurs. Quand la terre est privée longtemps d'eau, elle se fend. C'est ce résultat que demandait le peintre, qui eût volontiers mis sa toile au four pour profiter des accidents produits par la chaleur. C'était un homme nerveux, inquiet, mécontent de sa palette, cherchant l'impossible, ayant assez d'intelligence pour savoir qu'il était dans une fausse voie ; mais il y avait vingt ans qu'on admirait ses défauts, et il en tirait le meilleur parti possible. S'il avait pu revenir à la peinture simple, ses plus chauds admirateurs l'eussent trouvé corrompu.

— Rien n'est plus juste.

— Quand ce portrait se trouva en bonne voie, continua M. T..., je remarquai en moi un certain état particulier d'abattement qui ne ressemblait pas à ma mélancolie habituelle. Il y avait comme un décrochement doux, il est vrai, sans secousses, de certaines facultés ; mais je ne m'en inquiétai pas davantage, attendu que le système nerveux est exposé, lorsqu'il est délicat, à des variations aussi mobiles que celles de la température. Ce portrait fut reçu, pour mon malheur, au Salon, et y obtint un certain succès. Cependant les artistes que je connaissais me firent remarquer que je ne possédais pas mon portrait, mais celui d'un Albanais, qu'il n'y avait rien de français dans les traits, que le peintre ne pouvait se débarrasser de l'Orient, et que j'avais eu tort de me confier à un homme dont la Turquie était la spécialité. Un autre ajouta que je m'étais trompé, et que j'aurais dû demander à l'artiste le portrait de mon chien ou de mon singe, attendu qu'après les Turcs il ne connaissait pas d'autres êtres. Je ne sais réellement pas quel est l'homme qui pourrait conserver quelque croyance dans la société des peintres : aussitôt qu'un de leurs confrères est en lumière, ils ajustent sur lui leurs escopettes chargées de railleries et de sarcasmes, et personne ne saurait résister à ce jeu dangereux.

— Qu'importe? c'est ce qui aguerrit l'homme. Voudriez-vous des artistes toujours adulés? Quels dieux fainéants vous auriez alors! Il n'est pas mauvais de temps en temps de secouer leur vanité.

— Mécontent de ce portrait à l'albanaise, continua M. T..., je m'adressai à un homme plus régulier, à un de ceux qui n'ont pas voulu sacrifier aux mensonges de la couleur et se maintiennent dans un contour prudent. J'avais affaire à un artiste moins tourmenté que le précédent, car il s'appuyait sur une doctrine sévère, qui servait de point de ralliement aux gens graves en France. Mon portrait n'en alla guère plus vite : le contour dans sa rectitude exigeait des séances pénibles ; mais, quoique ce peintre n'eût pas les inquiétudes de l'homme voué à l'Orient, et que son extérieur rappelât celui d'un fonctionnaire officiel, les premiers symptômes qui m'avaient assailli jadis se renouvelèrent, et je sentis une nouvelle déperdition au moral. Rien ne se faisait remarquer en apparence ; je buvais, je mangeais comme d'habitude, mais il me semblait qu'un adroit voleur s'introduisait dans mon être, et cherchait à ouvrir toutes mes facultés avec un rossignol. Il en prenait une parcelle de côté et d'autre, refermait les portes en homme discret et s'enfuyait sourdement, me laissant sous le coup d'une stupéfaction profonde. Après trois ou quatre portraits qui ramenèrent le même phénomène sans me causer de souffrances vives, je revins dans ma petite ville, afin de me reposer et de chercher dans l'isolement si je n'avais pas été victime d'une illusion. Paris est une singulière ville, où les nerfs de chacun sont trop en jeu, et il suffit d'en respirer l'air pour être soumis à cette étrange influence; mais ce fut ici que je pus constater les symptômes trop réels de ma maladie. Vivant à l'écart dans une quiétude parfaite en apparence, j'analysai les pertes morales que j'avais faites. Ce n'était ni la vue, ni l'odorat, ni l'ouïe, ni le toucher, ni le goût qui étaient affectés : je souffrais d'une sorte de diminution du principe vital; mais je me gendarmai contre moi-même, et à force de volonté j'essayai de croire que j'étais le jouet d'une hallucination. Il faut renouveler l'expérience, me dis-je, afin d'être certain que le mal gît là, et non ailleurs. Il sera toujours temps de consulter la science. Je retournai donc à Paris, où, pendant cinq ans, j'ai vécu dans les ateliers de peintres de second ordre. C'étaient des gens pleins de talent, de volonté, courageux travailleurs auxquels il manquait moins que rien pour devenir des hommes de génie. Leurs portraits ne me satisfaisaient pas entièrement, ils ne paraissaient pas me comprendre; mais, quoiqu'ils ne descendissent pas au plus profond de mon être, ils s'emparaient toujours d'un peu de ma personnalité. A chaque toile nouvelle je devenais plus léger à l'intérieur, plus timide, plus humble. Si vous avez chassé quelquefois, vous avez dû remarquer le singulier vol de l'oiseau dont l'aile a été touchée par un plomb perdu. Il continue à voler, il échappe au chasseur; mais ses plumes, qui tombent en tournoyant, indiquent que, si le chasseur n'a pas été plus heureux, c'est que l'oiseau était hors de la portée de son arme. Eh bien ! il semblait que les peintres enlevaient à chaque portrait quelques plumes des ailes de mon âme, qui cherchait un refuge, effrayée des tentatives meurtrières dirigées contre elle. Me comprenez-vous, monsieur?

— Parfaitement.

— Vous êtes le seul à qui j'aie osé confier ces cruelles sensations, car je ne voulais pas m'adresser à un médecin. Je crois les médecins de la famille des peintres : combien y en a-t-il qui ne regardent que l'apparence, et qui, ne trouvant nulle trace de lésion extérieure, vous renvoient avec une consultation équivoque! J'aurais voulu trouver un de ces génies au regard d'aigle, qui sondent d'un coup d'œil la profondeur du mal, ou un de ces hommes d'observation patiente qui font corps avec le malade et semblent vouloir s'inoculer ses souffrances, afin de mieux les constater.

— Un Hahnemann, par exemple, qui, dit-on, se donna soixante maladies pour essayer de les guérir par l'homœopathie qu'il venait de découvrir?

— C'est cela ; mais, n'ayant aucune confiance dans les médecins, je résolus de me guérir moi-même en renonçant à me faire peindre. J'avais de quoi meubler ces deux premières pièces ; je partis pour la province, et pendant quelques mois je trouvai une sorte de repos avec les architectes, les ouvriers qui me bâtissaient cette galerie. Vous allez juger, monsieur, combien la fatalité dépend d'un détail. Mes portraits étaient entassés les uns sur les autres au nombre de quarante ; je donnai mes ordres à l'architecte afin d'obtenir un musée convenable pour exposer ces portraits. S'étant rendu compte des dimensions, l'architecte décida que trois salles étaient nécessaires à l'exposition de ces toiles, et je lui donnai carte blanche pour la décoration. Quand la bâtisse fut terminée, je m'aperçus que mes tableaux dansaient dans ces trois salles, c'est-à-dire qu'ils étaient beaucoup trop espacés, que l'aspect était maigre, et que, pour parer à cette mauvaise disposition, il fallait absolument ranger ces quarante portraits dans deux pièces. C'est ce qui a causé mon malheur.

— Comment?

— Une pièce restait vide, elle semblait la mieux éclairée. Petit à petit je fus amené à chercher à en faire la conclusion de ma galerie, une réunion de chefs-d'œuvre; mais l'idée ne m'en vint que plus tard. Je crois vous avoir dit qu'un repos momentané était venu remplacer mes inquiétudes : entouré d'ouvriers, occupé à les harceler, toujours sur pied, je n'avais pas le temps de me livrer à mes réflexions. Ce fut après l'achèvement des deux salles et la pose des portraits, quand, seul avec eux, je passai des journées de méditation ici, que les angoisses primitives reprirent le dessus. Dans tous ces cadres était enfermé un peu de ma propre personnalité, dont je sentais plus vivement la diminution en moi-même. Je me demandai souvent si je n'étais pas le jouet d'une illusion en regardant ces toiles plates sur lesquelles sont accrochées quelques couleurs. Quand on les contemple longuement, toutes ces images qui vous paraissent mortes s'animent. Si vous restiez seulement un mois ici, monsieur, je vous ferais assister à ce phénomène. En même temps je n'étais pas satisfait de ces ressemblances vivantes. Ce n'est pas affaire d'amour-propre, croyez-le; mais, malgré l'habileté des peintres qui ont concouru à remplir la seconde pièce de la galerie, je me sentais autre : puisqu'ils prenaient une portion de mon être, j'aurais désiré le voir reproduit tel que je le comprends. C'est ce qui m'a ramené de nouveau à Paris, où j'ai fréquenté dès lors les artistes du plus grand mérite. Je passe sur leurs exigences, leurs manies et les mille comédies qui ont présidé à ces nouveaux portraits ; mais en deux ans j'y ai perdu le reste de ma vitalité. A chaque portrait il m'a semblé être la proie de vampires qui me suçaient le sang. Il était trop tard pour m'arrêter. Les incisions par lesquelles je m'enfuyais de moi-même ne pouvaient plus se cicatriser. Je coulais comme un homme au fond d'un précipice ; le physique même s'en est ressenti. Vous devez entendre que je n'ai pas un dixième de ma voix ; mes yeux sont affaiblis à l'excès. Je sais que je suis une ombre, je flotte et je ne marche plus... Ma volonté s'est enfuie ; le peu qui en restait est accroché aux épines qui couronnent le dernier portrait de ma galerie. C'est une singulière existence que je mène, monsieur ; je suis moins qu'un nuage ballotté par les vents, je ne pense pas davantage, et je disparaîtrai un jour comme un de ces nuages. Adieu, monsieur, dit M. T... en se laissant tomber épuisé sur un divan.

De la main il me fit signe de le laisser seul.

Telle a été ma conversation exacte avec l'homme qui ne me préoccupera plus, maintenant que j'ai jeté sur le papier un croquis qu'il faudra imprimer un jour en brochure pour l'explication de sa singulière galerie.

III

LES ORGUES DE FRIBOURG.

J'étais à Berne; on prononça devant moi le nom de Fribourg : aussitôt un souvenir de jeunesse me monta au cerveau, comme une de ces odeurs pénétrantes qu'on a respirées dans un temps éloigné, qui se représentent tout d'un coup, et qui feraient croire que l'odorat a de la mémoire. Je me souvins des orgues de Fribourg, — ainsi qu'on se souvient de ces livres merveilleux, le *Robinson Crusoé* par exemple, — qui dans mon esprit étaient notées à l'égal des grandes merveilles de l'univers. Dans quel livre de voyageur enthousiaste ai-je puisé cette admiration pour les orgues de Fribourg? Il m'était impossible de donner une forme exacte à mes souvenirs; le nom, si joli par lui-même, de *Fribourg* ne chatouillait-il pas ma curiosité?

J'irai demain à Fribourg; il y a une douzaine de lieues; mais qu'importe, si je dois entendre un instrument incomparable, tel que n'en possède pas le monde entier? La diligence qui fait le service de Berne à Fribourg est autrement disposée que nos diligences françaises du côté de l'impériale, où se logent habituellement ceux qui sont curieux de respirer et de voir la belle nature. Il y a deux impériales, une sur le devant, une sur le derrière; au milieu sont placés les paquets, malles et bagages des voyageurs. Je ne recommanderai pas à mon plus méchant ennemi de prendre l'impériale de derrière, où je fus invité à monter. Ne pouvant me faire entendre en allemand (et, eussé-je parlé l'allemand, il en eût été de même, à cause de la langue bernoise, qui est tout à fait distincte de l'allemand de Munich), je me confiai à la probité renommée des messageries suisses. Hélas! non-seulement je pus à peine jouir de la belle nature, que je n'entrevoyais que par échappées, entre le faible espace qui sépare les paquets du cabriolet de derrière; mais, victime d'un soleil ardent particulier à ces pays de montagnes neigeuses, je fus enveloppé d'une poussière telle que je n'osais plus ouvrir la bouche, et qu'un homme qui passerait un jour et une nuit dans la halle aux farines n'en rapporterait pas davantage dans la trame de ses habits. Ceci est un des moindres inconvénients des voyages; si les touristes n'avaient pas autre chose à raconter, il serait inutile de les écouter et de les lire. Cependant, malgré cette déclaration, il ne faut pas croire que ce qui m'arriva à Fribourg fût d'un intérêt puissant; tout le monde peut éprouver ces petits désagréments de la vie de voyage.

J'avais une lettre de recommandation pour un bourgeois de Fribourg; mais je n'allai chez lui qu'après avoir acquis la certitude que seul il m'était impossible d'entendre les fameuses orgues, car voici ce que j'appris à l'auberge : l'organiste ne joue de l'instrument qu'à la condition d'être écouté d'une certaine société qui, pour se faire accorder l'entrée de l'église, paye une somme quelconque qui va sans doute à ce que nous appelons catholiquement la *fabrique*. Ce n'est pas l'organiste qui exige la rétribution, c'est le chapitre, si toutefois on peut appeler ainsi les desservants du pays fribourgeois.

Ne voyant apparaître aucune société d'Anglais, ne trouvant pas le couvert mis à l'auberge, je grimpai chez mon bourgeois, qui justement allait commencer à déjeuner ou à dîner, car les repas sont tellement nombreux par là que j'en ai oublié les titres. Je fus reçu, il faut le dire, d'une façon cordiale, grâce à ma lettre d'introduction; mais je mangeai sans grande tranquillité, préparant dans mon esprit une façon adroite de parler des orgues. Les orgues, je le prévoyais, allaient être un singulier dessert pour mon hôte, homme rouge à gros ventre et d'une santé trop parfaite. Il faisait peut-être encore plus chaud dans l'intérieur de Fribourg que sur la route de Berne. Le soleil inondait la ville, personne ne sortait, et il fallait un enthousiasme aussi prononcé que le mien pour me lancer en curieux dans une ville escarpée, en plein midi. Je frémissais pour mon hôte, qui certainement devait se proposer de m'accompagner, et qui offrait trop de prise au soleil avec son ventre considérable et ses grosses joues roses. Il était presque aussi imprudent de le mener par la ville que de faire deux lieues sur la route avec une motte de beurre : je risquais de voir fondre mon digne Fribourgeois; mais, comme les enthousiastes sont au fond des égoïstes et qu'ils ne s'inquiètent pas si leurs caprices, leurs manies, leurs admirations font tort à quelqu'un, j'ouvris dans la conversation un horizon borné par les fameuses orgues.

Heureusement pour moi je touchais une corde patriotique, suisse par excellence et cantonale au plus haut degré. Mon hôte fut touché du récit d'un homme qui se détournait de douze lieues avec une forte provision d'admiration pour une merveille locale. Il me raconta monts et merveilles de l'instrument et de l'instrumentiste, qui imitait une tempête de la nature comme jamais organiste n'y avait réussi. L'orage, le tonnerre, les éclairs avaient été étudiés avec un soin tout particulier par le musicien, et il rendait ces tourmentes avec une telle vérité qu'il vous donnait le frisson. Quoique ne croyant pas un mot de certaine histoire qui court les biograhies : — Serait-il comme Joseph Vernet, dis-je, qui se faisait attacher au grand mât d'un navire pendant une tempête pour en mieux saisir les effets? — Et je riais en dedans du curieux spectacle que présenterait un organiste attaché à un clocher; mais il faut toujours flatter les enthousiasmes cantonaux. D'ailleurs le Fribourgeois y mit une complaisance à toute épreuve; il ne se fit pas prier pour sortir par cette chaleur caniculaire, et vraiment il n'eût pas plus souffert dans une poêle à frire. En chemin, il s'arrêta pour me faire entrer dans un hôtel d'apparence somptueuse, où ne peuvent raisonnablement descendre que des agents de change en faillite. Au premier étage de cet hôtel est une terrasse qui donne sur les montagnes environnant Fribourg; des gorges profondes, des ponts hardiment suspendus, une verdure un peu crue, telle est la nature du lieu, mais là ne gît point l'intérêt. Pour flatter les voyageurs et piquer la curiosité blasée des Anglais, l'aubergiste du lieu a imaginé d'embellir la nature. Les fenêtres sont composées de carreaux de diverses couleurs qui permettent de saisir le point de vue sous des aspects d'une coloration variée. On peut regarder ce site sauvage d'une façon jaune, ou rouge, ou violette, ou indigo, ou verte, ou blanche, ou noire; il y a même des couleurs composées qui laissent voir le précipice *couleur de chair*. A Passy, à

Neuilly, à Aulnay, partout aux environs de Paris vous rencontrez de petits pavillons bourgeois, avec des couvertures de chaume, décorés à l'orientale à l'intérieur; dont les fenêtres laissent entrer le jour sous des colorations aussi variées. Ainsi nous n'avons rien à envier aux Suisses; la seule différence est que nos petits propriétaires ne regardent que des jets d'eau, de misérables parterres de fleurs, des imitations de grottes en roches, à travers leurs verres de couleur, tandis que l'aubergiste fribourgeois vous invite à regarder de la sorte une situation pittoresque.

Il y avait devant ces carreaux toute une famille française, père, mère, bonne et enfants, qui se croyait au Diorama, et poussait des exclamations à chaque nuance diverse qu'elle abordait.

—Oh! papa, le rouge! s'écriait avec un ton admiratif le petit garçon.

—Et le gris pâle! disait la mère, on dirait qu'il neige.

Le chef de la famille analysait les différents verres de couleur, passait de l'un à l'autre, et revenait de temps en temps vers le violet.

—C'est celui-ci, ma femme, disait-il, qui est le meilleur; ce violet est admirable!

—Justine, ôtez-vous donc de là! disait la bourgeoise à la bonne, qui, sur le balcon, devant la fenêtre, regardait la nature avec ses yeux.

—Justine, vous gênez madame, ajouta le mari; cette fille est singulière. Vous ne verrez peut-être jamais cela de votre vie, et vous ne regardez seulement pas.

La bonne rentra, mit son œil à un carreau de couleur pour obéir, et revint aussitôt s'asseoir dans l'antichambre, comme si cette barbarie la froissait. Si les touristes bourgeois avaient pu comprendre cette leçon, ils auraient admiré le sens droit de cette paysanne française qui regardait naturellement la nature.

—Ne craignez-vous pas que nous ne soyons en retard pour les orgues? dis-je à mon hôte, sans oser lui parler de ce système de coloration baroque qui est encore une curiosité du pays. En chemin, il me pria de prêter la plus grande attention à l'orage et au talent de l'orageux organiste. J'ai bien des préventions contre la musique imitative; mais je renfermai mon raisonnement qui tendait toujours à dresser la tête. A quoi bon chagriner un hôte aimable, couvert de sueur pour moi, et qui n'avait pas approfondi les tentatives musicales modernes? Il est si simple dans la vie de dire aux gens : *Je pense comme vous*, et de sous-entendre : *Je ne pense pas comme toi*, qu'avec cet innocent jésuitisme on arrive à la tranquillité la plus parfaite dans la conversation, et qu'on est cité comme un homme charmant dans le monde. Les raisons pour lesquelles je n'admets pas en musique l'imitation des bruits de la nature, auraient demandé une heure de discussion : mon hôte n'y eût rien compris; m'eût-il compris, il serait resté convaincu que l'orage de l'organiste de Fribourg est ce qu'il y a de plus élevé, musicalement parlant.

Comme j'allais entrer dans l'église, le Fribourgeois me dit qu'il m'attendrait sur la place; malgré la chaleur accablante qui semblait augmenter, je n'insistai pas, sentant combien il devait être pénible pour un habitant de la ville de recevoir autant d'orages sur le corps, car l'organiste joue le même morceau depuis une centaine d'années de père en fils, vu que les effets ont été combinés de façon à faire valoir les différents jeux de l'instrument, et que depuis le premier orage, qui fut exécuté en dix-sept cent et tant par le fameux M. Miroir, on a désespéré d'en inventer un plus terrifiant. — Faites bien attention, me dit mon hôte en me faisant des recommandations, l'orage est le dernier morceau. — Au fond, je n'étais pas fâché d'être délivré de mon hôte, qui, s'il eût été présent, était un de ces hommes qui vous poussent le coude à chaque instant pour vous faire partager leurs admirations : *Eh bien!* ou *Comment trouvez-vous cela?* ou *Superbe! n'est-ce pas?* L'enthousiasme est une fleur discrète qui s'épanouit au dedans de l'homme délicat, pour ensuite attacher un petit sourire particulier sur les lèvres ; du moins je ressens ainsi les beautés musicales, et pourvu que mon voisin ne m'interroge pas, je le laisse volontiers manifester de bruyants bravos ou d'énormes claquements de mains d'une sincérité douteuse.

Quand j'entrai dans l'église de Fribourg, l'organiste commençait son morceau par un début sans importance, en se servant des jeux les moins puissants, afin de conserver tout son éclat pour le final. Les orgues de Saint-Denis m'ont habitué à de plus brillants effets ; aussi mon attention vague fut-elle attirée par de petits tableaux singuliers que je voyais accrochés aux murs. C'étaient des gens malades dans leur lit, des moribonds, des animaux blessés que le pinceau a reproduits, en n'oubliant pas de faire intervenir dans un coin du tableau une sainte Vierge qui, du haut de son trône de nuages, envoie un regard favorable vers ceux qui l'implorent. On lit au bas de ces singulières peintures : *Ex-voto.* Cette coutume existe dans toute la France sous différentes formes, soit qu'on fasse dire des messes à l'intention d'un malade, soit qu'on fasse brûler des cierges, soit que les marins accomplissent un vœu en suspendant à la voûte de la chapelle le modèle d'un petit navire, soit qu'on fasse toucher à des reliques des objets ayant appartenu à des malades; mais à Fribourg les paysans des environs croient à l'influence d'une représentation exacte de leur invocation à la Vierge. Si un de leurs parents tombe malade, ils veulent que le peintre représente l'appartement où le malade est couché; si un cheval est atteint d'une maladie épidémique, il faut l'image exacte du cheval. L'*ex-voto* qui me frappa le plus fut celui d'une femme étendue par terre sur le dos, les mains jointes en l'air; près d'elle était une charrette jaune-serin traînée par des bœufs peints en rouge-vermillon, qui se détachaient sur un fond vert-pomme. La Vierge lançait un regard sur cette femme, évidemment blessée en tombant de sa charrette.

Ces dessins étaient coloriés avec une telle grossièreté d'exécution, qu'elle leur prêtait une puissance à laquelle atteignent rarement les chefs-d'œuvre. La naïveté ne se conserve dans toute sa pureté qu'avec une certaine barbarie, et les esprits non civilisés, les enfants, les sauvages, sont bien plus vivement frappés par la brutalité des moyens que par les suaves finesses des grands artistes. Les enfants ne peuvent être touchés que par la simplicité; ainsi les sept couleurs du prisme leur paraîtront toujours plus belles que les couleurs composées; c'est ce qui explique pourquoi quelques joujoux d'un sou, les *moulins*, les *forgerons*, l'*homme à cheval*, sortis de la fabrication de Notre-Dame-de-Liesse, sont presque des œuvres de génie à cause de leur effet infaillible sur certains sens des enfants. Le système de la coloration de ces joujoux est surtout remarquable par le choix des tons, jaune, rouge et vert, employés par les ouvriers. Les yeux de l'enfant ne sont pas élevés encore à saisir les complications de tons des grands maîtres : ils ne sentiraient pas les modulations si diverses qu'un peintre fait subir à la gamme des sept couleurs primitives. Au contraire l'enfant saisit vivement le jaune et le rouge, deux des couleurs les plus vivantes ; il les retient, il en meuble facilement son cerveau, et, avec le blanc et le noir, elles formeront désormais la base de ses idées de coloration.

Les paysans offrent par de certains côtés une grande ressemblance avec les enfants : l'art, pour être compris des gens de la campagne, doit se produire sous un jour simple et naïf. C'est ce qui me fit penser aux joujoux de Notre-Dame-de-Liesse en regardant les peintures accrochées aux murs de l'église de Fribourg. C'est le même procédé ; les peintures sont peut-être encore plus naïves que les joujoux.

Je ne saurais guère décrire les impressions produites par ces peintures, dont l'effet sur moi est toujours aussi puissant que si je n'avais pas étudié les principaux chefs-d'œuvre de toutes les écoles. Je suis heureux d'avoir conservé ces précieuses sensations d'enfance qui tombent une à une comme les feuilles à la fin de l'automne, en laissant l'homme aussi désolé que les troncs noirs et humides des arbres pendant l'hiver ; mais combien est distincte l'impression des joujoux de celle des *ex-voto !* Les joujoux excitent une douce gaieté, tandis que ces peintures d'église, avec leur représentation des douleurs et des accidents de la vie, laissent après elles quelque chose de triste que mon esprit applique du reste à toutes les reliques.

Heureusement l'orgue faisait entendre un petit motif qui est plein de sérénité, une sorte de valse allemande dont le rhythme trouvera toujours un écho en moi. Tous ceux qui étaient dans l'église se levèrent, et je compris que la tâche de l'organiste était finie. Il n'avait pas joué l'orage, et je me félicitai d'avoir échappé à ce fameux morceau, de tradition depuis cent cinquante ans. Je sortis : mon hôte m'attendait sur la place; je ne le trouvai pas trop maigri.

— Eh bien? me dit-il.

— L'organiste est très-fort, dis-je un peu à contre-cœur; mais il n'a pas joué l'orage.

— Comment? s'écria le Fribourgeois, il n'a pas joué l'orage? C'est impossible.

— Je vous assure...

— Il est dans son tort, et certainement cela ne se passera pas ainsi. Il doit jouer l'orage par un traité; nous le payons assez cher pour qu'il joue cet orage... Cela attire beaucoup d'étrangers dans la ville.

— Croyez-vous que cet orage soit de toute nécessité?

— Certainement... Au surplus, dit le Fribourgeois, je vais donner une petite leçon à l'organiste, car je l'aperçois là-bas.

J'avais attiré sans le vouloir l'orage sur la tête du musicien. — Je vous en prie, dis-je, n'en faites rien.

Mais mon hôte ne voulait rien entendre; l'organiste venait à nous et ne pouvait nous éviter. — Comment! monsieur, dit le digne Fribourgeois d'une voix un peu émue, vous n'avez pas joué l'orage aujourd'hui? A quoi pensez-vous?

— Pardonnez, monsieur, dit l'organiste, j'ai terminé comme d'habitude par l'orage.

Et il s'éloigna. Je restai muet, certain de la mauvaise opinion qui allait germer dans l'esprit de mon hôte. — C'est singulier, murmurai-je.

— Je savais bien, dit le Fribourgeois en reprenant sa bonne humeur, qu'on avait joué l'orage.

Toute la journée je fus un peu inquiet d'avoir si mal compris la signification de la musique de l'organiste ; comment avais-je pu laisser passer le grondement du tonnerre, l'éclair, la répercussion par les échos, sans en être frappé ? Ces pensées me tourmentaient et me revenaient sans cesse. L'homme est un ruminant comme le bœuf ; qu'importe qu'il mâche et remâche des idées quand l'autre mâche de l'herbe ? Pour moi, le travail des impressions est très-fatigant ; elles montent et descendent du cerveau, c'est un va-et-vient continuel, elles changent de forme, et, avant qu'elles se soient tassées en forme de pelote, je puis dire que la digestion m'en est pénible.

Je partis le soir de Fribourg, mécontent de moi-même et toujours ruminant mon orage. Heureusement il y avait en face de moi dans la voiture une toute jeune demoiselle rose et blonde qui me faisait plaisir à regarder ; elle tenait un livre à la main, et j'avais également un livre : c'était déjà presque de la franc-maçonnerie. De temps en temps elle lisait et refermait son livre ; ma curiosité était fort éveillée. Si je pouvais seulement voir le titre sans être remarqué, car connaître le livre d'une femme, c'est connaître presque la femme ; mais rien n'était plus difficile : le cahot de la voiture, le livre qui se présentait à moi à l'envers, la brusquerie avec laquelle la jolie personne le fermait et l'ouvrait, tous ces motifs ne servaient qu'à irriter ma curiosité de plus en plus. Je me disais que ce volume ne devait pas intéresser la jeune fille au plus haut point, puisqu'elle n'y faisait que jeter les yeux par saccades ; en France, j'aurais deviné à la minute quelle était la nature du livre au papier, à l'impression, au format, à la couleur de la couverture ; mais mon séjour trop court en Suisse ne m'avait pas donné encore ces inductions bibliographiques. D'un autre côté, je surpris des regards que ma jolie voisine jetait à la dérobée sur mon volume, et qui poussaient également une sorte de reconnaissance. Bien certainement le démon de la curiosité montrait aussi ses cornes au-dessus de la tête de la jeune personne ; elle avait peut-être comme moi le sentiment qu'on connaît un homme par ses lectures. Je fis une sorte d'avance en arrangeant mon volume de telle sorte qu'il était permis à ma voisine de lire facilement le titre de *Revue suisse*, qui s'étalait majestueusement en gros caractères sur la première page du livre, et cependant je ne livrai le secret de ma lecture qu'avec une certaine crainte, celle de passer pour un Suisse ; non pas que j'aie de la répugnance pour les hommes de cette nation, mais, aussitôt hors de France, le sentiment national nous revient d'une telle force que ceux-là même qui en sont le moins doués deviennent des Français un peu *chauvins*. Les étrangers qui ont visité l'Europe, et qu'on rencontre en chemin, vous confirment dans cette bonne opinion que la France est la plus spirituelle, la plus polie, la plus complaisante de toutes les nations, et on mord avidement à cette pomme enivrante ; mais je pris le parti de ne pas m'inquiéter de cette *Revue suisse,* comptant qu'après les premières paroles, mon accent servirait à prouver que j'étais bien réellement Français. D'ailleurs le volume que je portais me servait merveilleusement ; une Revue n'engage à rien, et ne témoigne pas d'un goût particulier pour certaines œuvres de l'esprit plutôt que pour certaines autres. Une Revue contient de l'histoire, de la politique, du roman, de la poésie, des voyages, des propos de salon et de théâtre ; c'est un arsenal complet de déguisements. Est-ce par une concordance d'idées que la jolie personne ferma les yeux en laissant son volume sur ses genoux, penchés de telle sorte que le livre tomba entre nous deux? Je me baissai précipitamment, et, dans une demi-obscurité qui me retint une grosse minute la tête au fond de la voiture, j'eus le temps de lire le titre ; mais quel désenchantement ! c'était une *Histoire romaine.* Un éclair me traversa l'esprit ; j'avais pour vis-à-vis une sous-maîtresse de pension. Que de pédantisme à dépenser ! car la connaissance réciproque de nos livres n'était au fond qu'un moyen certain de conversation. Que dire d'une *Histoire romaine* écrite par un Suisse tout à fait inconnu? Et même cette histoire, fût-elle composée par un des universitaires les plus pédants de France ou par l'Allemand le plus philosophe, m'amenait à la certitude d'une défaite complète ; mon esprit s'est peu tourné vers les grands citoyens de Rome, à peine pourrais-je me tenir dans de pompeuses *admirations* de ces *grands caractères.* Si encore ma voisine avait eu en main un grand médecin comme Zimmermann, un grand moraliste comme Lavater, un grand philosophe comme Bonnet, un grand malade comme Jean-Jacques, même un romancier comme Toppfer, il y a dans ces hommes des motifs de conversation pour une nuit ; mais cette absurde *Histoire romaine* me coupait la parole et jetait sur la jolie dormeuse un triste vernis d'enseignement qui me déplaisait.

Elle dormait toujours, ou elle feignait de dormir ; j'attendis avec impatience qu'elle voulût bien rouvrir ses yeux d'un bleu un peu pâle. C'est ce qui peut arriver de plus agréable dans un voyage qu'une liaison avec une femme du pays qu'on traverse : les musées, les palais, les cascades, les grottes, les montagnes, les précipices peuvent intéresser un moment ; mais on ne connaît guère un pays si l'on n'y a pas aimé un peu. La physionomie du pays vous reste bien mieux dans la tête après un petit amour, si court qu'il soit. Oh ! Lina ! gentille Lina ! tu feras toujours d'Anvers la ville la plus séduisante de l'univers.

En venant de Strasbourg à Bâle, j'avais fait la connaissance d'un Hollandais très singulier, qui voyageait pour son plaisir, et qui avait la rage des renseignements poussée au plus haut degré. Tout ce qu'il voyait était écrit sur son carnet ; il ne tarissait pas en questions, et chaque réponse était couchée sur le registre : les productions du pays que nous traversions, le foin, l'avoine, le colza, le tabac, il inscrivait tout, sans oublier ses dépenses. Il inscrivit aussi mon nom de Josquin, et, ce qui le frappa le plus, quand je signai sur le registre de l'église de Bâle, fut qu'il avait écrit *Gosquin ;* aussitôt il corrigea cette erreur d'orthographe. Ce Hollandais aimait la littérature et m'étonna beaucoup en me récitant des vers d'Auguste Barbier. Jusqu'alors j'avais souri de son innocente manie de notes perpétuelles, lorsque nous visitâmes le musée de Bâle. C'est là une des grandes affaires des voyageurs, le musée, la bibliothèque, la cathédrale, et, quand on a jeté un coup d'œil sur les chefs-d'œuvre sortis de la main des hommes, on s'ennuie à mourir; il n'y a plus qu'à partir. On s'ennuie parce qu'on ne sait pas voyager : n'est-il pas plus intéressant de rôder par les rues détournées, loin du centre de la ville, et de regarder en l'air si on n'aperçoit pas une tête de jeune fille curieuse ? Saluez-la à la française, en souriant, et vous verrez passer sur sa figure mille émotions qui valent mieux à regarder que tous les musées de l'Europe. La belle affaire que de dire à trois cents lieues : J'ai compté tant de Raphaël, tant de Rubens ! Que m'importe ? Et nous nous moquons des provinciaux qui montent sur la colonne et qui vont entendre l'*écho* dans les souterrains du Panthéon !

Nous étions entrés dans le musée de Bâle, moi surtout, plein de curiosité. Il est rempli de tableaux d'Holbein, le maître que je regarde comme le roi des peintres. Ses portraits exacts et calmes meublent le cerveau de savants à physionomie accentuée qu'on n'oublie plus quand on les a vus; de tous les peintres c'est celui qui rend le mieux la physionomie de son époque. La garde du musée était confiée à une jeune fille, fraîche enfant de seize ans, qui nous conduisait à travers les salles; je traversai assez rapidement la galerie des dessins, sauf à y revenir plus tard, et j'allai me goinfrer des peintures d'Holbein dans la salle qui suivait. J'étais trop sous le coup de mon admiration pour remarquer que le Hollandais ne me suivait pas ; d'ailleurs il était si minutieux qu'il devait emplir son carnet de descriptions de dessins. Quant à moi, mes sensations sont alertes et subtiles ; je *vois* en une seconde, et je ne ressemble guère à ces amateurs qui vont tous les jours passer des heures en contemplation devant un tableau. Il y a si peu de *pensée* dans l'exécution du peintre que je suis à peu près certain que ce n'est pas par une réflexion assidue que je la découvrirai : bienheureux sont ceux qui voient des mondes dans une peinture ! Je n'y crois guère.

Tout à coup j'entendis dans la salle voisine un bruit sur le plancher qui ne pouvait provenir que d'une course précipitée, et la jeune fille qui nous servait de guide entra un peu émue, la figure rouge, dans la pièce où je me trouvais. Évidemment elle fuyait le Hollandais. Je ne fis pas mine de m'en apercevoir, et je continuai de regarder les Holbein. Le Hollandais reparut, flegmatique comme d'habitude, tenant son cahier de notes ; il vint de mon côté et trouva le moyen de prendre la taille de la jeune fille, qui jugea à propos de n'en rien manifester, se fiant sur ma présence. Il y avait une troisième salle que j'explorai d'abord seul, et, ainsi que tout à l'heure, la demoiselle prit la fuite, toujours poursuivie par le Hollandais, que cette fois j'avais observé, et qui tentait de l'embrasser. — Cet homme-là, pensais-je, n'aime guère la peinture et se soucie fort peu des Holbein.

Cinq heures plus tard, la nuit, en diligence, j'excusais mon Hollandais et je le trouvais presque un homme de sens : en présence de peintures et d'une jeune fille, il choisissait la jeune fille. Il oubliait les tableaux pour une enfant timide : cette babiole d'aventure avec une femme laissait plus de traces dans l'esprit du Hollandais que s'il avait regardé sérieusement les portraits d'Holbein. Il faut être bien jeune pour s'intéresser aux questions de peinture, aux questions archéologiques, dont le premier sot peut vous contester la certitude. La femme est autrement difficile à déchiffrer que la langue assyrienne, et on n'a pas trop de quarante ans pour l'étudier et arriver à l'épeler.

La petite blonde, que je supposais maîtresse de pension, dormait toujours, et je ne trouvai qu'un moyen de l'éveiller : ce fut de relever le rideau de serge qui nous garantissait de la poussière, et qui laissa entrer par la portière un soleil ardent qui commença par se jeter, comme un amant empressé, sur les joues de la dormeuse. Elle se réveilla sous ces chauds baisers ; alors je pus lui remettre son *Histoire romaine*, en lui faisant remarquer que je l'avais ramassée. La conversation s'ouvrit là-dessus. C'était une jeune demoiselle de Vevey qui revenait en vacances, et qui devait aller plus tard à Berne. — J'y demeure, lui dis-je. — Ah ! vraiment ? s'écria-t-elle ; et elle me raconta qu'elle allait souvent le soir se promener à un certain endroit, près de l'Aar. Un fat eût pris cette parole pour une sorte de rendez-vous ; mais la jeune fille causait innocemment et pour le plaisir de causer. Elle était questionneuse autant que deux Françaises, et elle voulait savoir d'où je venais. Quand elle apprit que j'étais allé à Fribourg pour entendre les orgues, elle manifesta un profond étonnement. — Comment ! dit-elle, vous demeurez à Berne, et vous allez à Fribourg pour entendre les orgues ? On ne vous a donc pas dit que les orgues de Berne sont bien supérieures ?

C'était un coup de massue. Avoir fait vingt-quatre lieues inutilement quand la merveille était sous ma main ! Heureusement j'avais entamé la connaissance d'une aimable personne, mais il n'y avait pas cinq minutes qu'elle m'avait fait cette réponse lorsque la voiture s'arrêta à un relais, dans un village, et qu'un gros paysan se présenta pour recevoir ma jolie compagne, qui s'arrêtait dans cet endroit.

Le reste de la route me parut bien long.

IV

GRITTI.

De retour à Berne, et me promenant dans la Grande-Rue le jour du marché, je fus frappé de la physionomie singulière des paysans, des marchands, et de la foule considérable qui se pressait, plus nombreuse que de coutume, à cause de la foire aux domestiques. Tout ce peuple blond, qui a l'air indolent, maladroit au premier abord, et dont les statistiques ont démontré une moyenne de production plus grande que chez les autres nations, ces vieillards plus ridés qu'ailleurs (sans doute par l'air vif des montagnes), cette analogie dans les gestes et dans l'expression de la physionomie, cet étonnement allemand peint sur toutes les figures, cet air ensommeillé sous lequel se cache une grande finesse, ces bras ballants en apparence, qui, à un moment donné, se montrent vigoureux aux rudes travaux des champs, cette vieille ville et ces vieilles enseignes du moyen âge, ces ours de pierre habillés en chevaliers, ces galeries basses qui permettent de se promener dans presque tout Berne sans se mouiller, forment un aspect curieux pour un homme qui a peu voyagé.

L'avantage de la France sur les autres nations, c'est l'extrême diversité des tempéraments ainsi que des facultés. On a dit que la France était une nation propre à s'assimiler les qualités des différents peuples, et, par les observations qu'il m'a été donné de contrôler, je crois la remarque juste. Ces absorptions n'ont sans doute pas peu contribué à la variété des physionomies. Voilà pourquoi la femme française est si variée, non-seulement au physique, mais au moral. De même qu'il y en a de brunes et de blondes, on peut retrouver chez la Parisienne les qualités de l'Italienne et les défauts des femmes du Nord. Au contraire, hors de France, et surtout en Suisse, je retrouve chez la femme une unité de type qui, étudiée d'un peu près, offre peut-être quelques variantes peu accentuées, mais qui au premier abord déconcerte l'étranger. J'ai regardé deux ou trois cents paysannes sur le marché, et je n'en ai vu pour ainsi dire qu'une seule, la même.

J'en étais là de mes réflexions lorsque j'aperçus une petite marchande de salade qui sourit en me voyant passer. C'était une brune aux yeux noirs qui ressemblait à s'y méprendre à une grisette de la rue Saint-Denis. Comme je venais d'arborer le costume national des étudiants de l'université, en achetant chez le chapelier en renom de Berne une petite casquette blanche à galon rouge, je crus d'abord que je ne portais pas assez cavalièrement ma coiffure de *studiosus*. Cependant le chapelier m'avait assuré qu'elle m'allait parfaitement, et j'étais sorti de sa boutique entièrement persuadé de l'élégance de cette casquette, qui mérite d'être décrite par la singulière position qu'elle occupait sur mon chef. Grimpée tout en haut du crâne, la casquette semblait aussi hardie que ces singes qui font des grimaces sur la bosse d'un chameau. Il m'était interdit d'affecter l'air sombre en l'enfonçant jusqu'à mi-oreilles, car ces casquettes, très-droites, doivent se poser sur la tête sans la protéger contre les intempéries des saisons. L'œil seul est à demi couvert par une petite visière insolente qui suit la forme du front et se rabat brutalement sur le sourcil. A cette casquette j'avais joint une paire de besicles, que la république suisse n'a point encore interdites aux étudiants, ainsi que le fit jadis le roi de Bavière pour son Université. Mes cheveux étaient suffisamment longs et plats, ma redingote boutonnée jusqu'au menton ; un beau foulard semé de coquelicots était jeté négligemment autour du cou ; ma canne à la main, je me croyais un parfait étudiant, lorsque le sourire un peu malicieux de la petite marchande de salade vint me troubler. Je m'éloignai sans rien dire, portai la main à la casquette blanche à galon rouge, et la trouvai toujours dans la position de singe malicieux que le chapelier m'avait vantée comme le suprême bon goût.

Au bout de quelques pas je rebroussai chemin, ayant au bras mon excellent ami Christen, qui me faisait les honneurs de la ville. La petite marchande de salade me préoccupait ; dans ses yeux noirs, dans sa coquetterie, j'avais retrouvé Paris, et je voulais avoir raison de son sourire. Y avait-il une sorte de provocation ? Me prenait-elle réellement pour un de ces jeunes gymnasticiens qui passent leur vie à courir la ville et les amours faciles? Quel est le singulier ressort qui avertit une femme que l'homme qui pense à elle va venir tout à coup? C'est encore là un des mystères inexplicables de l'amour, même de la simple galanterie. J'étais à cent pas de la petite marchande de légumes, sous les arcades du côté opposé des maisons, lorsqu'elle leva subitement la tête et sourit encore une fois à la parisienne. Mon cœur eut une légère palpitation. Je me sens rarement provoqué par une jolie personne sans éprouver une sorte de trouble; mais, voulant être bien certain qu'il n'y avait ni hasard ni moquerie, je passai et repassai près de cinq fois devant l'étalage, au grand étonnement de mon ami, que ces allées et retours inquiétaient fortement. Au début d'une aventure, j'ai pour système de ne jamais me confier à celui qui m'accompagne, de peur de chagriner son amour-propre. Si une femme envoie un coup d'œil furtif dans la direction de deux amis, et que l'un, s'en apercevant, se confie à l'autre, il peut arriver que l'autre se gendarme, prétende que ce regard lui est adressé; ce sont matières à brouille. Je recueillis ainsi dans cette promenade divers sourires auxquels je répondis de mon mieux, jusqu'à ce que, quittant tout à coup le bras de Christen : — Attendez-moi, lui dis-je.

Et je m'élançai à travers les étalages, cherchant une marchande de fleurs. Il est singulier que je ne pense aux fleurs que quand je suis à peu près amoureux ; alors je deviens frénétique de bouquets. Aussi le lecteur est bien averti qu'il y aura toujours quelques bouquets dans ces sortes de mémoires : je ne crains pas de me répéter; le tout est la façon dont on fait le bouquet. Je jetai un coup d'œil sur les étalages voisins, et n'y trouvai point ce que je cherchais, sauf des paquets de fleurs communes qui semblaient plutôt préparées pour un herboriste que pour un galant. Toujours en quête d'un bouquet, je jetai un regard en arrière, et j'aperçus Christen qui me suivait de l'œil avec les signes de la plus vive curiosité. Je lui fis signe de m'attendre, et, tout en fendant la foule des acheteurs, je revins un peu chagrin, désespéré de n'avoir pas trouvé un fleuriste convenable, sauf celui que je jugeai fournisseur en titre des herboristeries de Berne. — Bah! me dis-je, dans ces sortes de compliments, l'intention est tout. — Et j'achetai, un *batz*, un pauvre petit bouquet humide, que je sauvai peut-être des tortures de l'infusion. M'étant approché de la jolie marchande de salade, le cœur palpitant, un nuage devant mes lunettes et la voix troublée : — Mademoiselle, vous êtes charmante; permettez-moi de vous offrir ces fleurs. — Elle rougit considérablement, sourit, répondit par un mot allemand que je ne compris pas ; mais, à la façon dont elle reçut le bouquet, je compris qu'elle n'était pas fâchée. Cependant je me sauvai immédiatement, ayant remarqué la curiosité des marchandes voisines, peu habituées à ce manége amoureux en plein marché.

— Que faisais-tu avec ton paquet de bourrache, Josquin ? me demanda Christen.

— De la bourrache! m'écriai-je.

— A peu près.

— Qu'importe? elle a été bien reçue.

— Je crois qu'on te regarde, dit Christen.

— Oui?

— On détache une fleur du bouquet, on la met dans son fichu.

— Vrai ! est-il possible ? m'écriai-je ému et tout pâle assurément, car les petites audaces que je commets dans la vie ne durent pas plus de cinq minutes. Passé ce temps, la défaillance arrive. Je pourrais commettre des actions considérables dans les cinq premières minutes ; ensuite je me trouble, je ne saurais les soutenir, et j'ai peur des hardiesses, qui ne sont pas dans ma nature. Aussi n'osais-je même plus regarder la marchande de salade ; j'étais tremblant, je trouvais mes fleurs bêtes, je pensais que tout le marché bernois se moquait de moi. Mes oreilles sifflaient ; il me semblait entendre un formidable éclat de rire suisse partir de toutes ces bouches placides. « Il a donné des fleurs de bourrache ! » criait tout le monde d'un ton goguenard.

— Allons-nous-en, dis-je à Christen en le prenant par le bras, et je l'entraînai sous les galeries de pierre sans oser jeter un regard en arrière vers ma petite marchande.

Après une course assez longue : — N'est-ce pas qu'elle est jolie ? — Christen ne répondant pas, je crus qu'il était jaloux de ma conquête. — Tu ne la trouves pas jolie ? Christen fit entendre une de ces exclamations douteuses qu'on a inventées pour faire plaisir aux gens et qui n'ont jamais prouvé une approbation positive. — Si elle ne parlait pas allemand, je l'aurais prise pour une Parisienne.

— Que t'a-t-elle répondu ?

— Je n'en sais rien, quelque chose comme *wasmussauf*.

— Cela ne veut rien dire.

— Je suis certain que c'était un mot aimable.

— Oh ! le fat !

6.

— Pourquoi fat? N'a-t-elle pas pris mon bouquet? Toi-même as remarqué qu'elle en gardait une fleur dans son corsage.

— A Berne ces petites manœuvres n'ont pas d'importance.

— Alors je veux retourner vers la petite marchande.

— Que lui diras-tu?

— Je la verrai et je lui parlerai.

— En quelle langue?

— Tu as raison, Christen, jamais nous ne pourrons nous entendre. Cependant ce serait une bonne occasion d'apprendre l'allemand; j'ai toujours rêvé de déchiffrer l'anglais avec une Anglaise qui saurait m'inspirer une forte passion... Une fois hors du collége, toutes les femmes aimées devraient servir de grammaire et de dictionnaire.

— Ne t'avise pas d'apprendre l'allemand avec la petite marchande de salade: ce serait vouloir apprendre le français avec une chaudronnière d'Issoire; il y a peut-être plus de différence entre l'allemand de Berne et l'allemand de Berlin qu'entre le français de Paris et le français de Quimperlé.

— Eh bien! je me lancerai dans la pantomime. Quand on s'aime, on se comprend toujours. Imagine-toi, mon cher Christen, que tu as rencontré une charmante sourde et muette : son malheur ne fait que redoubler ton amour; comment lui exprimeras-tu ta passion, sinon par des gestes éloquents? La petite marchande et moi; nous ne pouvons nous entendre par le langage; je me charge de me faire comprendre par des gestes ; ce n'est pas difficile.

— Rien n'est difficile à l'amour.

— Et, comme tu as l'air de te moquer de ton ami, cher Christen, je t'avertis que je te laisse aller seul chez ton tailleur, où je te retrouverai; je n'aime pas à t'avoir derrière moi à interpréter mes gestes. La petite marchande a accepté mon bouquet il y a une demi-heure; il n'en faut pas plus pour prendre racine, je veux la revoir...

— Et lui parler, dit Christen en s'éloignant.

Certain que Christen ne m'observait pas, j'allai du côté de la Grande-Rue en enfilant les galeries couvertes, et bientôt j'aperçus de loin les cheveux noirs de la petite marchande, qui tranchaient par leur couleur au milieu de toutes les chevelures blondes. Appuyé contre un pilier qui me masquait à moitié, je réfléchis au rôle que j'allais jouer dans cette comédie en plein air. C'est une langue peu variée que celle de la mimique : envoyer des baisers avec la main sent trop le commis-voyageur en goguette; l'œil enivré, mettre la main sur le cœur, cela rappelle les danseurs de l'Opéra et leurs sourires de convention. En de pareilles circonstances, tout homme qui analyse la conséquence de ses actions ne vaut pas un homme pendu. Il faut couvrir une niaiserie par une imprudence, une faute par une audace, et ainsi de suite, parler, marcher, s'étourdir soi-même sans jamais réfléchir. Celui qui s'écoute alors se sent plus ridicule qu'un homme qui se regarderait danser dans une glace : il y a paralysie morale, comme il y aurait paralysie des jambes. La vie est un ensemble d'actions ridicules entre lesquelles se glisse rarement un acte sérieux et vraiment grand. Au lieu de m'entretenir avec la petite marchande, ainsi que j'en avais l'intention, je restai contre le pilier, absorbé dans mes réflexions sur la niaiserie des choses humaines; voilà où mènent la timidité et l'esprit d'analyse. Cinq minutes d'audace, et je devenais heureux en rencontrant le regard de la jolie brune du marché; je ne philosophais pas sur le néant de nos actions, je trouvais la vie pleine de charmes.

Ceux qui se gendarment contre la puérilité des faits et gestes des hommes en évidence ne sont-ils pas devenus pessimistes par la raison qu'ils n'ont pas eu le courage de commettre ces puérilités? Je serais parti très-triste de mon observatoire si la petite marchande de salade ne m'y eût deviné; dans son doux regard je lus: Merci pour votre bouquet! Et je m'en allai retrouver mon ami, un peu plus heureux que devant.

Je surpris Christen en train de discuter sur la façon de disposer une demi-douzaine de brandebourgs triomphants qui devaient donner un nouveau lustre à une redingote noire âgée seulement d'une saison; il apportait à ces brandebourgs une importance telle qu'elle triompha de ma timidité. — Puisqu'il s'occupe autant de sa toilette, pensais-je, je peux lui avouer combien la marchande de salade me tient au cœur. — Ayant attendu la fin de cette importante discussion:

— Où en es-tu? me dit Christen.

— Je suis gêné de ne pas comprendre ce damné bernois; la petite demoiselle ne semble pas me repousser, mais j'avoue que le langage par geste est insuffisant.

— Veux-tu de moi pour truchement?

— Ah! mon ami, quel service tu me rendras!

— Que faut-il dire à la demoiselle?

— Tout ce que tu voudras; mets-toi un moment à ma

place ; tu as remarqué mon état depuis ce matin, peins-le de ton mieux.

— *Ein junger Franzose ist plotzlich auf ihrer Schœnheit verliebt worden ; ihr schwarzes Auge hat ihn entflamm ; für ihn seid ihr das schœnstes Mædchen von Bern, und für sie sterbe er von Liebe.* Trouves-tu cela convenable ?

— Traître, tu sais bien que je ne te comprends pas.

— Eh bien ! en français vulgaire, je lui dis : « Un jeune Français s'est épris subitement de vos charmes ; votre œil noir l'a enflammé ; il vous trouve la plus jolie femme de Berne, et il meurt d'amour pour vous. »

— C'est une déclaration bien banale.

— La langue allemande lui donne un charme que tu ne soupçonnes pas. Remarque que j'affecte de parler un allemand aristocratique, et qu'habituée au patois, la petite marchande sera émerveillée de quelques mots qu'elle ne comprendra qu'à moitié.

— Ensuite, que lui diras-tu?

— J'attendrai sa réponse.

— Tu as raison, allons la voir.

En nous revoyant, la petite marchande, qui causait avec une grande fille assez laide, la poussa légèrement du coude pour lui faire remarquer sans doute que depuis le commencement du marché elle était poursuivie par les assiduités du *studiosus* en casquette blanche à galon rouge.

— Attends un peu, dis-je à Christen, que cette fille aux cheveux de filasse la laisse seule.

Nous faisons un tour dans le marché ; mais nous étions à peine en marche que je m'aperçus que la petite marchande avait quitté ses salades pour s'attacher à nos pas. Accompagnée de son amie, elle feignait d'inspecter les étalages des autres marchands, et nous suivait à peu près.

— Parbleu, dit Christen, l'occasion est trop belle; il y a assez longtemps que tu me tourmentes pour aller visiter les caves de Berne : nous pouvons inviter la petite marchande de salade à venir avec nous.

— Cela se fait-il?

— Je n'y vois aucune énormité.

Comme en ce moment nous nous trouvions en face d'une cave béante qui s'ouvre sur la Grande-Rue, je courus à la petite marchande, et par un geste éloquent je lui montrai la cave, portai la main à ma bouche en renversant la tête, puis m'inclinai pour l'engager à s'aventurer avec nous dans le noir séjour.

Les caves de Berne ont une réputation telle qu'il est peu d'étrangers, parmi ceux qui se trouvent dans la ville les jours de marché, qui ne s'y soient aventurés. Tout le long de la Grande-Rue s'ouvrent deux fois par semaine des portes à deux battants qui laissent voir seulement d'abord une longue succession de marches descendantes, se perdant dans le demi-jour pour aboutir à une obscurité complète. De ces caves partent des cris et des chants joyeux de paysans qui ont terminé leurs affaires au marché. A la longue, l'œil habitué peut apercevoir une lueur tremblante « au fond du sanctuaire. » Ce sont des chandelles dans des chandeliers de bois posés sur des tables où ruisselle un petit vin blanc plein de gaieté; ces caves ont deux ou trois étages dont le mobilier consiste en énormes tonneaux empilés les uns sur les autres. Des œufs durs, des gâteaux, du vin blanc, des cigares constituent les divertissements du lieu, mais la bonne humeur et les chansons font oublier cette frugalité; et le paysan suisse trouve toute l'année le même plaisir à descendre dans les caves de Berne que jadis des familles de province à l'idée seule de visiter le caveau du Sauvage au Palais-Royal.

La petite marchande me répondit par un geste de refus, toujours en souriant.

—Elle ne veut pas, dis-je un peu attristé à mon ami.

—Que cela ne nous empêche pas de descendre.

Avec *elle*, j'aurais pu trouver le lieu tout à fait fantastique, ces misérables chandelles lançant des lueurs blafardes et éclairant capricieusement les figures des buveurs ; sans elle, je descendis mélancoliquement les marches humides d'un escalier sans fin. Les tables étaient à moitié prises par les paysans ; je m'assis sur un banc de bois, frappé désagréablement par l'atmosphère humide de la cave, le manque de poésie de ses habitués, et les accents gutturaux d'une langue que je ne comprenais pas. Combien la faculté qu'on est convenu d'appeler *observation* est fertile en nuances et manque d'exactitude? Heureux, j'aurais peuplé cette cave de reflets bizarres; mécontent, je la voyais avec les yeux de la vulgaire réalité, un regard vitreux et froid. Autant j'avais désiré descendre dans ces caves, que mon imagination remplissait de jeux d'ombres fantastiques, autant à l'heure présente je regrettais les clartés de la Grande-Rue, le mouvement des paysans en plein soleil, les étalages du marché, et surtout le sourire de la jolie marchande de salade.

—Christen! m'écriai-je, monte vite en haut, et prie-la de descendre.

De l'endroit où j'étais assis, je venais d'apercevoir tout

en haut de l'escalier le profil de la petite marchande, qu'un remords avait sans doute pris, et qui regardait dans l'intérieur pour essayer de nous retrouver. Christen grimpa vivement les escaliers et les redescendit aussitôt, tenant sous le bras la jolie fille émue, les joues en feu, et sur les lèvres son aimable sourire.

— Mademoiselle, soyez la bienvenue, dis-je en lui prenant la main et en la faisant asseoir près de moi. Voulez-vous boire avec nous?

— *Wollen sie nicht auch ein Schluck mit trinken?* dit Christen, traduisant ma question.

Elle fit un signe de tête affirmatif, et nous voilà, à vingt pieds sous terre, à choquer joyeusement nos verres pleins d'un petit vin couleur de légèreté.

En face, à côté et derrière nous étaient des paysans qui nous regardèrent une seconde et qui rentrèrent aussitôt dans leur boisson placide; seulement l'un d'eux dit à la petite marchande qui avait déposé son bouquet sur la table :

— *Was hast du da für ein hübsches Meie ausgelest?*

— *I ha's nit ausgelest, i ha's überko*, répondit la jeune fille ; ce que Christen m'assura vouloir dire : — Tu as fait là un beau bouquet? — Je ne l'ai pas fait, je l'ai reçu.

L'entretien en resta là, et j'en fus charmé, car je craignais que la fréquentation de cette cave par un Français et une Bernoise n'entraînât les paysans à des commentaires sans nombre. La petite marchande était habillée à la mode populaire bernoise, c'est-à-dire qu'elle avait la taille emprisonnée dans un corsage noir échancré tout à coup au-dessous de la gorge, pour être suivi de cette étoffe bouffante et empesée qui trompe souvent sur la richesse de poitrines des Suis-

sessés ; sa jupe blanche rayée de noir était plutôt courte que longue : pour ses cheveux, elle les portait à sa fantaisie et devait passer peu de temps à enrouler une grosse natte autour de sa tête. Au comble de mes désirs, je commençais à n'être plus satisfait ; les quelques phrases prononcées en allemand depuis son arrivée me rendaient aussi ridicule qu'un éléphant flairant un harmonica. Toute mon éloquence se figeait devant cette damnée langue allemande.
— Je voudrais bien lui dire quelques mots aimables, dis-je à Christen.

— Je m'en vais la prévenir que tu désires lui parler. *Mein Camarad sagt er mœchte wohl...*

— Ne l'écoutez pas, mademoiselle, dis-je en l'interrompant ; tu es insupportable, Christen.

— Parle-lui alors !

Ayant regardé dans le fond de la cave, où des paysans étaient attablés avec des Bernoises peu farouches, je remarquai que l'un d'eux avait le bras passé autour de la taille de sa voisine, ce qui ne semblait nullement choquer l'assemblée ; je l'imitai, et la petite marchande de salade ne parut point trop formalisée de cette hardiesse. C'était le moment ou jamais de lui couler de douces et mystérieuses paroles dans l'oreille. Elle semblait attendre. — Christen, dis-lui que je l'aime...

Christen prit la parole. — *Mein Freund hat sie sehr lieb.*

La petite marchande de salade rougit plus fort que jamais.

— Elle ne répond rien ! demandai-je.

— Que veux-tu qu'elle réponde ?

— Lui as-tu bien dit que je l'aimais ?

— Certainement, en toutes lettres.

— Dis-lui combien il est difficile de faire des déclarations à trois.

— Désires-tu que je m'en aille? demanda Christen.

— Ne te formalise pas, mais avoue que ma position est gênante.

— *Mein Camarad...*, dit Christen.

— Attends un peu; tu ne me dis pas ce que tu traduis.

— Je suis à tes ordres, que faut-il dire?

— Que je la prie de ne pas s'offenser du bouquet que je lui ai envoyé ce matin.

Christen prit la parole, et la demoiselle lui répondit en riant. Je jugeai ce rire d'un bon augure.

— Eh bien! Christen?

— La salade te remercie de ton amitié.

— Je ne veux pas qu'on l'appelle la *salade*, mais je désire savoir son nom?

— Elle s'appelle Gritti, dit Christen.

Ayant épuisé tous les moyens de conversation, je jugeai que la séance avait été pénible; aussi bien la petite marchande jetait ses regards vers le haut de l'escalier.

— *Ich muss auf dem Mœrktt*, dit-elle.

— Qu'est-ce, Christen?

— Il faut qu'elle aille mettre en ordre son étalage, car le marché va finir.

— Adieu, mademoiselle, dis-je en lui prenant la main. — Christen, demande-lui quel jour on pourra la revoir.

— Au prochain marché, mardi prochain, me fit-elle répondre par mon ami.

Ce fut ainsi que nous remontâmes les escaliers, moi la conduisant par la main et légèrement effrayé du nouveau rendez-vous que je venais de prendre. Par la conversation qui s'était établie, je commençais à frémir des difficultés d'une aventure amoureuse en pays étranger. Ah! s'il eût été question d'un amour sérieux, tel qu'il s'en rencontre rarement dans la vie, je n'eusse pas hésité à recourir aux moyens les plus aventureux, même à me faire naturaliser citoyen bernois; mais pour une petite marchande de salade que j'ai rencontrée sur le marché, qui m'a souri tout d'un coup comme un rayon de soleil le matin, était-ce vraiment la peine de se fatiguer l'esprit de complots embarrassants? Je me suis souvent repenti de vouloir prolonger mes sensations; l'œuf en est joli, transparent à la lumière, tranquille et pur comme dans un nid : vouloir faire éclore cet œuf, c'est imiter les polissons qui grimpent au haut des arbres, s'emparent du nid malgré les cris et les battements d'ailes de la pauvre mère effarouchée; arrivés au bas de l'arbre, ils s'aperçoivent qu'ils ont écrasé tous les œufs et ne recueillent rien de leurs déprédations. Bien souvent il en a été ainsi de mes aventures, charmantes à la naissance, et qui ont donné des résultats amers au dénoûment. « Je laisserai là la petite marchande, pensais-je ; je ne veux ni la chagriner ni me chagriner. Tous deux nous avons bu une toute petite goutte de galanterie, juste assez pour nous faire sourire quand nous y penserons : vider le verre, le remplir, le vider encore, ce serait vouloir goûter à la lie. » Fort de ma résolution, j'allai continuer en compagnie de Christen mes explorations dans la ville. Du haut de la plate-forme où va se promener les soirs d'été la haute société de Berne, j'avais souvent suivi des yeux le cours de l'Aar, qui baigne la ville basse. Une petite île sépare tout à coup l'Aar. On arrive à cette île par un pont assez élevé à escaliers; dans cette île sont des bains qu'on ne manque pas d'indiquer aux étrangers. Ces bains semblent plutôt des cafés où l'on va boire du vin de Neuchâtel, du *Neubürger,* servi par des jeunes filles en costume oberlandais. Du reste, toutes les maisons de bains à Berne sont des lieux de divertissement autant que des lieux d'hygiène; de très-bons cuisiniers y sont établis, qui ont peu de talent à déployer pour accommoder les excellentes truites des lacs voisins. Les familles bourgeoises vont y prendre leurs ébats le dimanche comme les Parisiens à Romainville. Situées dans la ville basse, dans une rue étroite peu fréquentée, la plupart de ces maisons servent également de lieux de rendez-vous. Les amoureux peuvent y communiquer en sûreté par un certain nombre de portes habilement disposées, et les jaloux y auraient fort à faire. Ces renseignements, que me donna Christen, me travaillèrent le cerveau pendant quelques jours et m'amenèrent à me promener de nouveau sur le marché.

Ce fut aux bains de l'Aarzieli que j'invitai à dîner le mardi suivant la petite marchande de salade. Elle pouvait y venir en toute confiance, Christen étant de la partie. Elle accepta et promit qu'à une heure précise, aussitôt le marché terminé, elle viendrait nous rejoindre. Une heure ayant sonné et la demoiselle ne paraissant pas : — Christen, as-tu bien indiqué la maison?

— Il n'y en a pas d'autre dans le voisinage.

Après cinq minutes d'attente : — T'avait-elle promis de venir?

— Assurément.

— Voici un quart qui sonne; si nous allions au-devant d'elle?

— Je ne sais par où elle viendra.

— Comment! tu ne lui as pas demandé son adresse?

— Je n'y ai pas songé.

— Ah! Christen, que tu es maladroit!

— Alors fais tes affaires toi-même! dit Christen impatienté.

— Voilà que tu me reproches quelques mauvaises phrases amoureuses en allemand qui n'ont même pas décidé Gritti à accepter ce dîner!

Nous étions ainsi à discuter comme deux hommes qui font le pied de grue sur la porte d'une auberge, attendant un compagnon pendant que le dîner brûle. La mauvaise humeur, aussi triste conseillère que la faim, m'amena à considérer Christen sous un jour défavorable : il me parut que le sarcasme se jouait en toute liberté sur sa physionomie; il attendait comme moi sur le pas de la porte, mais sans impatience. Ses sourcils n'étaient pas froncés; j'aurais voulu voir ses lèvres pincées, son pied frapper irrégulièrement le pavé. Christen n'était pas assez inquiet pour la situation; s'il avait fait claquer plusieurs fois sa langue, s'il avait lâché quelques jurons, je l'aurais tenu pour innocent; mais une patiente tranquillité faisait qu'il s'appuyait contre le mur avec le calme d'un lézard qui se chauffe au soleil. Pour moi, je faisais dix pas en avant, retournant la tête à chaque instant; je frappais avec ma canne tantôt les murs, tantôt mes mollets, et mon irritation était assez grande pour empêcher mes jambes de se révolter contre le fâcheux emploi de ma volonté. Ma casquette de *studiosus* elle-même souffrait des agitations qu'elle recouvrait plus directement, et je livrais de grands combats à la visière afin qu'elle entraînât le reste de la coiffe à couvrir le dépit qui régnait sur ma physionomie.

L'irritation ressemble aux éclairs faisant mille zigzags dans les nuages. Christen se tenait toujours appuyé contre le mur comme ces malheureux voyageurs que la foudre surprend au pied d'un arbre. Il appelait ma colère et ne paraissait pas s'en douter. En ce moment, certaines lignes sarcastiques que j'avais cru saisir autour de sa bouche me dévoilaient sa coupable conduite. « Il sait qu'elle ne viendra pas, » pensai-je; voilà comment j'expliquai sa résignation. Plusieurs fois, en passant devant lui, je l'étudiai du coin de l'œil : on eût dit la statue de l'indolente tranquillité. « C'est pour mieux cacher sa conduite, » me disais-je, car ses conversations en allemand avec la petite marchande de salade ne m'apprenaient rien de positif : il me servait de truchement, se chargeait de mes paroles galantes, les transmettait à Gritti et m'en donnait la réponse; mais qui me prouvait la loyauté de ses traductions? N'introduisait-il pas à la place des jolis mots français amoureux, quelques froideurs à l'allemande dont il était le maître absolu? Déjà ces doutes m'étaient venus à l'esprit et avaient été dissipés à l'instant par l'amitié qui régnait entre nous ; mais aujourd'hui n'étaient-ils pas justifiés par l'absence de Gritti?

— Elle ne viendra pas, dit tout à coup Christen.

Cette affirmation me rappela à la raison ; je vis que mon ami n'y mettait pas de détours, et je trouvai à sa figure une telle sérénité que je pris son bras.

— Allons dîner, dis-je.

La gaieté du vin blanc et les joyeux propos de Christen chassèrent toute espèce de rancune ; nous bûmes à la santé de Gritti.

— Au prochain marché, dit Christen, je lui ferai des reproches, et je lui demanderai sérieusement où elle demeure.

— Non, pas de reproches, n'effarouche pas Gritti. Qui sait les motifs qui ont pu l'empêcher de venir au rendez-vous ? Ah ! pourquoi ne sais-je pas l'allemand ? Au fait, ne pourrais-tu pas m'écrire un petit registre amoureux en allemand et en français ?

— Je ne demande pas mieux ; mais, quand Gritti te répondra, tu n'en seras pas plus avancé. Et la prononciation ?

— J'ai mon idée ; dans les restaurants parisiens, quand un Anglais craint de ne pas se faire comprendre, il appelle le garçon, et, s'il a envie d'une caille rôtie, il lui montre l'endroit de la carte où est écrit « caille rôtie. » C'est une sorte de carte qu'il sera bon de dresser pour la montrer à Gritti.

— Si tu veux l'embrasser, tu lui montreras le mot allemand.

Et nous voilà à rire aux éclats de cette idée.

— Non, dis-je, pour le baiser, je le prendrai en français sur ses joues allemandes, et nous nous comprendrons toujours ; mais j'ai d'autres questions à lui faire.

— Lesquelles ?

— Plus tard nous verrons, je ne sais. — Puis, revenant à ma première idée : — Il est étonnant qu'on n'ait pas pensé à imprimer pour le voyageur sentimental des *guides* où la passion se peindrait en traits de flamme avec traduction interlinéaire ; car la galanterie est un besoin de notre existence, comme la nourriture, le sommeil, l'air et la lumière. Certainement on imprime tous les jours des livres moins utiles.

C'est ainsi que se passa le dîner, en conversations plaisantes, qui, si elles ramenaient quelquefois le souvenir de Gritti, attachaient à son nom des paroles gaies et joyeuses.

Le lendemain, il y avait bal à Laengui, et je n'eus garde d'y manquer. Je recommande à tout voyageur curieux, qui arrive dans une ville de province ou dans un pays étranger, de s'inquiéter du lieu où l'on danse. C'est dans les bals publics que se saisissent plus clairement les manifestations du peuple, sans hypocrisie dans ses plaisirs. Le bal me représente les dernières Cours d'amour ; je comprends que les prêtres aient écrit assez de livres contre ce divertissement pour en faire une bibliothèque ; j'y cours en observateur attentif, afin d'analyser les différences d'aimer de chaque peuple. A Berne, j'y avais un double intérêt : j'espérais rencontrer au bal de Laengui l'aimable Gritti. Hélas ! Gritti n'y était pas, mais à sa place beaucoup de servantes et de demoiselles de diverses professions relatives à la couture. Le chef d'orchestre était une énorme Bernoise dont le violon était appuyé sur des coussins naturels qui semblaient devoir l'empêcher de manier l'archet avec agilité, et cependant madame Marthy (car tel était son nom) apportait à la direction de son orchestre un entrain qui se communiquait aux valseurs eux-mêmes. Combien je regrettais l'absence de Gritti, que j'aurais priée de m'initier aux délicatesses et à la gravité de la valse allemande ! Ma qualité de faux *studiosus* me permettait de me mêler aux groupes des étudiants et de ces servantes dont Gœthe a dit : « La main qui tient le balai toute la semaine est celle qui caresse le mieux le dimanche. » Gritti, petite Gritti, pourquoi n'es-tu pas venue au bal? Et je trouvai dans son absence une sorte de dure compensation qui la rendait encore plus séduisante. Gritti ne venait pas au bal de Laëngni parce que sans doute sa position l'en empêchait. Quoique marchande de salade en plein air, elle appartenait à une caste plus relevée que celle des servantes.

Le petit dépit que j'éprouvais retomba sur les brandebourgs inaugurés par Christen ce jour-là même. Christen relevait la tête, se carrait, souriait d'un air fat aux servantes du bal, et il était facile de voir combien chacun de ses gestes du corps et de la physionomie était marqué au coin des brandebourgs.

— Comment trouves-tu cette valse? me demanda Christen, qui me savait enthousiaste de ce rhythme tourbillonnant.

— Je trouve que tes brandebourgs sont trop neufs pour ta vieille redingote.

Christen se recula comme s'il avait marché sur un serpent.

— Des brandebourgs neufs et brillants ne peuvent que faire ressortir l'éraillement des coudes blancs. Christen, tu manques de logique; il fallait gratter les brandebourgs avec du verre pour qu'il s'en détachât quelque filoche... C'est une déplorable invention; il faut être de Berne pour oser encore porter ces ornements de housard.

— J'en ai vu à Strasbourg, dit Christen triomphant.

Mon ami, qui avait peu voyagé, regardait Strasbourg comme la capitale de la France; j'essayai de lui démontrer son erreur.

7.

— Avoue que tu es de mauvaise humeur, dit Christen ; mais il s'était servi de la forme la plus maladroite en me disant d'avouer ce qui était vrai. Tout le reste de la journée je fus d'une humeur massacrante, et plus tard je me suis repenti des taquineries que je fis subir à mon ami pendant mon séjour à Berne.

Le lendemain, Christen et moi avions oublié la querelle à propos de brandebourgs, et il fut convenu qu'il irait porter mes dernières paroles à Gritti; car le jour de mon départ approchait, et déjà je me repentais d'avoir perdu un temps considérable à m'occuper de la petite marchande.

— Un rendez-vous ! s'écria Christen en revenant du marché ; mademoiselle Gritti te recevra aujourd'hui, à deux heures de relevée, dans son boudoir de l'Herrengasse.

— Qu'est-ce que ce boudoir au nom barbare ?

— Cela veut dire que la Gritti demeure rue des Messieurs ou rue des Pasteurs. Traduits le mot à ton choix.

A deux heures, ayant laissé Christen au café, je me dirigeai vers l'Herrengasse, non sans une certaine émotion. Mille doutes et mille questions amoncelées cherchaient à me paralyser par avance ; mais je les repoussai cruellement, sans vouloir écouter leurs malicieuses suppliques. En présence d'une aventure étrange, j'ai l'habitude de l'aborder les yeux fermés, et, si j'ai peu de qualités, je revendique celle-là surtout. Le premier obstacle qui se présenta fut l'absence d'un concierge ; Gritti demeurait au fond d'une petite place, dans une maison dont l'entrée consistait en un couloir assez étroit, avec murs de planches. Au bout du couloir était un escalier de pierre descendant à un jardin plein de fleurs et de légumes. Le jardin me confirma que j'avais trouvé la réelle demeure de la petite marchande de salade; cependant je flairais la maison, regardant le premier étage et diverses constructions sans magnificence, occupés sans doute par des ouvriers. — Où frapper? me disais-je. Qui demanderai-je, et en quelle langue le demanderai-je? — Heureusement pour moi, j'entendis un éclat de rire féminin qui partait du corridor : c'était sans doute Gritti qui par ce signal m'indiquait son appartement. Une clef est à la porte; je frappe, j'entends un son de voix qui peut vouloir dire : *Entrez;* j'ouvre la porte, et je me trouve en présence de Gritti et de trois ou quatre jeunes filles qui me regardent avec curiosité. — Bonjour, mesdemoiselles. — Je salue, je m'assieds, je regarde Gritti, toujours souriante, occupée ainsi que ses compagnes à gratter avec du verre une corne molle qui produisait des sortes de petits cornets enroulés. Un jeune collégien, que sa mère a forcé à inviter une des plus élégantes femmes du bal, coquette et décolletée, n'est pas plus embarrassé de son maintien que je ne l'étais à cette heure devant Gritti. — Que vais-je lui dire? me demandais-je. Et cette question terrible s'agrandissait de minute en minute. Je voulais faire quelques gestes de la main pour lui dépeindre le plaisir que j'avais de la revoir, et mon bras, se révoltant contre ma volonté, restait ballant comme une marionnette inoccupée. Cependant : — Que faites-vous là, mademoiselle? dis-je en montrant les cornes que les demoiselles grattaient. Pour toute réponse Gritti se tourna vers ses compagnes et leur répondit en allemand. Sans doute on se moquait du Français. En même temps j'anathématisai Christen, qui m'avait laissé partir avec l'idée de la situation fâcheuse dans laquelle infailliblement je devais tomber.

Je fis un geste éloquent qui signifiait : Attendez. J'ouvris la porte et m'enfuis sans m'inquiéter des commentaires que ce départ subit allait nécessairement faire naître. En cinq minutes je me rendis auprès de Christen, qui m'attendait tranquillement au café. Quoique ma course eût été rapide, j'avais pris des dispositions assez habiles pour que Christen ne pût supposer le réel motif qui m'amenait. Lui demander de me servir encore une fois d'interprète, c'était lui donner trop d'importance et retomber dans les doutes qui m'avaient assailli si vivement; cependant il me semblait impossible de se passer de truchement, et je n'avais pas d'autre ami à Berne que Christen. Pouvais-je lui confier l'échec de ce premier rendez-vous, mon émotion, mon embarras et ma fuite précipitée? Il y avait dans ces détails assez de grotesque pour venger mon ami des brocards que j'avais dirigés contre ses brandebourgs. Rappelé en qualité d'interprète, Christen se jugerait indispensable et profiterait de l'infériorité de ma situation.

— Cher Christen, je viens te chercher pour prendre part à une légère collation que je désire offrir à Gritti et à ses amies.

— Comment as-tu été reçu?

— A merveille, et je veux te présenter. J'ai craint de te laisser seul ici à t'ennuyer. Pouvons-nous emporter de ce café du vin, des gâteaux?

— Certainement; mais quelles sont les demoiselles à qui tu veux me présenter?

— Des marchandes sans doute, comme Gritti ; elles travaillent ensemble.

— Partons, dit Christen.

Les bras chargés de bouteilles et les poches bourrées de gâteaux, nous voilà en route pour l'Herrengasse, moi m'applaudissant de cette inspiration qui me permet tout à la fois de me servir de Christen et de m'en débarrasser. S'il a quelque caprice pour Gritti, je le détourne au profit d'une des demoiselles présentes ; en même temps je l'emploie à traduire mon amoureuse conversation. Quand je reparus chez la Gritti, la chambre n'avait pas changé d'aspect : beaucoup de feuillage sur le plancher, et les demoiselles s'occupant à marier des feuilles avec des dessins en corne.

— Chère Gritti, je vous présente mon ami Christen, qui veut bien prendre part à notre collation. — Je m'étais décidé à parler en français, comme si la petite marchande me comprenait, car j'avais senti que les paroles prononcées aident beaucoup à l'accentuation et à la précision des gestes. Je ne sais si les grands acteurs de ballet emploient ce moyen, mais la parole donne une vive impulsion au geste, et il ne suffit pas de *penser* fortement les sentiments qu'on veut exprimer par l'attitude du corps, il faut encore que l'acte plus mécanique de la parole vienne se joindre aux mobiles intérieurs qui dirigent nos mouvements. Christen avait déposé sans façon les bouteilles et les gâteaux sur la table, croyant sérieusement que cette collation était annoncée. Gritti ne parut pas se formaliser de cette liberté ; si elle se fût avisée de se plaindre et que Christen eût prêté l'oreille à ses discours, j'étais décidé à accuser Gritti de coquetterie ou de mensonge pour me tirer d'affaire. Il me parut même que la petite marchande de salade ne semblait pas indifférente à ce procédé; mais Christen fit la grimace en apercevant les compagnes de Gritti.

— Je ne suis pas absolument satisfait de boire aux beaux yeux de ces demoiselles, dit-il.

— Elles sont charmantes!

Christen poussa un soupir.

— L'amitié est exposée à de rudes épreuves! — Puis il ajouta : — Bah! buvons!

Sur un mot de Gritti, les demoiselles sortirent, apportèrent des verres et disparurent. J'étais assis sur une chaise devant une table assez large qui me séparait de Gritti. Aussitôt ses compagnes sorties, la petite marchande jette à terre tout le feuillage qui encombrait la table; elle range tout ce qui l'entourait.

— Va t'asseoir près d'elle sur le canapé, dit Christen.

— Comment! encore un canapé ici? m'écriai-je.

Dans aucune partie de l'Europe, je n'ai vu autant de canapés qu'à Berne : il n'y a pas de chambre qui n'en contienne deux ou trois. La plupart des voyageurs se sont étonnés de l'importance des ours de Berne et de la vénération dont l'opinion publique les entoure sous toutes les formes : bronze, pierre, marbre, bois ou pain d'épices. En effet, extérieurement, Berne appelle la curiosité par ses ours vivants et par ses ours sculptés sur les places publiques et sur les fontaines, sur les horloges et sur les cannes; mais intérieurement le canapé est aussi vénéré que l'ours. Je m'étonne même que l'ours, traité de *citoyen* bernois, jouissant en cette qualité d'une pension de douze cents francs par an, payable en viandes crues et succulentes, n'ait pas droit à un des canapés dont on peut voir des échantillons aux fenêtres des patriciens de la Grande-Rue, où de grands coussins, invariablement rouges, accoudés sur la balustrade, rompent la monotonie grise de la couleur des maisons. La petite marchande de salade avait aussi son canapé, et rien dans sa chambre ne correspondait à ce meuble d'homme inoccupé. Je pris place, avec un certain battement de cœur, sur ce canapé que Gritti m'avait indiqué elle-même, et je m'occupai de remplir les verres et de disposer les gâteaux en face de chacun de nous. En ce moment j'étais heureux ; les souvenirs de ma jeunesse d'étudiant voltigeaient gaiement par la chambre, qui me rappelait le quartier latin, les grisettes de la rue des Noyers et toute cette folle vie parisienne, dont se souviennent encore, après trente ans, les notaires et les substituts de province. Le soleil s'était mis de la partie ; ses rayons, profitant de l'ouverture d'un court rideau entr'ouvert par le vent, se glissaient tantôt sur la table et tantôt au milieu des feuillages. Christen se mit à entonner la belle chanson populaire : *Den lieben langen Tag hab' ich nur Schmertz und Plag*, dont la mélodie est pleine de mélancolie allemande. Une large phrase musicale solennelle, qui commande l'attention, ouvre cette mélodie, et se change par un rhythme savant en une inspiration tendre à laquelle il est difficile d'échapper.

— Gritti, voulez-vous être mon *Schatzli* ? dis-je en lui prenant la main.

Elle semblait émue, sa poitrine se soulevait irrégulièrement. De ma phrase, elle n'avait compris que le joli mot *Schatzli ;* pour toute réponse elle me tendit son verre, en m'invitant à y tremper mes lèvres. Je ne sais guère ce qui se passa en moi pendant quelques secondes ; une émotion inexprimable s'était emparée de moi ; mes lèvres avaient pris feu à ce verre, et une douce flamme parcourait tout mon corps. Quand je revins à moi, Christen avait disparu, et je me trouvai seul près de Gritti, dont je tenais toujours les mains dans les miennes. Tout à coup une vision diabolique se dressa dans un coin de la chambre : un grand rideau jaune, à moitié fermé, laissait voir une alcôve et un lit. Ce rideau trop court ne pendait pas jusqu'à terre, et j'aperçus deux pieds d'hommes qui se voyaient sous le rideau. Je pâlis ; une sorte de terreur et de confusion me fit lâcher les mains de Gritti, qui, libre de ses mouvements, se recula aussitôt à l'extrémité du canapé. D'un geste je lui montrai les deux jambes de l'homme caché, et Gritti ne parut pas comprendre tout d'abord. Revenu de ma première terreur, j'allai droit à l'alcôve, tirai brusquement le rideau et me trouvai en présence d'une grosse paire de bottes vides, qui annonçaient, par la forme et la tournure, un locataire vulgaire. — Qu'est-ce que ces bottes? demandai-je à Gritti. — Pour toute réponse elle rit aux éclats et se moqua de mon émotion. D'un coup d'œil elle comprit que je voulais avoir raison de ses rires, et poussa la table de telle sorte qu'elle établit entre nous une sorte de barricade. La coquette petite marchande de salade voulait engager une lutte ; mais au même moment un violent coup frappé à la porte, le nom de Gritti prononcé par une voix mâle tout à fait allemande, la firent changer de physionomie. A son tour sa figure exprima une telle terreur que je pus à peine comprendre son geste, qui me désignait la fenêtre ouverte. Je fis le geste de sauter par la fenêtre, et Gritti secoua la tête affirmativement. Aujourd'hui je peux à peine résumer les mille sensations qui s'emparèrent de moi en moins d'une seconde. J'allai jeter un coup d'œil à cette fenêtre, qui ne me représentait, comme issue la plus désirable, qu'une jambe ou un bras cassé. Heureusement il se trouvait une échelle. Je descendis le cœur palpitant, et je ne fus pas médiocrement surpris de trouver au bas, arrivée avant moi, ma casquette, que Gritti avait jetée pendant ma descente.

J'étais dans un jardin potager, d'où je ne cherchais qu'à fuir, lorsque j'aperçus Christen étendu sur le gazon, près d'un petit jet d'eau. Au bouleversement de ma physionomie il comprit qu'un événement étrange s'était passé. — Eh bien ! dit-il !

— Ah ! Christen, quelle aventure ! — Et je lui racontai en peu de mots la découverte de la paire de bottes et la malencontreuse visite du jaloux qui appelait Gritti d'une voix familièrement brusque.

— Il faut en avoir le cœur net, dit Christen en se dirigeant vers l'escalier de pierre qui conduisait à l'intérieur de la maison.

— Non, je ne veux pas compromettre Gritti... Partons d'ici sans nous faire remarquer.

— Aurais-tu peur ?

— Non, et la preuve, c'est que je resterai ici si tu le désires ; je n'ai pas quitté de l'œil la fenêtre par laquelle je suis descendu ; personne n'y a regardé.

— Voici Gritti elle-même, dit Christen.

En effet, la petite fleuriste descendait l'escalier avec une certaine émotion qui empourprait ses joues. Christen lui demanda ce qui était arrivé, et elle répondit tout simplement : Rien. Sans doute elle ne voulait pas donner d'explications. Pour moi, j'étais redevenu timide et je suivais du regard chaque mouvement de Gritti, qui, pour échapper à notre attention, cueillait des fleurs. Quand elle en eut ramassé un petit bouquet, elle me le présenta d'une manière si simple, il y avait dans ses yeux un sentiment plein de regrets et elle nous quitta si mélancoliquement que je fus remué jusqu'au plus profond de mon être. Je courus à elle, lui pris la main :

— Chère Gritti ! dis-je.

Elle détourna la tête.

— Christen, viens donc lui parler... Il y a quelque mystère... Dis-lui combien je voudrais la revoir, mais pas ici.

— Je vais l'engager à venir dimanche à la campagne avec nous.

— Oh ! oui !

Christen et Gritti s'entretinrent quelque temps en allemand. — Dimanche, à deux heures, tu viendras la prendre. Gritti désire que nous la laissions seule.

En chemin, Christen m'apprit que la petite fleuriste s'était fait prier pour donner un nouveau rendez-vous ; mais elle avait avoué que je ne lui déplaisais pas, et elle me priait de garder son bouquet comme elle garderait le mien.

Ces aventures mystérieuses, l'aveu de Gritti, son trouble et son bouquet m'avaient rendu tout à fait amoureux. — Allons ! dis-je à Christen, je ne quitterai pas la ville sans parler le bernois. Et pendant deux jours j'étudiai une sorte de dictionnaire amoureux ; l'allemand me semblait la langue la plus douce du monde. Le dimanche suivant, j'allai dans l'Herrengasse; je vis avec une certaine inquiétude que la porte de la maison était fermée. Je frappai, on ne me répondit pas. Je revins chez Christen, le cœur serré comme aux approches d'un grand malheur. Je ne savais comment employer mon temps jusqu'au marché suivant, et combien il me parut vide et désert, car la Gritti n'était pas à sa place ordinaire! Je poussai Christen à demander de ses nouvelles aux marchandes voisines; on répondit que Gritti avait quitté la ville pour quelque temps. Moi-même, mes affaires me rappelaient en France, et j'embrassai Christen en le chargeant de me donner des nouvelles de la jolie petite Bernoise, ce qu'il fit exactement huit jours après d'une façon laconique : « La Gritti va se marier. »

V

LE MUSICIEN DUBOIS.

Le chef d'orchestre du Jardin des Lilas s'aperçut un jour qu'un de ses violons se livrait à des exercices irréguliers. Le contrôle d'une armée d'instruments est facile; à plus forte raison la surveillance de quinze musiciens. D'autant plus que sur les quinze, deux tiers qui sont composés de cuivres n'ont besoin que d'être écoutés. Il ne restait que cinq instruments à cordes à observer, le coupable fut bientôt découvert. Les archets en pareil cas sont dénonciateurs. A moins d'être tenus par des maladroits, les archets poussent et tirent avec une grande régularité. Ceux qui ne peuvent pas entendre de la musique sans s'intéresser au travail de l'orchestre, ont pu remarquer que les dix musiciens qui jouent la même partie exécutent un trait, s'il s'agit des premiers violons, avec un semblable coup d'archet. Les dix seconds violons font leurs arpèges avec une égale précision; il en est de même de la famille des altos, des basses et des contre-basses.

Aussi le chef d'orchestre, qui n'avait que cinq violons sous ses ordres, ne tarda pas à découvrir le complot. Les deux premiers violons faisaient leur service avec loyauté; l'alto, qui se cache toujours comme la violette, mettait dans ses humbles fonctions toute la conscience possible. Il n'escroquait pas une note dans ses batteries. Restaient donc les deux seconds violons, dont l'un des archets qui devait aller régulièrement en raison de ses simples accompagnements, eut bientôt trahi son maître. Cet archet montait et descendait avec une grande rapidité; quelquefois il allait par saccades; ce jeu n'était pas naturel.

—Eh bien! monsieur Dubois? cria le chef d'orchestre.

Le musicien interpellé ne répondit pas; mais l'archet confondu rentra dans l'ordre et marcha, pour ainsi dire, au pas avec son compagnon de pupitre.

Après la contredanse : — Que faisiez-vous donc tout à l'heure? demanda le chef.

—Rien, monsieur.

—Rien de bien, vous voulez dire... Souvenez-vous que ces plaisanteries ne me plaisent pas...

Dubois tenta de répondre.

— Tâchez que cela ne se renouvelle plus.

Le soir les musiciens se moquèrent de Dubois, qui s'était laissé *pincer*. Il faut dire que, moitié par moquerie, moitié par bizarrerie, le second violon s'était imaginé de plaquer des airs connus sur de la musique de quadrille et de polka. Ainsi sur une contredanse, je ne dirai pas laquelle, ces sortes d'œuvres sans portée ayant des titres sans significations, Dubois chantait sur son violon *la Marseillaise*. Pendant que ses confrères jouaient une polka, Dubois jouait *le Chant du Départ*. Il avait même inventé, le coupable! de plaquer le *Ça ira* sur une walse de Strauss.

Ces sortes de facéties sont très-communes dans les orchestres parisiens, surtout dans les orchestres de théâtre. Il arrive fréquemment que pendant une scène de vaudeville sentimental, l'amoureux lâche d'énormes plaisanteries à voix basse, pendant la réponse de sa camarade; un caricaturiste moderne a fait là-dessus toute une suite de dessins. Les mêmes *balançoires*, pour employer l'argot théâtral, se reproduisent chez les musiciens. Mais il est bon de dire à la louange de Dubois que, quoique suivant, quant à la forme, les traditions de ses confrères, il s'en séparait pour le fonds. La révolution de février lui avait remis en tête tout le répertoire des anciens airs républicains, et il méprisait avec tant de raison l'insignifiante musique de quadrilles, que, pour ne pas les entendre, il se jouait à lui-même de la musique démocratique; seulement il était forcé de l'accommoder au rhythme vif à deux temps des contredanses.

Quoique joués *piano*, ces airs nationaux avaient contrarié la fine oreille du chef d'orchestre, qui fit rentrer chez Dubois des pensées démocratiques opposées à l'instrumentation des quadrilles. Désormais il fit sa partie avec sa bonne volonté accoutumée, lorsqu'un jour il laissa tomber sur le plancher son violon, qui se décolla. N'étant pas riche, le musicien le raccommoda lui-même ; il n'y avait qu'une mince fissure qui courait le long de la table, près du chevalet à gauche. De simples petits tasseaux minces collés le long de la fente, à l'intérieur, empêchèrent l'instrument de sonner le fêlé.

Au bal qui suivit l'accident, Dubois trouva que son violon avait plus de son que d'habitude. D'abord il crut se tromper, écouta attentivement, pencha son oreille sur la table, et enfin fut confirmé dans son opinion par le modeste alto.

— Vous ne savez donc pas que plus un violon est raccommodé, meilleur il est?

— Vraiment! dit Dubois, qui aimait à entendre les personnes d'expérience.

Le jeudi d'après, Dubois dit à l'alto :

— Pourquoi les violons raccommodés sont-ils meilleurs que les neufs?

— Bah! dit l'autre, vous êtes toujours avec vos raisonnements, ça ne sert à rien ; seulement, tous les bons musiciens le disent, il faut croire qu'ils ont raison, je sais cela de père en fils. Parce que vous êtes jeune, vous croyez que les vieux ne savent rien, n'est-ce pas? Laissez-moi tranquille ; puisque vous ne voulez pas m'écouter, je ne vous dirai plus rien.

Si je ne craignais de faire un grossier calembourg, je dirais que le vieil alto était un peu *quinteux* comme tous les gens de son emploi. Très-importants dans le quatuor, ils ne sont jamais en évidence ; le public ignorant, qui ne voit pas de différence entre la forme sévère de l'alto et les allures sveltes du violon, est incapable de discerner ces sons graves qui établissent entre les deux instruments une ligne aussi prononcée qu'entre le catholicisme et le protestantisme. Les musiciens, qui tiennent ces fonctions sans honneur, paraissent timides et honteux, mais au fond du cœur ils ont de sourdes inimitiés contre les violonistes dont les parties sont plus brillantes. Le vieil alto du bal des Lilas méprisait complétement les violons ses confrères, jeunes gens en habit noir, en faux-cols rabattus, en cheveux frisés, qui de leur estrade laissaient tomber des regards pleins de séduction sur les danseuses. De tout l'orchestre, l'alto ne parlait qu'à Dubois, qui par son costume semblait s'occuper de son art. Jamais on n'avait vu Dubois se peigner qu'avec ses doigts ; il portait un certain habillement mixte, veste et culotte qui n'était ni d'hiver ni d'été, et qui n'avait aucun rapprochement avec la brosse.

Le vieil alto ne se connaissait qu'en musique ; il en avait beaucoup fait, étant d'une famille de musiciens ; il la comprenait en lui, mais il lui aurait été difficile de l'expliquer : Quelques traditions d'instrumentistes étaient entrées dans ses doigts, et il les donnait à l'état d'affirmations sans pouvoir les résumer. Aussi la question : « Pourquoi les violons raccommodés sont-ils meilleurs que les neufs ? » le mit-elle de mauvaise humeur. Il prévoyait dans Dubois un certain esprit inquiet et révolutionnaire qui se manifestait dans cette simple phrase. Il laissa tomber la conversation ; Dubois qui le connaissait se garda bien de la relever.

Le dimanche suivant, Dubois fit force amabilités au vieil

alto, entendit raconter, en affectant d'y prendre beaucoup d'intérêt, des anecdotes musicales qu'il avait déjà écoutées plus de cinquante fois; il offrit à son confrère une petite boîte de colophane qui, disait-il, quoique de nouvelle invention, était certainement utile et raisonnable. L'alto, d'ordinaire fort emporté contre les productions nouvelles, parut touché du cadeau. Ce n'étaient pas les jeunes violonistes vêtus à la mode qui lui auraient ménagé une surprise de colophane; ces simples procédés, qui ne semblent rien, sont très-importants dans la vie de pauvres musiciens appointés à cinquante francs par mois.

— Est-ce que votre alto a déjà été raccommodé? demanda Dubois, qui avait cherché plusieurs fois, entre les intervalles de contredanses, à revenir à son idée.

— Non, dit le vieux musicien.

— Il est excellent, du reste, dit Dubois, il résonne à lui tout seul plus que nos deux violons, le mien et celui de mon camarade... Mais seriez-vous chagriné, s'il lui arrivait un accident?

— Allons... allons, est-ce que ça se demande? Vous voilà encore, dit l'alto, qui semblait pressentir les éternels raisonnements de son jeune confrère... Je tiens beaucoup à mon alto; car il vient de mon grand-père, et il a été joué par mon père à l'Opéra.

— Ah! votre père était à l'Opéra? demanda adroitement Dubois, pour détourner les soupçons... C'était un bon musicien?

— Oui, comme il n'y en a plus. M. Spontini l'aimait beaucoup; ils étaient quasi amis; dans ce temps-là, il n'y avait pas toute votre cuivrerie qui fait ressembler vos orchestres à des boutiques de chaudronniers. Il y a eu un temps où c'était un honneur d'être de l'orchestre du Grand-Opéra, mais aujourd'hui je ne ferais pas un pas pour y entrer. On ne s'entend pas jouer... Avec vos trompettes, vos trombones, une corde de violon peut casser sans qu'on s'en aperçoive.

— Et un violon aussi peut casser? dit Dubois.

— Même un violoncelle, dit l'alto qui ne s'apercevait pas qu'il rentrait dans le cercle tracé par l'inquisiteur Dubois.

— Est-ce qu'un violoncelle raccommodé, demanda Dubois de son ton le plus câlin, aurait les propriétés merveilleuses des violons raccommodés dont vous me parliez l'autre jour?

— Je ne me connais pas beaucoup en basses, dit l'alto, mais cela doit être, quoique je ne l'aie jamais entendu dire à mon père.

— J'ai bien pensé à ce que vous m'avez dit dernièrement, car vous vous y connaissez et on gagne toujours à vous entendre, reprit l'insidieux Dubois, et je me demandais pourquoi les musiciens ne s'amuseraient pas à casser leurs instruments.

— Hein! dit l'alto qui crut entendre blasphémer.

— Puisque vous prétendez que les violons raccommodés valent mieux que neufs.

— Vous êtes une bbb... s'écria le vieil alto qui allait se fâcher et qui n'en eut pas le courage, en souvenir de la boîte de colophane si généreusement offerte... Je vous ai dit cela pour les instruments médiocres, que rien ne saurait abîmer et qu'un rien peut rendre meilleurs, du moins par hasard; mais touchez voir cet alto.

Dubois regarda comme une faveur immense de toucher l'instrument, qu'on pouvait supposer, à la couleur, âgé d'une centaine d'années. Il était d'une couleur sérieuse et portait sous les cordes une colerette de poudre de colophane épaisse vers le milieu, qui allait en se dégradant insensiblement vers les *ff*.

—Tenez, dit le vieux musicien, tâtez le fond, il ploie sous les doigts... C'est un plaisir que de jouer là-dessus...

Il fit un *trait* plus solide que brillant.

—C'est drôle! dit Dubois, la colophane reste sur certains violons et pas sur d'autres. A la bonne heure! votre alto est chevronné...

—Mon père m'a toujours recommandé de ne pas essuyer la colophane : vous comprendrez qu'étant grasse et résineuse, l'instrument s'en imprègne comme d'une huile, et le son doit y gagner.

Ces conversations ne se tenaient pas d'une filée, il est facile de se l'imaginer; les quadrilles et les polkas les coupaient à tout moment en petits morceaux. Aussi n'ai-je pas tenté de les reproduire avec exactitude, Dubois étant obligé de ramasser ses lambeaux de phrases commencées pour les recoudre.

A la suite de cette soirée, il ne causa plus avec autant d'assiduité; seulement il parut avec un nouveau violon, sur lequel il se tint perpétuellement penché pendant la soirée; il jouait sa partie machinalement et semblait préoccupé. On le vit arriver un autre jour avec un nouveau violon sous le bras, malgré sa boîte qu'il tenait à la main. Le cornet à piston, qui était le plaisant de la bande, le fit passer pour fou, car on n'a jamais vu un musicien avec un violon sous le bras et une boîte à la main, quand il est facile de ne faire qu'un volume des deux.

Les plaisanteries du cornet demeurèrent sans résultat, car Dubois tira un autre violon de sa boîte; mais toute la soirée, il joua des deux instruments, d'abord de l'un, ensuite de l'autre, les écoutant avec une extrême attention. Et il faisait force grimaces, tantôt souriant à l'un de ses instruments comme s'il lui adressait des compliments, tantôt fronçant le sourcil comme s'il lui faisait des reproches. Chaque quadrille est composé de cinq figures qui sont séparées par un repos de quelques secondes; Dubois aurait pu attendre ce repos pour essayer ses violons, ainsi que font les cuivres qui profitent de cette pause pour changer de tons, mais il n'en avait pas la patience, et, en pleine figure, il déposait son violon à terre, ramassait l'autre, l'écoutait avec l'extrême attention d'un médecin qui ausculte.

Le chef d'orchestre entra dans une violente colère contre le pauvre musicien qui, avec ses déplacements continuels d'instruments, ne remplissait pas sa besogne. Sans doute, Dubois était moins coupable que lors de sa manie de musique révolutionnaire; mais le chef d'orchestre se disait qu'un pareil musicien était d'un dangereux exemple dans un orchestre. Dubois lâcha timidement le mot *essai*.

— Et si tous mes musiciens faisaient des essais, répliqua le chef, on ne s'entendrait plus ici.

— Je suis arrivé à ce que je désirais, dit le second violon; je voulais connaître quel était le meilleur de mes deux instruments.

— Il me semble que vous pourriez les essayer entre les quadrilles.

— Ce n'est pas la même chose, dit Dubois.

A partir de cette soirée, il s'en tint à un instrument. On le crut guéri de ses imaginations musicales; on se trompait : il s'entoura de mystères et prit ses précautions. Personne autre que le vieil alto ne remarqua Dubois, tirant de sa poche de gilet des objets inconnus qu'il faisait entrer dans son violon par la porte des *ff*, et qu'il semblait vouloir fixer sous la table avec un petit instrument de fer écrasé par un bout, semblable à un ébauchoir de sculpteur. Cette opération finie, il écoutait le son et finissait par des mines approbatives ou chagrines. L'alto crut la première fois qu'une fissure s'était déclarée par hasard, et que Dubois voulait y remédier avec de la cire, car c'était une matière molle d'une couleur indécise que le violon ployait dans ses doigts; mais ce manége se continua trop longtemps pour qu'il fût permis de croire à un accident passager; et un jour l'alto faillit tomber à la renverse quand il aperçut Dubois qui mâchait de la mie de pain et s'appliquait à la faire entrer ensuite dans les flancs du violon.

Il a déjà été dit que l'alto n'avait pas le raisonnement serré et concluant; il pensa à une hallucination qu'on remarque chez quelques musiciens, dont l'état trop nerveux peut conduire facilement à cette triste maladie. « Il donne à manger à son violon, se dit l'alto; il croit qu'il tient dans ses bras un être animé, rien n'est plus certain. Pauvre garçon ! » Ce fut heureux pour Dubois que l'alto ne communiquât jamais avec les autres musiciens de l'orchestre, qui en auraient goguenardé pendant toute la saison. Le hasard voulut que le second violon, qui était au même pupitre que Dubois, arrivât à ses désirs, qui couvaient depuis longtemps; il prit le grade de premier violon et fut remplacé par un petit bossu qui servit de magot aux désœuvrés de l'orchestre.

C'était comme un ancien notaire, passé dans le corps d'un bossu. Il avait la quarantaine, le front dégarni de cheveux, et sur les oreilles deux mèches que de longues préparations pommadées amenaient à un enroulement factice qui était un grand accroche-cœur. Le petit bossu, habillé d'un large habit noir râpé, aurait voulu commander le respect; il affectait la mine imposante des greffiers de tribunal, il ne lui manquait que la plume sur l'oreille droite. Ce bossu, grave et cravaté de blanc, aimait la coquetterie; cela se voyait à un coussinet de soie vert-pomme qu'on apercevait à l'ouverture de la boîte à violon et qui sert à garantir l'instrument de la poussière. A son entrée dans l'orchestre, il apporta avec beaucoup de sang-froid un rond en cuir pour mettre sur sa chaise, afin de ne pas trop échauffer son sang par la station de cinq heures qu'il faisait au bal.

Le petit bossu éveilla le comique par ses propos maladroits. Il parla de *ses* femmes; cette manière de se poser en galantin doubla immédiatement la bosse. A la longue, ce cône qui fuyait par les barreaux de la chaise aurait pu être oublié par les musiciens; le récit de telles galanteries fit que la malignité ajouta une bosse sur la poitrine de ce violon prétentieux. Il fut surnommé *Bosco* par la petite-flûte, Dürker, qui commandait le respect par une réputation acquise dans la musique militaire. Le bossu, qui aurait conduit un moraliste à écrire cinquante pensées amères sur la femme, paya cher son amour propre. Ce furent de cruelles plaisanteries sur *Bosco*, et les musiciens employèrent une habile tactique à se faire dire les amours du petit homme. Il s'était formé deux camps, l'un, qui écoutait attentivement, semblait prendre parti pour le bossu, l'autre qui se moquait et enfonçait mille flèches empoisonnées dans la bosse du pauvre homme.

Dubois et le bossu, assis en face du même pupitre, attiraient l'attention rien que par leur dissemblance : l'un, d'une tournure fine et maigre; l'autre, accroupi et petit. Dubois, jeune, les cheveux en désordre, qui n'étaient brossés que par l'oreiller; M. Adhémar, ainsi s'appelait le bossu, cravaté et peigné d'une façon irréprochable. Il arriva à ce dernier une plaisanterie à laquelle s'était associé le chef d'orchestre. D'habitude, dans les petits groupes de musiciens, on choisit le moins savant pour ce qu'on pourrait appeler, comme au théâtre, les *utilités*. Ainsi il a été de mode longtemps de faire des polkas imitant la poste; un musicien est chargé des grelots et de deux bandes de cuir pour imiter le bruit du fouet. On a, par des idées analogues à celles d'Anne Radcliffe, remué des chaînes, imité le tonnerre, et mille autres moyens singuliers qui portent les danseurs à des sauvageries d'écarts inouïs.

Le second violon qui venait d'être remplacé par le bossu tenait cet emploi, qu'on confia méchamment à M. Adhémar. Ce fut un comique spectacle que de voir le bossu, sérieux, agitant en l'air un grand tambour de basque, le frappant, le faisant gronder de son doigt humide, toutes choses qu'on a été trop accoutumé à voir faire aux danseuses pour ne pas saisir les idées qu'excitèrent l'accompagnement du tambour. Il fut complimenté par le chef d'orchestre qui, pour son plaisir particulier, fit bisser pendant la soirée la polka au tambour de basque.

Pendant trois semaines, M. Adhémar occupa tellement l'attention de ses confrères que Dubois fut heureusement oublié. Lui n'avait pas seulement regardé le bossu; il ne savait même pas qu'il eût un nouveau compagnon à son pupitre. Il regardait *dans* son violon; au lieu de l'écouter, comme par le passé, il passait son temps à tâcher d'introduire son regard par les *ff*; et il se servait d'un nouvel outil, qui était au premier ce que les pincettes sont à la pelle à feu. Si le premier outil semblait porter de la nourriture dans le corps du violon, le second paraissait être en contradiction; car il était composé d'une branche en fil de fer qui supportait une façon de grattoir et retirait la nourriture. Quand le second outil avait fini sa promenade dans l'intérieur du violon, Dubois retournait l'instrument, le ventre vers la terre, et il sortait par les ouvertures de petits copeaux minces, qui n'étaient le plus souvent que de la poussière de bois.

Malheureusement, l'entrée du bossu fut d'un effet énormément court : le grotesque ne peut durer constamment. On en revint à Dubois, qui intéressa d'autant plus les spectateurs, qu'il avait introduit des variantes dans son spectacle. Ses grattages perpétuels, qui lui donnaient l'air d'un avare déterrant un trésor dans un violon, avaient de quoi satisfaire la curiosité inactive des musiciens. Que pouvait-il chercher? Tout le monde se le demandait.

Ce n'est pas que Dubois grattât comme une taupe qui fait un trou; au contraire, il introduisait son outil avec beaucoup de précaution, lui faisait pour ainsi dire frôler toutes les parties internes du violon, tout d'un coup s'arrêtait et se mettait à ratisser avec ardeur. Sur ces entrefaites, il arriva que le chef d'orchestre se plaignit d'avoir donné à un luthier son violon pour le nettoyer, le revernir, et que l'opération avait fait un mauvais instrument d'un bon. Il n'avait plus que des sons étriqués. Dubois, qui n'écoutait jamais les conversations particulières des musiciens, dressa les oreilles à cette nouvelle. Il se mit à rire bruyamment des regrets du chef d'orchestre.

— Est-ce de moi que tu ris, mauvais gratteur?

— Il y avait longtemps que je ne m'étais amusé, dit Dubois.

— Je ne vois pas, reprit le chef d'orchestre, ce que tu trouves de risible dans ce que je dis.

— Pourquoi avez-vous donné votre violon à un luthier?

— Ne fallait-il pas le porter à un charpentier?

— Non, dit Dubois, il n'y avait qu'à me dire deux mots.

— A toi! tu t'y connais donc?

— Je m'y connais sans m'y connaître, mais je suis plus fort que tous les facteurs de Paris; et il ne tient qu'à vous de retrouver demain votre bon violon.

— Comment! demain?

— Je vous l'emporterai après le bal et je vous rapporte l'instrument aussi bon que jadis et même meilleur.

— Tu veux le gratter sans doute?

— Quant aux moyens, je ne les dis pas.

— Mais si tu l'éreintes!

— Impossible, dit Dubois.

Il y avait une telle confiance dans les paroles du musicien, que le chef d'orchestre se laissa persuader; il n'eut pas à s'en plaindre ; Dubois lui rendit un instrument d'une grande qualité de sons, surtout en vigueur, ce qui n'est pas d'une maigre importance dans les orchestres tapageurs des bals.

— Un mois de plus, dit Dubois, et j'aurais rendu votre violon excellent, car je ne suis pas encore tout à fait certain... Je sais que je ne me trompe pas, mais je veux obtenir des résultats bien supérieurs...

— Est-ce que tu pourras me bonifier mon trombone? demanda un musicien.

— Je me soucie bien des cuivres!

Cette parole fit plaisir au vieil alto, qui conservait une dent contre les instruments à vent ; mais il était loin de partager les idées de Dubois. Il regardait les outils s'engager dans le corps des violons avec l'inquiétude d'un patient qui voit entrer dans sa bouche la clef d'un dentiste. Blessé de l'indifférence de Dubois, qui ne se confiait pas à lui, il restait soucieux à son pupitre.

— Eh bien ! lui dit Dubois dans le triomphe de son succès, vous avez entendu le violon du chef d'orchestre?

— Oui, répondit froidement l'alto.

— Et vous ne trouvez pas qu'il a gagné ?

— Je n'en sais rien.

— Comment ! vous, un bon musicien, vous n'avez pas saisi la différence des sons ?

— On ne sait jamais ce que c'est... le hasard lui avait bien fait perdre ses sons, peut-être cela tenait-il à de l'humidité.... et puis ça revient un jour.

— Ainsi, dit Dubois, vous ne croyez pas que c'est moi qui ai rendu le violon meilleur ?

— La jeunesse ne doute de rien... Pauvre garçon ! s'écria l'alto, ce n'est pas à mon âge qu'on se laisse prendre à de pareils enfantillages.

Dubois avait un bon caractère qui l'empêchait de s'offusquer des milles misères de la vie ; il laissa le vieil alto à sa misanthropie et continua ses études favorites de grattement ; mais chaque jour apportait des modifications. J'ai dit plus haut que dans le principe il se servait d'un outil en forme de spatule, qui servait à introduire dans le violon diverses matières qui n'en sortaient plus ; car, une fois les matières posées sur le bois, la spatule, avec son dos légèrement bombé, les aplatissait et paraissait vouloir qu'elles fissent corps avec le bois. Un pinceau remplaça la spatule. Dubois ne manqua pas d'apporter à chaque bal un morceau de bois rond et gros, d'une apparence de sapin ; il le grattait légèrement avec son second outil, mouillait son pinceau dans ses lèvres et faisait une espèce de bouillie qu'il introduisait dans le violon. Cette cuisine difficile à dissimuler à quatorze personnes, reçut, tout au commencement, le nom de *jus de bois;* elle n'apporta aucun préjudice au grattage, qui continuait toujours avec une telle obstination que les musiciens de l'orchestre crurent avoir trouvé le but des recherches de Dubois, c'est-à-dire d'obtenir un instrument aussi mince qu'une feuille de papier.— « Alors, il n'aura plus besoin de boîte, disait l'un : il le mettra dans sa poche. — Il roulera son violon sous le bras, disait l'autre. » La bande était arrivée à des plaisanteries faciles sur la flexibilité du futur violon, dont on prétendait que Dubois se servirait en cas d'absence de mouchoir ; on ajoutait qu'il marcherait dedans quand ses souliers seraient usés : les plus spirituels assuraient qu'il monterait en ballon dedans.

Toutes ces farces ne troublaient point le chercheur qui content de s'être désormais assuré la protection du chef d'orchestre, riait volontiers des exagérations plaisantes de ses camarades. Au bout d'un mois seulement il s'aperçut qu'il avait un bossu auprès de lui ; il ne s'inquiéta pas de sa difformité, mais de son instrument.

— Vous avez là, dit-il, un méchant violon.

Le bossu sérieux prit un air de dignité offensée, et ne répondit pas.

— Il n'y a pas de mal, continua Dubois, mais si vous voulez, je vous l'arrange immédiatement.

— Je suis à votre service, monsieur, dit le bossu.

Dubois alla prévenir tout l'orchestre, qu'après le bal ceux qui seraient curieux de voir un mauvais violon se changer en un bon n'auraient qu'à rester ; il ne demandait qu'une demi-heure d'attention.

Le plus intéressé dans l'affaire, le bossu, n'assista pas à cette séance. « Il avait à suivre, dit-il, une petite fille qu'il avait remarquée dans le bal et qui avait une jambe !!! » Dubois ne tenait pas absolument à la présence du bossu, médiocre musicien, mais l'alto qui partait lui fit plus de chagrin. L'alto déclara qu'il ne voulait pas assister au martyre d'un instrument. L'ophicléide, que sa femme venait chercher à la sortie de chaque bal, s'en alla également ; mais le jury musical, composé de douze personnes, était plus que suffisant. Dubois prit le violon du bossu et préluda sur toutes les cordes, pour montrer quel piètre instrument c'était là. Puis il se mit non plus à le gratter, comme il avait l'habitude de le faire, mais à le raboter avec un grattoir plus large que ceux d'habitude. Les musiciens suivaient attentivement de l'œil les rubans de bois qui sortaient de l'instrument. Avec sa pâte gluante, Dubois ramassa du bout de son pinceau les rubans de bois et les introduisit dans le violon qui venait de les rendre.

Cela dura dix minutes.

— Écoutez maintenant! dit-il en préludant sur le violon du bossu.

— C'est étonnant, s'écrièrent les musiciens, qui ne pouvaient pas nier l'amélioration obtenue si promptement.

Dubois continuait toujours à enlever, à remettre; et il jouait, s'interrompait, palpait avec ses doigts le corps du violon comme s'il lui tâtait le pouls. A chaque nouvelle épreuve, le violon gagnait en largeur de sons.

— Vous avez vu, dit Dubois; eh bien! maintenant je me chargerai de faire un instrument avec un violon excellent de Mirecourt de dix francs, un bon instrument avec le premier violon accroché à la porte d'un fripier; je garantis que je fais un instrument passable avec un violon de fabricant de joujoux, un violon d'enfant, un violon rouge, un violon de dix sous. Mais, pour rendre celui de M. Adhémar tout à fait satisfaisant, il est nécessaire de le démonter, car il y a en dedans une grosse barre qui me déplaît et que je ne peux entamer avec mes outils.

On lui demanda ce qu'était cette composition qu'il humectait.

— Je ne fais pas de mystères, répondit-il; c'est un vieux manche de contre-basse que m'a donné mon frère, qui est contre-bassier à l'Opéra. Le bois était très-sec, ce qu'il me fallait; je mets dessus de la colle qui s'imbibe dans le bois; je la gratte, je la mouille, et j'obtiens un suc particulier, presque liquide d'abord, qui se solidifie par la suite et qui s'attache aux flancs du violon comme la résine au sapin.

Dubois s'en retourna la joie au cœur; à force de patience, il avait fini par triompher de l'entêtement de confrères ignorants, il avait forcé des musiciens sans éducation et sans amour de l'art à reconnaître la portée de ses inventions. Il est vrai que les instrumentistes du Jardin-des-Lilas avaient écouté Dubois comme ils auraient regardé un veau à trois pattes. Une audition leur suffisait, et il n'aurait pas fallu convoquer souvent ce jury indifférent, qui trouva la chose drôle sans y attacher plus d'importance, et dont la délibération fut résumée par un mot de Dürcker :

— Alors, dit-il, tu vas aussi gratter les flûtes...

Ce misérable flûtiste n'avait aperçu que l'opération du grattage et la croyait applicable à tous les instruments en bois, qu'ils fussent à cordes ou à vent, tandis que Dubois ne s'occupait que de la famille des violons. Un seul homme, qui ne manifesta ni admiration ni enthousiasme, comprit la découverte; c'était un contre-bassier allemand, qu'on n'avait jamais entendu parler, et qui répondait par signes de tête, par la raison qu'il ne savait pas dix mots de français.

Dubois annonça un jour qu'il se livrait à la fabrication d'un violon; le vieil alto entra dans une indignation concentrée.

— Tu ne sais pas ce que c'est qu'un violon.

— Alors je l'apprendrai.

— Malheureux! dit l'alto, dans quelle voie es-tu entré!

— Bah! dit Dubois, on en verra bien d'autres, un jour...

— Dubois, avant de commencer ton violon, viens chez moi...

— Mais il est déjà fait à moitié.

— Tant pis, mon pauvre garçon; tiens, demain matin, viens me réveiller; tu n'y perdras pas, crois-moi.

— Je le veux bien, dit Dubois, vous savez mieux que personne combien je vous écoute...

— Tu m'as entendu, mais tu ne m'as pas assez écouté, dit en soupirant le vieil alto.

Le lendemain Dubois ne manqua pas au rendez-vous; il trouva son ami dans une grande chambre au sixième étage, décorée seulement de violons. Il y en avait de toutes les formes, de tous les âges, de toutes les dimensions et de toutes les couleurs.

— Personne n'entre jamais ici, dit le vieil alto : il faut que je te porte beaucoup d'intérêt pour te laisser voir ces richesses, car c'est une fortune que ces instruments. Mais j'ai voulu te faire comparaître devant les maîtres, afin de voir si tu oseras lutter après ce qu'ils ont fait. Eux aussi ont dû chercher, mais ils ont trouvé; le violon aujourd'hui ne doit plus changer, il est complet... Ne t'arrête pas aux curiosités, dit-il à Dubois, qui regardait avec étonnement un violon en cuir, avec des fleurs de lis sur le ventre : celui-ci n'est pas un instrument, il est historique. Je le garde parce qu'il faisait partie de la collection de Grétry, et je l'ai acheté à la vente d'un de ses parents, Flamant-Grétry, un fou que le nom d'un grand homme a troublé. J'aime mieux te montrer les premiers résultats satisfaisants qu'on a obtenus. Voilà le maître à tous, Jérôme Amatius, le père de l'école crémonaise. La forme de ses violons est grande et de bel effet; regarde ces bords épais et parfaitement arrondis, dépassant de très-peu les éclisses Comment trouves-tu les filets? Larges et bien dessinés, n'est-ce pas?

Le vieux musicien décrocha un autre violon.

— Celui-ci est un Stradivarius : fais attention combien la voûte de Jérôme Amatius est plus élevée, cependant elle s'élève de la gorge dans laquelle se trouvent les filets d'une manière insensible, elle paraît même plate au premier coup d'œil. Les ondes des éclisses ne sont pas perpendiculaires par rapport à la table et au fond, ils ont peut-être une pente de cent degrés. Quand tu verras un instrument avec une table de sapin à veines larges, la voûte du fond exactement semblable à celle de la table, les *ff* bien découpées, n'ayant que la largeur du chevalet, d'une robe brun-cerise en acajou, souvent le vernis éclaté, si tu as de l'œil tu pourras dire hardiment : C'est un violon de 1615, de Jérôme Amatius. Un autre détail... il employait toujours du plane superbe et ses fonds sont d'une seule pièce. Cinquante ans après vient Antoine Amatius, dont les violons sont rares en France ; il paraît qu'ils ne diffèrent pas beaucoup de ceux de Nicolas Amatius, du moins des personnes qui en ont vu en Italie et en Angleterre me l'ont dit. Il y a un troisième Amatius que voici, continua l'alto en frappant de son doigt sur un violon d'un patron plus petit que le précédent. Les filets ne sont pas aussi bien travaillés, les coins sont un peu plus aigus ; mais cependant Nicolas Amatius peut lutter sans rien craindre avec son successeur Stradivarius, dont le nom, je ne sais trop pourquoi, a étouffé celui de ses maîtres. De tous les crémonais, ce sont les violons les plus petits. Ils ont, je n'en disconviens pas, le son plein, grave, éclatant;

malheureusement Stradivarius, qui faisait des instruments très-forts en bois, n'employait qu'une barre très-faible et très-courte. Qu'en est-il arrivé? Les violons cèdent par la table, du côté de la barre, au poids des cordes. Tous les remèdes sont inutiles; en voulant y toucher on ne fait que gâter l'instrument. Ce n'est pas comme toi, Dubois, qui prétends donner des sons à un violon de ménétrier. Je passe rapidement sur ceux-ci, Joseph Guarnerius, Rutgeri et Alvany, qui n'ont pas inventé grand'chose, car ils ont suivi le système de Crémone et particulièrement celui de Nicolas Amatius.

— Je voudrais bien les entendre, s'écria Dubois.

— Je ne demande pas mieux, dit l'alto, si je croyais que la voix de ces grands maîtres pût un peu rabaisser ton amour-propre insensé.

Et il décrocha d'abord le vieux Jérôme Amatius, joua un air très-simple, qui devait avoir été composé à l'époque où fut construit le violon; les deux parents d'Amatius et ensuite le Stradivarius eurent leur tour.

— Ne crois pas, dit l'alto, que je laisse ces rois des instruments dans une coupable inaction; tous les matins je les fais travailler chacun une bonne demi-heure; j'en ai soin et ils m'en sont reconnaissants. Je méprise ceux qui ont de pareils chefs-d'œuvre dans leur cabinet et qui les laissent moisir. A quoi sert un amateur de beaux chevaux qui les garde à l'écurie sans les faire courir? Mais tu n'as pas encore vu un des plus remarquables.

L'alto monta sur une chaise pour atteindre un violon dont le manche portait une tête de lion sculptée.

— C'est Jacob Stainer, celui-là, un modeste dont on ne

parle pas et qui vaut tous les crémonais; c'était un homme bizarre qui ne voulait ressembler à personne. Tiens, regarde! Le corps de l'instrument est brun foncé et la table jaune; toujours le manche est sculpté en lion. Par une manie de Stainer, il ne voulut jamais arrondir le bois et le haut de ses *ff*; elles sont triangulaires. Écoute maintenant...

Dubois s'intéressait beaucoup à cette leçon.

— Si j'osais, dit-il, donner mon avis, il me semble que le son des crémonais a quelque analogie avec les sons de la flûte, tandis que Stainer ressemble plutôt à une clarinette.

— Ce que tu dis là n'est pas mal observé, dit l'alto, tu n'es pas encore tout à fait corrompu.

— Et tous ces violons? demanda Dubois, en désignant une quarantaine d'instruments aussi tranquilles que des momies dans un musée.

— Ils sont inférieurs, je n'ai voulu te montrer que les types principaux; tu n'as pas besoin de connaître ces contrefaçons de crémonais et de Stainer qu'on fait dans le Tyrol, ils ne sont pas bons et ne peuvent tromper que les ignorants. La qualité du sapin n'y est pas, la forme des éclisses n'est pas pure, les bords et les filets me feraient voir immédiatement la tromperie. J'ai quelques violons de fous comme toi, qui ont essayé de varier les formes consacrées. En voilà un si plat qu'il semble qu'on l'ait aplati sur une enclume : pas de son; au contraire, celui-ci est si haut qu'il semble la grenouille voulant imiter la contre-basse. Celui-là est octogone; si tu connais le jeu du solitaire avec sa table et sa petite boîte dessous, figure-toi quelle musique on peut tirer d'une invention pareille. J'ai un violon historique donné par Napoléon, qui avait fait peindre son portrait sur la table et qui n'en est pas meilleur. J'ai conservé le violon d'un de mes amis, et je ne me doutais guère qu'un jour il me servirait à te démontrer la niaiserie de tes grattages. Cet instrument était excellent ; mais mon ami, qui ne fut jamais content du bien, avait l'habitude de placer et de déplacer l'âme ; quand il ne touchait pas à l'âme, c'était au chevalet. Qu'est-il arrivé ? En dedans, la tête de l'âme rongeait un peu du bois de la table ; les pieds du chevalet en dehors en faisaient autant. C'est comme deux prisonniers dans deux cachots qui travaillent à faire un trou au même mur ; le son du violon se perdait, la vibration de la chanterelle devenait irrégulière. Et un jour les pieds du chevalet touchèrent la tête de l'âme ; la table avait été usée petit à petit par ces démolisseurs, ce ne fut plus un violon... c'est un monument de démence. As-tu compris ?

Dubois se mit à rire.

—Bon ! dit l'alto, tu n'en as pas encore assez vu. Voilà le violon d'un musicien qui le mettait coucher avec lui. Il avait poussé si loin ses craintes du froid qu'il avait inventé, ainsi que pour la cuisine, des espèces de chaufferettes sous sa boîte à violon. Dans l'été, le violon était enveloppé de flanelle ; jamais on ne vit un enfant de bonne maison, un fils unique entouré d'autant de soins. Et, chose étonnante ! ce musicien, qui s'occupait si follement d'hygiène pour les instruments, mourut d'une fluxion de poitrine dans l'hiver de 1832. Son violon est exécrable. Tu crois, Dubois, que cette histoire n'a pas de rapport avec ton affaire, et tu te trompes. Au lieu de tant chercher à gratter tes instruments, gratte plutôt tes doigts pour les assouplir, si tu veux devenir un grand musicien.

— Je ne tiens pas à devenir un instrumentiste, dit Dubois.

— Vraiment! s'écria l'alto; voudrais-tu devenir un mauvais compositeur?

— Pas davantage.

— Alors que veux-tu? que fais-tu? dit l'alto inquiet.

— Je cherche, s'écrie Dubois.

— Pauvre garçon! « L'alto poussa une plainte. » — As-tu bien réfléchi à ce que tu entreprends?

— Je n'en dors pas, dis Dubois. J'ai été amoureux une fois, et on m'avait conté les désordres qu'une femme peut amener dans la vie d'un homme ; cependant je dormais. La moitié du temps j'oublie de manger : je mangeais quand j'étais amoureux. Je me suis occupé un moment de politique avant mes inventions ; ma parole, je crois qu'on bouleverserait Paris aujourd'hui, que je ne m'en occuperais pas. Ce que vous venez de me montrer me soutiendrait quinze jours sans manger, et je vous en remercie avec plus de reconnaissance que si vous m'aviez donné une grosse somme.

— Alors, dit l'alto, tu n'es pas effrayé de la beauté des formes de mes violons?

— Non.

— Les formes, passe encore ; mais les sons, malheureux, les sons, où trouveras-tu des sons pareils?

— Je n'en suis pas embarrassé, dit Dubois.

— Quel orgueil! s'écria l'alto irrité, quel orgueil! Tiens, tu es un ignorant ; va-t-en, misérable! Je croyais que tu savais quelque chose ; mais rien ne t'étonne, c'est que tu ne sais rien. On peut jouer du violon devant un âne qui mange un chardon, son oreille restera aussi grande et aussi bête. Un garçon de bonne volonté se serait repenti, il aurait reconnu ses erreurs, il se serait trouvé petit devant son maître. Toi tu pousses l'ignorance à son comble, tu as des yeux et tu ne vois pas, tu as des oreilles et tu n'entends pas; je t'ai montré des formes de violons à se mettre à genoux devant, tu ne les as pas regardées; je t'ai fait entendre des sons à faire pleurer, tu ne les as pas écoutés. Marmaille qui croit jouer du violon, parce qu'il a un archet dans la main; mais c'est un bâton que tu tiens, et tu frappes sur une table. Je t'ai dit de t'en aller, qu'est-ce que tu es venu faire ici? Tu n'as pas le droit de regarder les maîtres en face, il me semble que tu leur craches à la figure. Je ne sais ce qui m'arrête de te battre...

L'alto tournait autour de l'appartement. « Il me faudrait un grossier archet de contre-basse, tu ne mérites même pas des coups d'archet de violon. » Toujours en parlant et maugréant, l'alto tira avec force un mauvais rideau de toile qui pendait à la fenêtre, et il en couvrit précipitamment les trois Amatius, le Stradivarius et le Stainer qui étaient rangés en première ligne.

— Maintenant, dit-il, regarde les imitateurs, les contrefacteurs, les fous et les imbéciles. Tu es leur digne fils. Fais des violons carrés, fais-en des ronds, fais-en en triangles, tout cela te regarde, je ne m'en inquiéterai pas. Faut-il que je sois venu à cet âge pour m'être laissé tromper comme tu m'as trompé, moi qui n'ai jamais introduit personne ici; moi qui me suis mis à l'alto, craignant que mon talent ne répondît pas aux instruments des maîtres? Ah! quelle leçon!... Allons, as-tu assez vu, que tu ne me chagrines plus de ta présence?... Faudra-t-il que j'appelle pour te faire mettre dehors... Tu comptes sur ma faiblesse, n'est-ce pas, lâche!

Dubois avait écouté froidement toutes ces injures. Il profita d'un repos de l'alto pour dire :

—Qui est-ce qui vous a dit que je m'occupais de violons?

—Hein ! s'écria l'alto.

—Je ne vous ai jamais parlé de luttes avec les vieux maîtres, de contrefaçons ; j'admire autant que vous l'école de Crémone.

—Alors pourquoi grattes-tu toujours et toujours ?... Et je me rappelle que tu m'as dit toi-même avoir commencé un violon qui était à moitié...

—C'est vrai, dit Dubois.

—Et tu nies maintenant ; ou plutôt, dit le vieil alto dont la figure réfléchit la joie et la crainte, te repentirais-tu ?

—Je ne me repens pas, dit Dubois, je n'ai rien à me reprocher ; les violons ne m'intéressent pas, je les trouve complets, et si je les étudie, c'est pour n'en pas faire.

—Bien sûr ! s'écria l'alto. Donne-moi ta parole que tu ne toucheras pas aux violons.

—Je vous le jure, dit Dubois.

—Bien, mon garçon, bien, viens que je t'embrasse !

Le vieux musicien s'empara de Dubois et le pressa contre lui.

—Ah! que tu m'as fais peur ! dit-il en soupirant. Pourquoi m'as-tu fait tant de mal ? Ne pouvais-tu pas m'avouer d'abord ce que tu viens de me dire seulement ?

—Vous avez toujours parlé, dit Dubois, cela était difficile.

—Ainsi c'est bien convenu, tu ne toucheras pas aux violons...

—Jamais, dit Dubois, c'est la voix de femme.

9.

. . . .

Dubois demeurait hors barrière dans une maison neuve, au troisième étage. Sur sa porte était un fond de violon qui indiquait sa profession; au-dessous était écrit à la craie : « *Je suis à l'Association.* » Car il ne connaissait que trois endroits dans Paris : sa chambre, son bal et les Cuisiniers-réunis. On ne l'avait jamais rencontré autre part. En entrant on était frappé par le singulier mobilier du musicien : c'étaient toutes sortes d'instruments à cordes accrochés aux murs; quelques-uns complets, mais rarement, la majeure partie sans chevalet, sans cordes. Pour le reste, on se serait cru en plein atelier de dissections; il y avait par terre de grands cadavres de contre-basses, des violons éventrés, des violoncelles coupés par le milieu, et, autour, pêle-mêle, des manches, des touches, des chevilles, des éclisses et des contre-éclisses. Dans les angles étaient entassées des planches d'érable, de plane et de sapin.

Le seul meuble était un établi couvert de sciure de bois et d'outils.

— Ah! vous voilà, citoyen, me dit Dubois en m'offrant la main. Vous voyez, je travaille... asseyez-vous... C'est que vous êtes peut-être accoutumé aux chaises. S'il vous était égal de vous mettre dans le lit!

Et il rit beaucoup de mon étonnement à chercher le lit, qui était formé d'un matelas dans le fond d'une immense contre-basse.

— Je vous demande pardon, citoyen, je n'ai qu'un tabouret qui me sert à travailler, et je n'ai pas de temps à perdre.

Je m'assis résolûment dans la contre-basse, trouvant cette invention pleine de gaieté.

— Je fais un ténor, dit Dubois. Vous ne connaissez pas encore le ténor ?

Ce *ténor* était un violoncelle d'un tiers moins grand que ceux dont on se sert habituellement. Il était sculpté avec une grossièreté sans pareille.

— Et à quoi sert ce singulier instrument? demandai-je, pendant que Dubois grattait au dedans de ce qu'il appelait le *ténor*.

— C'est un second violon, me dit-il.

— Un second violon ! m'écriai-je.

— Oui, j'en joue au bal de la Tête-Noire. Si vous voulez me permettre de gratter encore un moment, je vous le ferai entendre... Je n'ai pas là l'archet, mais ça ne fait rien.

Une minute après, il prit un archet de contre-basse, plaça un gros violon entre ses jambes et se mit à en jouer comme d'un violoncelle. Je dis *gros violon*, car il serait autrement impossible de décrire cet instrument qui paraissait une petite basse construite pour un nain. Dubois tira des sons tout particuliers de son ténor, qui avait une plénitude inconnue au violon, une légèreté et une agilité qu'aucun violoncelle ne saurait avoir, en raison de sa construction.

Depuis que je ne l'avais vu au Jardin-des-Lilas, je compris quels immenses travaux avait dû accomplir Dubois. Travaux de tête et travaux de corps. Il paraissait avoir grandi de moitié, tant il avait maigri. Ses cheveux allongés et sa rare barbe qui poussait au hasard encadraient une figure longue et pâle, mais pleine de mobilité. Les yeux étaient brillants et remplis de feu, la bouche indiquait de la bonté et du courage. Quand il jouait avec une singulière ardeur de son ténor, il était curieux de regarder ses longues mains nerveuses qui semblaient construites intérieurement avec des cordes à violons, tant elles étaient souples et les doigts allongés.

Il chantait en s'accompagnant sur son ténor, et il chantait à pleine voix pour donner une idée complète de son instrument à l'orchestre. Jamais je n'aurais cru à une pareille voix dans un corps d'apparence si frêle. Il s'arrêtait à chaque instant pour gratter et reprenait son air comme si de rien n'était. Rarement j'ai vu un homme plus heureux dans une si pauvre chambre, couchant dans une contre-basse.

— Vous regardez la pédale, me dit-il en suivant mes yeux qui s'arrêtaient sur une énorme contre-basse qui touchait jusqu'au plafond.

Cette contre-basse était montée sur une grande boîte à roulettes ; elle n'avait que deux cordes, mais deux cordes qui auraient pu servir à tirer de l'eau d'un puits. Elle avait une ouverture dans un des flancs.

— Ça, dit Dubois, est la mère Gigogne des violons ; il faut un rouet pour en jouer, malheureusement elle n'est pas en état... Bah ! vous comprendrez à peu près, citoyen.

Il laissa tomber son ténor plutôt qu'il ne le posa, et s'élança sur les flancs de cette contre-basse, qui m'étonnait comme un sphynx d'Égypte, et qui en avait la taille. Avec le même archet qui avait joué toutes sortes de facilités sur le ténor, il frotta sur la grosse corde de l'instrument dit pédale. Le son était vague et fuyant, difficile à préciser.

— L'ut, l'ut, dit Dubois, l'ut à l'octave de celui de ma contre-basse.

D'un bond il décrocha une seconde immensité, plus humaine cependant que la pédale, et en tira un *ut* plus raisonnable.

— Voici maintenant une octave supérieure ; l'*ut* de la basse.

Et il attira à lui, comme une plume, une contre-basse à quatre cordes, qu'il appelait une basse. De là il sauta sur son ténor, saisit un alto, puis finalement un violon, pour me faire comprendre ses gradations et dégradations d'octaves. Les singes qui sautent d'une branche à l'autre donnent une faible idée de Dubois jouant de tous ses instruments à la fois, ne s'inquiétant pas de leur poids, de leur volume, et faisant sur son énorme contre-basse des démanchés, des feux d'artifice de notes, des fioritures de chanteuse légère.

Un soir, je me suis trouvé avec Listz chez un tailleur allemand de la rue Vivienne. Listz faisait répéter une cantate qu'il avait composée pour les fêtes de Bonn, à l'occasion du monument de Beethoven. Les paroles étaient de M. Jules Janin.

Il y avait déjà matière à curiosité, ne fût-ce que dans l'enthousiasme poétique de M. Jules Janin qui se manifestait d'une façon non équivoque ; mais là n'était pas le spectacle important. Listz conduisait ses choristes, il chantait avec eux, les accompagnait au piano ; ses deux longues mains quittaient à chaque instant le clavier pour battre la mesure. Cependant le piano accompagnait toujours. Les touches semblaient obéir à un magnétisme que lançaient les mains de Listz.

Ces effets singuliers, je les retrouvais chez Dubois, qui, non content de son agilité à faire entendre successivement sa série d'instruments, s'était ingénié à en jouer de deux à la fois; mais il n'employait l'archet que pour sa pédale, dont il touchait les cordes à vide, sans les doigter, tandis que la main gauche supportait le *ténor* par le pouce et permettait aux quatre doigts de manœuvrer à leur fantaisie, trois doigts servant à doigter et le quatrième à pincer comme font les joueurs de guitare, à obtenir des *pizzicati*.

Le rêve de Dubois était d'arriver à changer complétement la physionomie de la famille des violons. Il n'aimait pas le second violon, qui a exactement la forme de son supérieur, le premier violon.

— Les accompagnements, me dit-il, se confondent trop avec le chant. On l'a si bien compris, qu'on a voulu que l'alto fût plus grand et eût d'autres sons que le violon.

Mais ce qui fâchait Dubois, c'était l'abîme qui existait entre l'alto et le violoncelle. Effectivement, pour ce qui est de la taille, la transition ne semble pas logique. Aussi Dubois avait-il établi, comme il va être dit, son échelle musicale :

1º Le violon, ou soprano, correspondant à la voix de femme;

2º L'alto, un peu plus grand que celui habituel;

3º Le ténor, qui a été décrit plus haut;

4º La basse, plus grande que le violoncelle d'aujourd'hui, un peu moins grande que la contre-basse usitée; instrument à quatre cordes, facile à doigter;

5º La contre-basse, d'une taille supérieure à la contre-basse des orchestres;

6º La pédale, immense mécanique à deux cordes, utile surtout pour des tenues.

Ce système, qui est très-simple sur le papier, avait demandé cependant bien des travaux, bien des peines et bien des veilles. A qui montrer ces inventions? A qui en parler? Ce n'étaient pas les musiciens de bals qui étaient en état de comprendre. Dans ces temps-ci, la musique de cuivre a été révolutionnée de fond en comble, sans qu'on soit arrivé encore à des résultats positifs; mais il n'en est pas de même des instruments à cordes. Il est encore possible, malgré les efforts des anciens facteurs, de faire des essais dans les musiques militaires : le Gymnase musical est moins dans la tradition que le Conservatoire, et permet volontiers qu'on apporte quelque nouveau tapage dans la musique de chevaux. Il ne reste aux innovateurs musiciens que les orchestres de théâtre; là encore il a fallu l'immense réputation de Meyerbeer pour introduire à l'Opéra ses volontés et ses instruments, et Meyerbeer ne connaît pas les gens qui couchent dans des contre-basses.

Aussi un frère de Dubois, qui partageait toutes ses idées, fut-il malmené à l'Opéra pour avoir osé y introduire le n° 5 de la collection, la grosse contre-basse. Qu'aurait-on pensé si on avait vu la pédale à rouet?

La fameuse pédale ne fut employée qu'une fois par un jeune musicien-saltimbanque, qui trouvait l'invention bizarre et qui s'en servait pour jeter l'étonnement et l'effroi dans l'esprit des auditeurs. Mais ce compositeur n'eut jamais de réputation; on l'employait seulement, à cause de son nom arrangé à l'italienne, pour donner des concerts dans des jardins-bals et mettre en musique des « *branle-bas général, des Sainte-Barbe qui sautent, des incendies du navire sur les côtes du Coromandel.* Le compositeur compromit singulièrement la pédale dans un concert où on devait entendre :

« LES QUARANTE CHANTEURS MÉROVINGIENS,

« SOUTENUS PAR LA PÉDALE. »

Ces moyens, renouvelés de l'ancien Jardin-Turc, dirigé par Julien, n'amenèrent pas singulièrement les bourgeois, encore moins les artistes. Dubois eut même beaucoup de mal à rentrer dans sa pédale, qui faillit rester en gage, l'orchestre n'ayant pas été payé par l'inventeur des Chanteurs mérovingiens. D'un autre côté, ses découvertes n'étaient pas complètes, car il cherchait toujours l'amélioration du son ; c'est ce qui explique ses grattages perpétuels.

Mais Dubois était parvenu à un résultat important : à savoir que plus la table qui porte le chevalet doit être épaisse, plus le fond doit être mince. Et voilà pourquoi il mettait sans cesse des épaisseurs, au moyen de son jus-de-bois, et pourquoi il râclait sans cesse. Avec une telle simplicité de système, il ne connaissait plus de mauvais violons, car il arrivait à en changer le son au bout de cinq minutes d'opération.

Ayant ainsi réussi dans ce qu'il cherchait, Dubois se livra assidûment à la fabrication du *ténor*, qui, à lui seul, était l'insurrection la plus complète contre la moderne instrumentation à cordes ; il n'y avait que lui qui pût les fabriquer. J'en vis six qui renfermaient plus d'un drame comique ; car Dubois ne se lamentait jamais, ne parlait pas de ses souffrances d'inventeur, ne se révoltait pas contre la société, et n'avait rien de névralgique que dans ses mains, quand il jouait de sa collection d'instruments.

Dubois gagnait peu d'argent à son bal et le convertissait en bois. Il ne mangeait pas beaucoup, étant très-occupé ; il refusait même d'accorder des pianos, métier qu'il avait exercé jadis, mais qui l'aurait trop occupé aujourd'hui.

— Qui est-ce qui gratterait pendant ce temps-là? disait-il.

Les outils pour la fabrication des violons sont très-nombreux : il faut des varlopes, des villebrequins, des mèches, des ciseaux, des bédanes, des gouges, des compas, des équerres, des scies, des meules, des pierres à affiler, des limes, des rabots en fer, des canifs, des traçoirs, des fers à plier, des pointes aux âmes, des harpes, des vis, des pinces à barres, des troussequins, etc., etc. Dubois avait tellement simplifié l'outillage que je n'ai jamais vu chez lui qu'un établi et quelques mauvais morceaux de fer trop sauvages pour n'avoir pas été fabriqués par le musicien. Ses instruments se ressentaient un peu de cette facilité d'exécution ; la forme en était brutale : ils rappelaient certains dieux dégrossis par les sauvages dans un tronc d'arbre ; le rabot ne paraissait avoir jamais caressé l'épiderme du bois. C'était surtout la pédale à la haute stature, dont les clefs touchaient le plafond, et qui semblait, par son rouet, une énorme machine de guerre, telle qu'on en employait pour envoyer des pierres avant l'invention de la poudre.

Les *ff* avaient chacune trois pieds de longueur ; quand on regardait par ces ouvertures pareilles à des meurtrières, on ne voyait guère plus que dans une citerne. Le chevalet présentait la solidité de la bosse d'un chameau, car il n'avait pas la légèreté, les ornements et les déliés habituels qui font songer à des ornements de maître d'écriture. Par son travail, la pédale semblait avoir été construite à coups de hache.

J'ai vu des instruments chinois, égyptiens, indiens, du moyen-âge; ils ne m'ont pas produit un effet aussi singulier que la collection de Dubois.

Pendant que je regardais son musée, il ne s'inquiétait guère de ce que je pensais, et continuait de fouiller sans relâche dans le ventre de ses inventions. Même il m'invitait, me sachant musicien, à râcler sur les cordes des basses.

— M'ont-ils fait des tours, me dit-il, au Jardin-des-Lilas! J'avais fini par me mettre assez bien avec le chef d'orchestre; je lui avais arrangé son violon, il était content; mais un jour il tombe malade et on le remplace. Celui qui est venu à sa place était de ces fameux musiciens qui ne le sont pas, et qui mettent des gants blancs pour conduire; si ça ne fait pas rire. Au lieu de prendre leur violon à pleines mains et de vous enlever leur orchestre, ils font des poses penchées, ils inventent des façons de battre la mesure qui n'appartiennent qu'à eux... On ne sait jamais s'ils battent la mesure à trois ou à quatre temps, mais on les regarde balancer leur bâton langoureusement. Ils ressemblent à une gravure de modes; leurs habits sont si propres qu'ils craindraient de les gâter en appuyant le violon sur l'épaule; s'ils indiquaient sérieusement les angles de la mesure, cela défriserait leurs cheveux blonds, bouclés et pommadés... Vous pensez, citoyen, comme je fus reçu par ce nouveau chef d'orchestre, qui s'imagina de nous faire habiller en noir. « Ma foi, dit le trombone, alors qu'il aille chercher des avocats pour faire danser ! » Le trombone n'avait pas tort. Je comprends qu'il faille s'habiller quand on fait des bals de noces dans le monde ; mais aussi vous êtes payé dix francs, quinze francs de votre nuit. Ceux qui ont besoin de gagner leur vie passent par là ; moi, j'ai toujours refusé, à cause de l'habit. Je ne peux jouer du violon que quand je suis dans mon paletot ! Et regardez, citoyen, combien ce chef d'orchestre était coquet. Vous vous rappelez qu'au Jardin-des-Lilas il y avait à mon pupitre un petit bossu qui jouait du violon comme s'il était droit. Les enfants de quatre ans qui demandent des sous dans la rue sont plus habiles que lui. On met tout d'un coup un premier violon au second violon, et on fait passer mon bossu à sa place. Ce n'était qu'un cri dans l'orchestre, car ce malheureux qu'on venait de faire descendre d'un cran y perdait, puisque les seconds violons sont moins payés que les premiers ; au contraire, le bosco y gagnait. Eh bien ! savez-vous pourquoi tous ces remaniements-là ? C'est que le bossu se trouvait être ainsi placé à la droite du coquet chef d'orchestre, et qu'il servait à faire admirer la taille, le teint clair, les cheveux bouclés et les gants blancs du nouveau venu. Il n'y a que les femmes pour avoir des inventions pareilles. Je n'aurais guère fait attention à tous ces manéges si je n'avais pas apporté mon *ténor* au bal. Le chef d'orchestre me demanda ce que c'était ; je le lui dis, et il ne comprit rien : d'ailleurs je ne sais pas ce qu'il était capable de comprendre en fait de musique. Je me mis donc à faire la partie du second violon sur mon ténor..... Ah ! voilà ce qui garnit tout de suite un orchestre ! Comme on saisit bien ce qui manquait auparavant entre l'alto et le violoncelle !..... Je faisais du tapage comme quatre seconds violons... Voilà les premiers violons jaloux qui se plaignent que je les écrase, qu'on n'entend plus le chant. Moi je leur dis une chose bien simple et que vous pourrez répéter à tous ceux qui riraient du ténor : « Est-ce que l'alto, qui a plus de son que le violon, empêche de l'entendre ? Et les basses ? Et les contrebasses ? Alors, supprimez les cors, les trompettes. Pourquoi ne vous plaignez-vous pas des ophycléides ? Vous devez avoir aussi une fameuse peur des trombones ! Ajoutez à cela les tambours, les cymbales, la grosse caisse. » Ça faisait pitié. J'aurais tout de même laissé dire les premiers violons ; mais, comme ils étaient mieux vêtus que moi, le chef d'orchestre prit leur cause. Fatigué de ces misères, j'ai envoyé promener le Jardin-des-Lilas et je suis entré à la Tête-Noire, où on me laisse jouer tranquille de mon ténor. Comme ils n'ont pas beaucoup de musiciens, ils ne sont pas fâchés que je fasse autant d'effet à moi seul que quatre. Là, au moins, je peux étudier la qualité de son, et je suis certain maintenant de mon affaire. J'en ai déjà fabriqué une dizaine... on joue là-dessus avec une facilité sans pareille.

Dubois apportait une telle volubilité dans l'archet, dans les démanchés, avec ses doigts nerveux, allongés comme des serpents, qu'il semblait en effet que rien ne fût plus facile.

— J'ai deux élèves, dit-il, qui vont tout seuls ; dans trois mois ils en joueront mieux que moi. Il y avait un pauvre diable qui ne savait que faire pour gagner sa vie ; je lui ai montré quelques airs, je lui ai donné un ténor : maintenant il court les barrières, les associations ; ça plaît aux ouvriers ce gros violon, il est connu partout... on l'appelle le violon démocratique, et puis mon homme gagne quelque argent.

Comme il était l'heure de dîner, je sortis avec Dubois, qui m'étonna de plus en plus ; il avait pris son ténor sous le bras, et il s'arrêtait à chaque marche d'escalier pour pincer les cordes.

— C'en est un qui résiste ; je l'emporte pendant mes repas, me dit-il.

Sur le boulevard extérieur, nous nous arrêtâmes pour causer quelques instants ; Dubois continua à gratter au dedans du ténor et à en tirer des sons. Quelques passants s'arrêtaient, croyant que le musicien allait chanter ; pour lui il ne s'inquiétait de rien, car il ne voyait rien, et me quitta cordialement sans se douter qu'on l'avait pris pour un musicien ambulant.

Je restai près de trois mois sans voir Dubois ; il avait déménagé à force de tracasseries des locataires, qui ne pouvaient trouver un moment de repos avec un pareil inventeur. Les sons vibrants des instruments à cordes se répandaient par toute la maison ; c'étaient surtout les voisins de l'étage au-dessous du musicien qui souffraient le plus cruellement, quand la pédale à rouet envoyait ses longues notes sourdes et monotones qui donnaient à penser à des tonnerres lointains.

Dubois déménagea toute la collection à lui seul, et il inquiéta peut-être davantage les douaniers de la barrière que ses anciens voisins. On ne prit pas garde d'abord à ses violons, qui ouvrirent la marche ; mais, comme le voyage se répétait fréquemment et qu'à chaque voyage les violons augmentaient de taille, Dubois faisant un déménagement méthodique, les douaniers s'imaginèrent être victimes d'un nouveau moyen de contrebande. Alors ils introduisirent, sans respect, leurs sondes dans toutes ces musiques, ce qui mettait Dubois en belle humeur. Il avait réservé la pédale à rouet pour son dernier voyage; ce fut un spectacle pour les gens de la barrière. J'ai déjà dit que cette contre-basse-colosse était montée sur une espèce de boîte qui nécessitait quatre roulettes cachées dessous. Ses dimensions énormes auraient empêché un homme de forte taille d'arriver aux clefs de cuivre pour l'accorder; aussi Dubois avait-il imaginé de bâtir derrière la table un marche-pied solidement fixé, et sur lequel se tenait le joueur de pédale. Il arriva à la barrière en véritable triomphateur, grimpé derrière son instrument qui marchait tout seul à l'aide de ses roulettes, et qui marchait d'autant mieux que, dans ces quartiers qui partent de Montmartre, le terrain va fortement en pente jusqu'aux boulevards. Par plaisanterie, Dubois avait mis en état son rouet, et se plaisait à tirer des sons du plus colossal instrument qui se soit jamais vu.

Je laisse à penser l'effroi du propriétaire et des locataires de la nouvelle maison où Dubois allait s'installer; mais, comme il était rusé et qu'il ne reculait devant rien pour donner un asile à son instrument, il avait payé un demi-terme d'avance, afin que le portier n'allât pas aux renseignements.

Je ne sus tous ces détails que longtemps après, en me rencontrant avec lui. Il était très-heureux de ses inventions, avait trouvé les qualités de son si cherchées, et ne s'occupait guère de réaliser ou de répandre sa découverte. Tout en causant, il vint m'accompagner jusqu'au jardin du Luxembourg, où, ce jour-là, on faisait de la musique militaire.

Nous ne parlions que musique, et bientôt les utopies dressèrent la tête. Dubois se plaignait de l'état de la musique en France, et il avait raison. J'appuyais surtout sur un art qui est loin d'avoir les avantges du livre et de la peinture. Je crois à de grands bienfaits, le jour où la musique sera popularisée.

La peinture peut s'étudier *gratis* : des musées sont ouverts; une fois par an les peintres exposent leurs travaux.

Le mouvement des idées se répand partout par le journal; littérature et politique peuvent être étudiées tous les jours pour un sou et pas même un sou.

Au contraire, la musique n'a que deux théâtres à Paris; deux théâtres qui, subventionnés, sont interdits à tous les travailleurs pour l'énorme prix des places. Il y a des quantités de concerts. A quoi servent-ils? A montrer des instrumentistes habiles qui ne cherchent qu'à paraître plus adroits que des singes sur leurs instruments, et qui torturent l'œuvre des maîtres sous la forme de variations.

Le Conservatoire seul donne des concerts importants où se retrouve quelque respect pour les grands maîtres : c'est une petite salle où n'entrent guère que les banquiers.

D'un autre côté, on a toléré toutes sortes de bouges chantants où l'on n'entend que de mauvaises romances, des œuvres sans valeur, chantées par des saltimbanques sans voix que chasserait le dernier théâtre de la province. Les cafés en plein air, avec leurs princesses en robes blanches et leurs corsages en velours de coton, et leurs becs de gaz, sont tellement corrupteurs que, si on regarde les arbres qui les ombragent, les arbres semblent peints.

La lune a l'air d'un morceau de papier huilé.

Gœthe a dit un grand mot quand il s'écriait qu'une journée était perdue, celle qui se passait sans avoir lu un bon livre, entendu de la musique et vu un beau tableau.

Le peuple n'entend jamais de musique.

Est-ce de la musique l'orgue des rues, le violon de l'aveugle, la clarinette de l'homme au chien, les cafés-chantants, les pont-neufs de vaudeville, les entrées et les sorties de mélodrames, les chansons de goguettes, les *poésies* patriotiques de banquets, les musiques de la garde nationale, les quadrilles de bals, les musiques de cavalerie? Est-ce de la musique?

Que les classes mitoyennes se corrompent avec leurs pianos, leurs romances et leurs chansonnettes comiques, cela les regarde; elles peuvent s'instruire et ne s'instruisent pas. Chaque homme a le sentiment des arts inné; c'est à lui de le développer. Qu'importe d'où il part!

Paul de Kock peut mener à Balzac.

Mais le peuple ne peut franchir ces degrés : il entend aujourd'hui une romance de Mlle Loïsa Puget, et n'entendra pas demain une symphonie de Beethoven.

Nous sommes arrivés à une telle corruption musicale, qu'il n'y a pas quatre compositeurs capables d'écrire un *quatuor*. Ils n'auraient pas cent auditeurs!

— Si le peuple allait encore à l'église, dis-je à Dubois, il lui resterait l'orgue.

— Oh! me dit-il, j'y ai bien pensé, et j'ai déjà fait des plans que malheureusement on n'exécutera sans doute jamais... Les cloches ne suffisent pas; elles sont étouffées par l'immense bruit de Paris. J'avais songé à établir dans les tours des cathédrales d'énormes buffets d'orgue; j'ai calculé mon affaire de façon à diriger les sons vers les places publiques. Cela ramènera peut-être les fidèles, quoique j'aie grandement peur qu'ils n'écoutent à la porte tant que dure la musique et ne s'en aillent après. Si cela ne réussissait point pour les cathédrales, j'adapterais mon système d'orgues aux machines à vapeur de chemins de fer; je compte beaucoup sur l'industrie. Dans un temps j'allais au club, et j'écoutais tous ces inventeurs de religions qui cherchent midi à quatorze heures. La religion nouvelle ne serait-elle pas l'industrie?

VI

OU MÈNE LA SCIENCE.

Dans l'année 184., qui fut si célèbre par son hiver rigoureux, je résolus de devenir très-savant : ce sont des idées qui me prennent de temps en temps ; je me renferme, j'accumule lectures sur lectures, et je ne sors que la tête bourrée des matières les plus différentes, qui finissent par se tasser, Dieu sait comment. J'allai donc d'un pas joyeux au Jardin-des-Plantes, avec le fol espoir de connaître à fond les sciences naturelles. Un nouveau cours venait de s'ouvrir, qui avait rapport plus particulièrement à la race des singes. Ce que je jugeais utile dans le cours, c'était de débrouiller un peu mes idées, de me forcer à écouter, chose plus facile que de lire. Les livres d'histoire naturelle, pleins de nomenclature, sont trop souvent d'une aridité qui me les fait jeter de côté dès les premières pages ; j'emportai cette illusion que, dans un cours public, au milieu de nombreux auditeurs, je secouerais ma paresse, et que l'hiver ne se passerait pas sans enrichir mon *moi* léger de connaissances positives.

Quoique l'hiver s'annonçât comme très-rude, l'assemblée était en bon nombre ; cependant beaucoup plus de vieillards que de jeunes gens. Le cours se tenait dans la galerie des *Primates*, qui sont, comme on sait, les premiers des animaux. Des armoires vitrées renfermaient la plus belle collection de grimaces qui se puisse imaginer, car les premiers des animaux ne s'en font pas faute, et ils ne le cèdent guère dans cette matière qu'à l'homme, regardé par les naturalistes comme un primate tout à fait supérieur. Pour moi, en regardant ces singuliers animaux à qui la science a su conserver après leur mort une apparence de vie, je ne les trouvais pas si grimaciers-qu'on se plaît à le dire : partout dans la vie je retrouve la même comédie sur les figures humaines. Nos grimaces sont peut-être un peu plus variées que celles des singes, mais au fond elles se valent. Les uns font des grimaces pour demander de l'argent ou des places, les autres pour obtenir des noix ou des pommes ; il n'y a guère de différence.

Ce qui me frappa le plus fut un squelette articulé, placé près du fauteuil du professeur, et qui, les bras en avant, les mains ouvertes du côté du spectateur, ricanait vraiment à l'unisson des primates. Il avait dépouillé toute pudeur humaine ; il se moquait de la société et ne cherchait plus à dissimuler ses instincts. Par la façon dont il était posé, par ses gestes, par sa bouche entr'ouverte, le squelette semblait parler. « Messieurs, me voici sans fard ; aucuns voiles ne dissimulent ma triste carcasse ; tout ce qui était chair, sang, nerf et muscles, et qui troublait le faible entendement de la science alors que j'étais vivant, a disparu ; regardez-moi bien, tâtez mes bosses à votre aise ; je n'ai plus de secret pour personne. » Le squelette avait aimé peut-être le vin, sans doute les femmes, et certainement l'argent ; à cette heure, il semblait se moquer de toutes ces futilités, et une raillerie éternelle sortait de sa bouche. Il m'intéressait vivement, et j'aurais regardé longtemps sa raillerie si le professeur ne fût entré en séance. C'était un petit homme portant de bonnes couleurs sur les joues, qui me plut tout d'abord par ses façons simples et modestes. Il nous salua poliment et rangea divers singes sur son bureau ; il apportait dans ce travail une grande attention, groupait habilement les primates ricaneurs, et je compris tout d'abord qu'il portait une réelle affection aux sujets dont il avait à nous entretenir. Pendant ce temps, les encriers s'ouvraient dans l'auditoire, quelques cahiers blancs sortaient des habits, mais la majorité des étudiants gardaient les mains dans les poches. C'était, il faut le dire, une majorité composée d'*étudiants* de cinquante à soixante ans, qui dépassaient les limites accordées aux fameux étudiants de quinzième année. Généralement ces étudiants portaient une mauvaise perruque et des habits qui ne valaient guère mieux que la perruque. Je ne connus la vérité que plus tard.

Au milieu de la salle est un gros poêle que l'administration du Jardin-des-Plantes bourre assez pour le faire ronfler énergiquement, de telle sorte que chacun des auditeurs puisse se livrer au genre de mélodie qui lui est particulier pendant son sommeil ; le poêle seul est accusé de ronflements qui, partis de poitrines humaines, feraient rougir de honte le professeur. Ces nombreux étudiants en perruque venaient pour le poêle, et non pas pour l'histoire naturelle.

Les cours sont organisés au Muséum de façon à ce qu'un professeur remplace un autre professeur : l'anthropologie succède à la minéralogie, la géologie à l'ichthyologie, la conchyliologie à la zoophytologie, et ainsi de suite. Il est facile, de onze heures du matin à trois heures de l'après-midi, de se procurer, au Jardin-des-Plantes, une chaleur convenable pendant les grands froids : c'est ce que savent ceux que j'avais pris pour de vieux étudiants en perruque, qui n'étaient autres que de petits rentiers de la rue Copeau, gens remplis d'ordre et d'économie, dépensant de six à huit cents francs par an dans les fameuses pensions bourgeoises groupées autour de l'hôpital de la Pitié, rue Gracieuse, rue de la Clef, rue Copeau et autres.

Tous les matins, après le déjeuner, on voit se diriger dans la direction du Jardin-des-Plantes une bonne quantité de ces petits rentiers en perruque, traînant aux cours d'hiver leurs gouttes, leurs rhumatismes, leurs catarrhes ; ils arrivent les premiers afin d'avoir la meilleure place au poêle, et s'endorment dans un sommeil plein de béatitude aussitôt que le professeur ouvre la bouche. Si on excepte quelques étudiants, quelques spécialistes, quelques amis du professeur, quelques sous-maîtresses d'institutions, la majeure partie du cours est ainsi remplie d'oreilles inutiles. Les professeurs du Muséum sont remplis d'égards pour les petits rentiers, car ils forment nombre et savent se réveiller à temps pour applaudir la sortie du naturaliste. Aussi je fus singulièrement désappointé en entendant les premières leçons consacrées à l'historique du Jardin-des-Plantes ; cinq cours se passèrent ainsi à résumer les tentatives successives faites en histoire naturelle depuis le commencement du monde. C'était un manuel aride, assez semblable à ceux qu'apprennent par cœur les aspirants au baccalauréat. Vint plus tard la comparaison des systèmes, qui se réduisait surtout à des nomenclatures barbares, et il me parut que, sauf quelques rares génies, les naturalistes s'attachaient plutôt à la lettre qu'au fond des choses. La science consiste à changer tous les cinquante ans les nomenclatures admises et à remplacer des mots barbares par d'autres mots plus barbares encore. Je n'étais pas venu dans cette intention ; aussi commençais-je à désespérer d'acquérir ces fameuses connaissances dont je m'étais fait fête, et auxquelles j'avais préparé une si large case dans mon cerveau. Cependant je pris quelques notes par acquit de conscience, afin de me forcer à écouter et de me prouver plus tard que j'avais assisté à un cours fort savant ; j'y mettais d'ailleurs une certaine ténacité, sachant par expérience qu'une application soutenue à des matières inutiles en apparence amène toujours quelque bon résultat. J'étais encouragé par la présence d'une dame vêtue de noir, d'une grande taille qui la faisait remarquer au milieu des auditeurs : elle arrivait toujours la première à la leçon et n'en sortait qu'après les autres ; elle écoutait le professeur avec un enthousiasme visible et l'intérêt qu'elle prenait au cours était peint sur sa figure. C'était la femme du professeur. Il y avait vingt ans qu'elle suivait les cours, vingt ans qu'elle entendait l'historique du Jardin-des-Plantes avec la même application. Quel éloge en faveur du naturaliste ! Le mariage ne lui avait pas enlevé cette auréole de savant que les femmes oublient si vite d'habitude. Le mari avait conservé tout son prestige ; c'était un bonheur pour sa femme que de l'entendre parler en public, de voir le cours rempli de spectateurs. Ah ! l'heureuse vie que celle des professeurs du Jardin-des-Plantes ! Loin de tout bruit, vivant en dehors du monde parisien, logés dans de charmantes maisons rustiques au milieu de la verdure, ils ignorent les habitudes d'une société légère, folle de plaisirs ; ils savent conserver une apparence de vie aux êtres morts, ils ont trouvé le moyen d'embaumer l'affection.

Leur génie n'est pas immense : ils vivent toute leur vie sur les idées de quelqu'un ; tous les cinquante ans il naît un homme qui passe pour un révolutionnaire en changeant quelques noms. Ce savant a des enfants : comment n'en aurait-il pas dans un séjour si tranquille ? Les enfants héritent de la place de leurs parents ; et, pendant cinquante autres années, le fils chante la gloire de son père, adopte les idées de son père, n'ouvre la bouche que pour parler des adversaires de son père, et vit ainsi commodément sur l'oreiller que son père lui a bourré d'avance.

Le professeur de mammalogie avait hérité de la chaire de son oncle, et il ne manquait jamais d'ouvrir sa leçon par ces mots consacrés : « Messieurs, mon oncle a dit avec cette autorité, etc. » Les singes qu'il mettait en scène avaient été découverts du vivant de l'oncle, c'était l'oncle qui leur avait donné tel nom ; on voyait par la tendresse que le professeur leur témoignait, la religion qu'il professait au fond du cœur pour son oncle. Quoique les animaux fussent empaillés, le naturaliste commençait par les caresser avant de les présenter au public : d'une main il prenait délicatement la planchette sur laquelle les singes étaient fixés, et de l'autre main il leur lustrait le poil, ainsi qu'un chapelier qui fait briller un chapeau à la vue d'un client. Je crus d'abord que le naturaliste montrait par ces caresses une passion réelle pour tous les singes ; mais plus tard je m'aperçus que c'était seulement les singes empaillés du vivant de son oncle qu'il affectionnait particulièrement. Il montrait même une animosité partiale contre certaines races. « *Féroce et hideux mandrille !* s'écriait-il en présentant au public un singe remarquable par ses tubérosités sur le nez et d'énormes narines, *animal dégradé !* » Ces invectives déplacées prouvent la faiblesse de l'homme : le mandrille traité si brutalement n'était certainement pas plus laid que le singe rubicond, animal chauve, qui a les joues rouges comme le nez d'un ivrogne et les fesses bleu de ciel ; mais cet animal avait été envoyé des rives de l'Amazone au fameux oncle, et il jouissait des réclames du neveu, tandis que le mandrille insulté était au Muséum depuis la fondation. Sans patrons, regardé comme un orphelin, il était traité comme le sont trop souvent par une nouvelle mariée les enfants d'un premier lit.

Ayant compris ce manége, je ne m'arrêtai plus aux invectives que le professeur lançait contre les singes qui avaient été découverts par d'autres naturalistes que son oncle, et je leur fis une part égale dans ma curiosité et mes affections, qu'ils appartinssent au genre *troglodytes* ou au genre *semnopithèque*, *microcèbe* ou *callitriche*. Me dégageant des antipathies du naturaliste, je les enveloppai tous d'une même sympathie; ceux de Madagascar me plaisaient autant que ceux du Japon, ceux de l'Abyssinie autant que ceux des côtes de Malabar. Je commençais à prendre un vif intérêt au cours, émerveillé des traits d'intelligence que le professeur accordait aux singes : la comparaison de leur squelette avec le fameux squelette d'homme ricaneur qui se dressait près de la table du professeur me remplissait d'idées bizarres. Ne sommes-nous, pensais-je en m'en retournant, que des singes augmentés, un peu plus adroits, un peu plus embellis? Le professeur ne touchait cette corde qu'avec réserve; mais, en comparant les vieillards endormis de la rue Copeau aux animaux élégants, pleins de vie malgré l'empaillement, je trouvais l'homme quelquefois inférieur au singe, malgré les fameuses théories de l'angle facial. Un nègre menteur, pillard et voleur, est-il plutôt notre *frère* que ces singes? Telles étaient les réflexions qui se jouaient en moi à la sortie du cours et qui me poursuivaient dans la ville. Plus que singe quelquefois, moins que singe souvent, ainsi pensais-je en regardant les hommes attentivement et en essayant de lire les vices et les passions qui s'agitaient en eux.

Quelques naturalistes ont été très-audacieux et n'ont pas hésité à faire des animaux des *penseurs*. Je ne m'inquiétai pas d'approfondir les idées de ces savants, préférant m'en rapporter à moi-même; mais je me souviens que ces contemplations assidues de singes me tenaient l'esprit parfaitement sain et même porté à une certaine gaieté. Les mystères de la création ne se dissipaient pas malgré mes études, je n'entrevoyais aucun système nouveau à établir; mais j'étais heureux, quoique *le grand inconnu* restât toujours fermé à mon imagination. Les livres qui prétendent *dévoiler l'éternité*, ceux qui traitent de la *vie future* m'amusent extraordinairement rien que par le titre, car je n'en ouvris jamais et n'en ouvrirai de ma vie : ils sont bons tout au plus pour les esprits faibles qui veulent y puiser des motifs de conversation. La mort n'a rien de pénible pour ce qui est du résultat. N'est-ce pas la tranquillité absolue, le repos le plus complet? C'est l'avant-mort seule qui peut inspirer quelques craintes aux délicats, car trop souvent la nature a beaucoup de peine à détruire son propre ouvrage, et j'ai toujours pensé qu'il est fâcheux que le mécanisme si remarquable de l'homme ne se démonte pas avec autant de facilité qu'une montre tombée entre les mains d'un enfant curieux : à peine a-t-il touché à la première vis que tous ces rouages savants s'arrêtent et s'endorment. Il est fâcheux qu'il n'en soit pas ainsi de l'homme.

Je n'ai jamais autant pensé à l'autre vie qu'en revenant du cours des singes, et j'y pensais avec une philosophie parfaite. Que nous redescendions l'échelle des êtres après l'avoir grimpée lentement, qu'importe? Nous n'en savons rien, nous ne nous souvenons pas de l'avoir montée. Du moins *je* ne m'en souviens pas, car j'en connais qui prétendent avoir de vagues souvenances d'un certain passé; mais la nature humaine est si bizarre qu'en ces matières comme en beaucoup d'autres il ne faut juger que d'après soi. Libres sont ceux qui *croient* se souvenir; pour moi, je ne me souviens de rien, et je nie, autant que mes facultés me le permettent, *avoir été* avant d'être. Je n'ai pas grimpé les échelons de la chaîne des êtres : si je n'ai pas monté, est-il présumable que je descendrai? N'ayant pas eu d'existence antérieure, la logique me permet-elle de croire à l'existence postérieure ? Donc tranquillité parfaite avant la vie, et peut-être après la mort !

Toutes ces réflexions, je les communiquais dans leur désordre à un ami qui s'en amusait, ne prenait pas la peine de les discuter, et pouvait me donner à soupçonner que j'avais raison. Ce n'est pas que je tienne absolument à avoir raison; je pense ainsi, les autres pensent autrement, lui disais-je. Pourvu qu'ils soient bons dans la conversation et qu'ils m'évitent les taquineries de la discussion, je les laisse parfaitement tranquilles.

Au cours suivant, je remarquai trois dames qui, arrivant au milieu de la séance, troublèrent momentanément le cours. Il y avait peu de femmes aux leçons du professeur; jusqu'alors je n'avais guère remarqué que deux ou trois sous-maîtresses qui prenaient des notes. Il existe une longue barrière de bois qui forme un passage pour aller au bureau du professeur : cette barrière est parallèle à la façade du Muséum qui donne sur la grande cour du Jardin-des-Plantes; dans l'embrasure des fenêtres sont disposées des chaises qui jusqu'alors avaient été inoccupées. Les trois dames prirent place dans cet endroit réservé, séparé des auditeurs du cours par la barrière. La curiosité me poussa à regarder ces trois femmes qui s'isolaient ainsi des étudiants, et, quand les trois femmes furent assises, qu'elles eurent levé leur voile, je vis deux dames âgées et une jeune fille de dix-neuf ans à peu près. Ma curiosité avait été partagée par tout le reste de l'auditoire, car l'entrée des femmes dans les endroits savants inquiète généralement les hommes; mais, le premier moment passé, chacun se retourna vers le professeur, qui était en train d'expliquer les caractères particuliers de l'*hylobates funereus*, autrement dit gibbon en deuil. Il me venait trop souvent, malgré mon application, des idées étrangères à l'histoire naturelle : la figure du gibbon en deuil me faisait penser au masque noir d'Arlequin, et, une fois entré dans cet ordre d'analogie, je me demandai si le masque connu du personnage de pantomime n'avait pas pris naissance dans la contemplation des singes, faite par quelque acteur du passé ; mais comme ce mot d'*hylobates funereus* reparaissait souvent dans la bouche du savant professeur, je songeai aux dames qui venaient d'entrer, à leur inexpérience du latin, et je les pris en pitié, car les naturalistes sont hérissés de latin, comme des pharmaciens. Les cabinets d'histoire naturelle ressemblent par leurs étiquettes aux officines d'apothicaire : tout ce qui ne se termine pas en *yte*, en *thèque*, en *cèbe*, en *phale*, en *gale*, est écrit en un latin qui sans être des plus fins, est encore assez sauvage pour troubler l'entendement des ignorants. Le professeur avait la manie d'affubler ses singes de noms latins ; aussi attribuai-je ce titre de *gibbon en deuil* à une sorte de galanterie qui le poussa à saluer l'arrivée des trois dames. Un sage a eu raison de dire que la société des femmes rend les hommes plus polis ; peut-être, s'il y avait eu une forte majorité de femmes au cours, le naturaliste eût-il exilé à jamais le latin du Jardin-des-Plantes ; mais il n'y avait guère qu'une demi-douzaine de femmes au cours, dont cinq n'étaient ni jeunes ni jolies. C'eût été un hommage trop direct à la jeune fille qui venait d'entrer, que de parler tout à fait français.

Tout en suivant les mouvements agiles du gibbon en deuil, que le professeur présentait sous toutes ses faces, auquel il prenait amicalement la patte et qu'il flattait en le grattant sous le cou (l'*hylobates funereus* provenant de la succession de l'oncle), je n'en remarquai pas moins l'impression produite par son terrible nom scientifique sur la figure des dames nouvellement arrivées. — Voyons, pensais-je, comment elles supporteront les singes en latin. — Elles ne me parurent pas trop effrayées du nom de l'animal, la jeune fille même souriait en regardant le singe noir, qui avait à lui tout seul la mine d'un enterrement exaspéré, car il grinçait des dents. Le tamarin aux mains rousses (*midas rufimanus*) lui succéda : on eût dit un singe qui avait trempé ses pattes dans un pot de confitures et qui en conservait une mine pleine de joie. Autant son frère le croque-mort rugissait dans ses habits de deuil, autant celui-ci était gai comme un polisson qui a laissé tomber son pain dans un tonneau de mélasse à la porte d'un épicier. Mes idées précédentes furent un peu bouleversées. — « Non, le singe n'est pas ton frère, pensais-je en sortant. » — Ce nouveau raisonnement venait de la comparaison entre la jeune fille et les singes.

Un rayon de soleil semblait être entré dans le cours avec la jeune fille : elle illuminait tout d'un coup par sa présence toutes ces armoires vitrées remplies de *primates*. Combien maintenant les singes me semblaient loin de notre race en pensant au profil si fin de la jeune fille, à ses narines roses, à chacun de ses mouvements gracieux, qui me faisaient paraître plus brutales encore les saccades des singes! Les rentiers de la rue Copeau, avec leurs perruques, ressemblent volontiers au *sajou à toupet*, à l'*ouistiti à pinceaux noirs;* mais les bandeaux de la jeune fille, si lisses, dans lesquels se joue la lumière! mais ce duvet délicat des joues qu'on aperçoit grâce au jour de l'embrasure de la fenêtre! Je commençais à mépriser les singes. Ainsi va la raison humaine : toujours vacillante. La contradiction entre les actions de la veille et du lendemain pousse aussi facilement que les chardons dans un terrain non cultivé. Mon enthousiasme pour les singes s'était éteint subitement comme ces belles fusées de feu d'artifice que l'enfant admire tant qu'elles brillent, et qu'il oublie une seconde après qu'une nouvelle fusée est venue la remplacer. Hier je ne pensais qu'aux singes, aujourd'hui je songe seulement à la jeune fille.

Le cours avait lieu deux fois la semaine, le mardi et le samedi. Je passai trois jours pleins d'inquiétudes provoquées par les raisonnements suivants : « Reviendra-t-elle? N'était-elle pas entrée avec les dames qui l'accompagnaient en simples curieuses? Pourquoi reviendrait-elle? Elle n'a pas suivi les débuts du professeur. Elle n'y peut rien comprendre maintenant. » J'ai l'esprit tourné volontiers vers les choses pires, et le plus fâcheux vient de ce que je les rumine comme un cheval son avoine. Après tout, pensai-je en attachant une grosse pierre au cou de ces pensées, que m'importe une jeune fille jetée tout à coup au milieu de la science mammalogique? Je vais au Jardin-des-Plantes pour étudier les singes et non pour surprendre ce qui se passe dans la tête de femmes assistant à des dissertations sur les sciences naturelles.

Le samedi arriva, non sans se faire prier, long, fainéant, paresseux à remplir sa tâche. J'entrai dans le cours, où tout était comme à l'ordinaire, les singes dans les armoires, les rentiers de la rue Copeau autour du poêle, le professeur en habit noir. Instinctivement j'avais pris une chaise dans les environs de l'endroit réservé où s'étaient placées les dames à la séance précédente. Le professeur résumait la leçon du dernier mardi, mais je ne l'écoutais pas, prêtant l'oreille au bruit que faisait la porte s'ouvrant pour donner passage aux auditeurs attardés. Je tournais le dos à la porte, mais je me donnais l'inquiète jouissance de deviner, à la façon dont serait ouverte la porte, si le bouton de cuivre était tenu par des mains de femmes; aux grincemens du parquet j'entendrais leurs pas légers. Voilà bien des minuties, mais elles remplissaient mon esprit, et je les dis telles qu'elles se présentaient.

Enfin un certain frôlement m'annonça que les dames traversaient le couloir réservé : la jeune fille était au milieu des deux femmes âgées qui l'accompagnaient ; toutes trois prirent place, se débarrassèrent de leurs manchons, s'assirent commodément, et, chose que je n'oublierai jamais de ma vie, la jeune fille porta *ses* regards vers l'assemblée ; mais *son* regard tomba précisément sur moi et rencontra le *mien*. Je désespère de rendre le coup qui me fut porté dans tout l'être, les manœuvres de mon sang, l'émotion de ma physionomie, le léger tremblement délicieux qui s'empara de moi. Il faut réellement que des puissances mystérieuses planent au milieu des atomes de l'atmosphère.

pour aller chercher un regard inconnu, l'avertir, le mettre en campagne et produire ce choc des yeux qui amène des effets magnétiques, comme on en obtient dans les cabinets de physique. C'est alors que l'homme qui réfléchit se perd à vouloir analyser des faits qui dépassent son intelligence. Comment expliquer la rencontre de ce regard qui vint s'accrocher au mien? Comment a-t-il pu voler jusqu'à moi, perdu au milieu d'une centaine de spectateurs? Faut-il admettre que ma pensée, fortement tendue depuis trois jours vers une jeune fille, ait traversé l'espace et soit allée s'adresser à sa pensée comme ses yeux aux miens? Dois-je admettre une récompense de la part des puissances inconnues? Tout homme qui pense fortement à une femme trouve-t-il, à un moment donné, le salaire de la tension de son être? Et pourquoi la jeune fille m'a-t-elle remarqué, moi sans importance, sans beauté, sans rien qui attire le regard des femmes? Il faut que les yeux soient bien *beaux* en ce moment, fussent-ils médiocres dans les circonstances ordinaires. Je me rappelle maintenant un idiot de village, d'une laideur maladive : on me raconta qu'il regardait avec admiration une jeune paysanne. « Est-ce que tu l'aimes? lui demandai-je un jour. — Oh! oui... *dedans*. » Pendant cette simple réponse sa figure s'était transfigurée ; il était devenu un homme à cette pensée, l'*amour* lui rendait la raison momentanément. Tout homme peut devenir beau à son insu, s'il éprouve une passion réelle ; mes inquiétudes, le désir de la revoir s'étaient sans doute peints dans mes regards et avaient *frappé* la jeune fille.

Mais n'est-ce pas le hasard, pensais-je, qui m'a fait rencontrer ce beau regard si pur? Dès lors je la regardai fixement, laissant de côté le professeur et sa leçon. Je voulais un second regard ; il vint tout d'un coup confirmer le premier et chasser l'idée de hasard ; puis j'en obtins un troisième, un quatrième, et jusqu'à dix que je comptais lentement les uns après les autres, et qui étaient entrecoupés par l'attention que la jeune fille reportait de temps à autre sur le naturaliste. Il n'y avait pas moyen de s'y tromper : elle était tournée du côté du professeur, et pour rencontrer mes yeux elle avait besoin de se détourner. De la leçon je n'avais rien écouté ; je laissais de côté la mammalogie, pour m'occuper d'une autre branche de l'histoire naturelle : l'anatomie du cœur.

Le cours finit trop tôt, et je retrouvai à la sortie mon ami qui suivait avec attention l'histoire des singes et qui me fit quelques questions. « Je n'ai pas trouvé le professeur très clair, » lui répondis-je. Heureusement il avait consacré sa leçon à la comparaison de la race caucasique et de la race éthiopique, et, comme des systèmes avaient remplacé ce jour-là l'étude des faits, mon ami se méprit sur la faible attention que j'avais accordée au professeur.

Dès lors, adieu les leçons de mammalogie ; elles ne furent plus qu'un prétexte de rencontres, de regards et de contemplations. Un de mes plus grands bonheurs était de m'installer dans une longue galerie qui précède la salle des primates et d'y attendre l'arrivée des dames. Caché dans une embrasure, je pouvais les suivre par derrière sans que rien dénotât ma présence ; je les laissais entrer les premières, mesurant le temps qu'elles mettaient à parcourir la salle, à s'asseoir, et j'entrais immédiatement, certain d'être remarqué par la jeune fille. J'avais un intérêt à arriver le dernier : c'était d'éviter à la demoiselle le soin de me chercher au milieu de la foule, car dans cette embrasure de fenêtre elle était placée quelquefois de telle sorte que nous pouvions à peine nous regarder. Tantôt des dames étrangères se mettaient devant elles et la masquaient, tantôt j'étais assis derrière un étudiant de trop haute taille, ou bien des auditeurs qui tout à l'heure courbaient la tête sur leur papier la relevaient tout à coup, et je perdais ainsi de vue le frais visage de la jeune fille. Tracassé quelquefois par ces obstacles, j'écrivais sur mon carnet quelques mots de souvenirs, quelques notes pour l'avenir. Ainsi je retrouve aujourd'hui, à la place que devaient occuper des détails d'histoire naturelle, ces quelques lignes : « Maudit naturaliste ! Je ne vois plus qu'une boucle de cheveux ; il me la cache entièrement... Voilà dix grosses minutes de regards que je perds. » Il était arrivé ce jour-là un naturaliste allemand auquel le professeur de mammalogie avait fait les honneurs de son cours ; il était installé aux places réservées et s'étalait brutalement devant les dames, sans se soucier de la politesse ni du dommage qu'il me causait. Ce simple fait amena un détail comique. J'avais pour voisin un savant sérieux : j'entends par sérieux qu'il écoutait attentivement le professeur et qu'il prenait force notes ; mais il avait sans doute l'oreille dure, car de temps en temps il mettait une main derrière son oreille gauche pour empêcher que le son ne s'égarât dans la salle ; de l'autre main il écrivait vivement. « Monsieur, me dit-il en s'emparant de mon carnet, pardon ; je n'ai pas entendu. » Comme il m'avait vu écrire, il était en droit de croire que j'écoutais le professeur ; je le laissai faire. Il lut le fameux passage : *Maudit naturaliste !*

je ne vois plus qu'une boucle de cheveux, etc. Les sourcils de l'homme sérieux se froncèrent, le plus profond dédain s'établit sur ses lèvres, et il me rendit le carnet d'un air méprisant en me tournant brusquement le dos. J'ai dû passer pour fou aux yeux de ce brave homme, qui ne pouvait s'imaginer le peu de cas que je faisais de l'histoire naturelle et de ses enthousiastes.

Tout l'auditoire pouvait me prendre en pitié ; mais c'était moi qui avais pitié de ces pauvres savants. L'amour me rendait gai, jeune comme à dix-huit ans, souriant et heureux : tous ces gens qui prenaient des notes me semblaient des maniaques. A quoi bon la science ? Ils arrivaient grelottant, secouant la neige de leur chapeau d'un air de mauvaise humeur ; moi j'accourais au Jardin-des-Plantes comme en dansant. Ils emportaient quelques bribes d'observations plus ou moins justes ; je revenais avec d'autres regards dans les yeux. Le moindre détail de physionomie était plus précieux pour moi que tous les diamants de la couronne : un dix-millionnième de sourire me faisait entrevoir des paradis, car je dois dire que la jeune fille se laissait volontiers regarder sans baisser les yeux ni les détourner ; mais elle souriait rarement, ou c'était un sourire si atténué, qu'il ressemblait à un gramme d'arsenic que les homœopathes jettent dans une rivière, prétendant que la plus petite partie suffit pour produire son effet. Cependant je fis un pas le jour où le savant allemand me déroba presque tout à fait la vue de la jeune fille. Mécontent de ne l'avoir pas regardée à mon gré, je la suivis à la sortie du cours, et je me trouvai à dix pas d'elle pendant qu'elle descendait le petit escalier du pavillon. Sa figure se dérida légèrement, et je vis par là que mes poursuites ne la choquaient en rien.

Mon imagination trottait toujours pendant l'intervalle des leçons, trop rares, hélas! Deux séances d'une heure par semaine ne me suffisaient guère. Un lundi, je rencontrai une marchande de violettes; j'achetai tout l'éventaire, et je fourrai les bouquets dans mes poches avec l'intention d'en offrir à la jeune fille. Cela était difficile en présence des dames qui l'accompagnaient, du professeur et des cent auditeurs; mais j'avais un plan qui réussit à peu près. J'arrivai dans la salle des singes une demi-heure avant la leçon, et à la place qu'occupaient ordinairement les dames je remplis l'endroit de mes petits bouquets. J'en mis sur les chaises, sous les chaises, jusqu'aux pieds du squelette, qui n'était pas fort éloigné des dames. Pendant que je me livrais à ce jardinage, le préparateur apparut, portant dans ses bras un énorme *cercocèbe enfumé d'Afrique* qui, heureusement pour moi, n'était pas facile à manier. Je n'eus que le temps de me cacher sous le bureau du professeur, et là je réfléchis à quelles suites l'amour m'entraînait. Deux minutes plus tard, la foule arrivait; j'étais surpris par le naturaliste sous son bureau. Dieu sait comment j'aurais pu expliquer ma présence en pareil endroit. Je pus m'échapper pendant que le préparateur retournait à son magasin de singes.

Les dames arrivèrent comme à l'ordinaire, et je crus m'apercevoir que mon semis de violettes ne produisait pas tout l'effet que j'en attendais : cela me peina vivement. A peine le cours fini, je m'élançai dans l'escalier de sortie, traversai la cour et grimpai comme un lièvre le grand escalier qui conduit à la terrasse donnant sur l'hôpital de la Pitié. J'avais remarqué que les dames s'en allaient toujours par là. En haut de l'escalier, caché par des arbustes qui conservent leur verdure malgré l'hiver, je les observais ; elles traversèrent la cour, parurent se diriger ainsi que moi vers l'escalier, et tout à coup rebroussèrent chemin. La peur me prit d'avoir été découvert ; ces allures me le prouvaient. Je m'étais retourné imprudemment au milieu du grand escalier ; on m'avait vu, on essayait d'échapper à mes poursuites. Néanmoins, voulant connaître le dernier mot de la situation, je redescendis l'escalier d'un bond, et j'arrivai encore à temps dans l'avenue des tilleuls, certain que les deux dames, quoique suivant une autre route, sortiraient du Jardin-des-Plantes. Où elles demeuraient, c'est là ce que je voulais savoir. Je pris plus de précautions pour n'être pas vu. Après un certain nombre de détours, les dames arrivèrent à la rue des Boulangers, qui est une rue escarpée, comme il s'en rencontre beaucoup sur la montagne Sainte-Geneviève. J'avais le soin de me tenir sur le trottoir opposé, à une portée de pistolet, et je ne m'aventurais dans les rues nouvelles qu'en étudiant avec soin les angles et les grandes portes où je pouvais me blottir. La rue des Boulangers forme tout à coup un coude à angle droit qui me cacha les dames, et je grimpai la montée plus vivement qu'avec des ailes. A l'angle était une maison en réparation avec beaucoup d'échafaudages ; je me glissai au milieu des maçons, et mes observations furent couronnées de succès, car je vis les deux dames entrer dans une grande maison de la rue. Aussitôt la porte fermée sur elles, je courus au bienheureux numéro, que j'inscrivis sur mon carnet, et je trouvai mon bonheur si grand que je n'en dormis pas.

La maison au numéro 24 était réellement une maison

d'amoureux, noire, tranquille, vieille, d'apparence quasi abandonnée, et des grillages à toutes les fenêtres. Une vieille porte, qui ne semblait jamais s'ouvrir, était tout à la fois respectable et menaçante, surtout par un petit guichet de fer pratiqué dans le milieu d'un des battants, et qui sentait la province défiante d'une lieue. Ce guichet n'indiquait-il pas qu'on n'ouvrait du dedans qu'avec la plus grande précaution, et qu'on reconnaissait la physionomie des gens avant de leur donner entrée? Il y avait quelque chose de claustral dans les murs humides en mauvais état, dans une petite porte bâtarde abandonnée qui sentait le moisi, et dans certains barreaux de fer rouillé qui se distinguaient à certaines fenêtres. On devait être bien enfermé dans cette maison, aussi triste que les plus tristes maisons de la rue des Postes, de la rue des Poules, qui semblent des déserts à deux pas du mouvement bruyant du quartier latin. La maison me plut, car elle concordait avec l'esprit d'aventure qui me tenait; une racine de plus s'accrocha en moi, et certainement l'aspect de cette vétusté y contribua beaucoup plus que si les dames étaient entrées dans une maison neuve et pimpante. Je n'étais plus dans Paris, mais dans une vieille ville de province : avec les idées que je me bâtis sur tout ce qui entoure les individus, l'auréole de la jeune fille s'enrichit de nouveaux rayons.

Le samedi qui suivit, j'achetai encore des violettes, mais seulement trois bouquets, destinés à éclaircir la situation : j'avais calculé la distance qui sépare le Jardin-des-Plantes de la rue des Boulangers ; les dames arrivaient ordinairement à deux heures cinq minutes. A une heure quarante-cinq minutes, je me trouvai à leur porte, et dans ce vilain petit guichet de fer maussade je plantai un de mes bouquets. Le second était à ma boutonnière, m'envoyant ses pâles senteurs d'hiver. Malgré tout, l'odeur m'enivrait comme une personne dont tout le système nerveux est fortement développé.

Cette fois je me plaçai avant les dames au milieu des spectateurs, et j'attendis impatiemment leur arrivée, car il pouvait se faire qu'elles ne vinssent pas, la neige tombant avec rigueur ; mais la Providence protége les amoureux : je ne tardai pas à rencontrer, comme d'habitude, les yeux de la jeune fille, m'appliquant à y chercher la trace des violettes du guichet. Je raisonnai ainsi : en sortant de chez elles par la neige et le froid, les dames ont dû remarquer ce bouquet de violettes planté dans le guichet et s'en sont inquiétées. Si les femmes âgées n'y comprennent rien, il n'en sera pas ainsi pour la jeune fille, qui doit s'attendre à mes poursuites ; le rapprochement de ce bouquet planté dans un guichet avec les violettes semées dans le cours ne peut lui laisser aucun doute. Et, pour pousser plus loin le symbole, j'affectai pendant le cours de respirer souvent le bouquet de violettes que j'avais conservé. Je m'attendais à un sourire qui me dirait : *Je vous comprends !* mais les traits de la demoiselle restèrent calmes et comme ignorants de tous mes bouquets. Cependant elle ne put s'empêcher de voir celui que je tenais à la main ; j'avais la volonté de le lui faire parvenir, et je renouvelai ma précédente tentative, c'est-à-dire que, mesurant avec habileté ma sortie du cours, j'arrivai à toutes jambes à la porte de la vieille maison de la rue des Boulangers, où je plantai de nouveau mon bouquet dans le guichet. Si elle ne l'a pas vu en sortant, pensais-je, il est impossible qu'elle ne l'aperçoive pas en rentrant.

Hélas! quand je songe à ce beau temps passé, je ne puis m'empêcher de sourire mélancoliquement. Ces joies émouvantes sont trop courtes, elles devraient durer toujours. Je retrouvai mon ami, qui s'écria : « Ah! Josquin! Josquin! » Je ne pus m'empêcher de rire en regardant sa figure sérieuse. Il m'avoua qu'il avait suivi tous mes gestes à la précédente leçon, qu'il en avait étudié la direction, et que jamais un homme ne s'était démené comme moi dans un endroit public. Il est vrai que, par la position des spectateurs qui m'environnaient, j'étais obligé de me hausser sur ma chaise, de me pencher tantôt à droite, tantôt à gauche, pour rencontrer les regards de la jeune fille, et que ces manéges se renouvelaient peut-être vingt fois en cinq minutes. Son profil m'apparaissait de temps en temps au milieu des singes, à travers les os du squelette ; le moindre mouvement de mes voisins faisait que je la perdais de vue ; elle-même d'ailleurs était tenue à une certaine prudence, afin de n'être pas remarquée par les dames qui l'entouraient et par les auditeurs du cours. Elle écoutait alors le professeur en m'envoyant un regard qui prenait d'autant plus de charme qu'il était difficile à donner. Elle ne devait guère devenir plus savante que moi en histoire naturelle, car elle avait certainement des sensations trop semblables aux miennes pour pouvoir entendre la parole du naturaliste. Je la plaignais intérieurement et je m'accusais du trouble que je lui causais.

Elle était sans doute dans quelque institution du quartier. Que viendrait-elle faire au Jardin-des-Plantes à une pareille époque, si la science ne l'y conduisait? Elle avait un petit costume dont la simplicité annonçait une condition médiocre : une sorte de manteau de soie à double collet, un chapeau brun et un manchon. Des deux dames qui l'accompagnaient, l'une avait les cheveux gris tirant sur le blanc, une figure ridée, sévère, portant des traces de chagrin ; l'autre était plus jeune, la figure rouge, les cheveux blonds, flottant dans les environs de la quarantaine. Quelles étaient ces dames? C'est ce qui occupait mon imagination. Dans l'une, la sévère, je voyais une mère; dans l'autre, la blonde, une tante. Une mère! une tante! personnages bien sérieux en pareille matière! Jusqu'alors elles ne semblaient avoir rien vu de mes empressements; un de mes regards seulement avait rencontré le regard de la dame sévère, mais j'avais feint aussitôt de contempler le squelette voisin. Aucune de ces trois personnes ne prenait de notes, d'où je conclus qu'elles venaient au Jardin-des-Plantes plutôt par passe-temps que dans un intérêt scientifique. Il n'en devait pas moins résulter de temps en temps, à la sortie du cours, quelques causeries sur les sujets curieux que le professeur avait expliqués, et la demoiselle était certainement fort embarrassée de répondre.

C'est une grande occupation pour l'esprit qu'un amour qui débute, si j'en juge par ce qui se passait en moi. Je ne prenais plus aucun intérêt à ce qui pouvait m'arriver en dehors du Jardin-des-Plantes. Grêle et malheurs pouvaient fondre sur moi sans m'atteindre ; rien du mouvement de Paris ne me semblait curieux, ni les passans, ni les tableaux, ni les livres, ni la musique ; je n'étais occupé qu'à me considérer moi-même ; je m'intéressais infiniment au spectacle de mes propres actions. Il semble que dans ces cas particuliers l'homme se dédouble pour former deux individus parfaitement distincts : l'un raisonnable, l'autre fou; l'un qui agit sans réfléchir, l'autre qui observe ; l'un qui s'élance à travers toutes sortes de folles entreprises, l'autre qui en sourit et s'en amuse. Aucun spectacle n'aurait pu me distraire comme le spectacle de mes actions ou de mes pensées. On eût dit que j'assistais à la passion d'un être tout à fait étranger. Quand les regards se croisaient dans le cours, j'en souriais comme si j'avais surpris les amours d'un de mes voisins avec cette jeune fille. L'histoire des violettes m'intéressa autant que ces débuts d'anciens ballets où le berger vient discrètement, au lever de l'aurore, jouer un air de musette sous les fenêtres de sa belle et déposer sur le banc de gazon un bouquet de fleurs sauvages. C'est ce qui explique comment des hommes d'apparence médiocrement aimables, qui semblent préoccupés de matières graves, qui ont dépassé la seconde jeunesse, ont conservé en dedans un cœur jeune qu'il est impossible de soupçonner. J'arrivai même à me moquer de moi, et je fis mentalement un morceau sarcastique sur les lunettes, que beaucoup d'auteurs humoristes sauraient placer à l'occasion. J'ai le malheur de ne pas voir de très-loin, ce qui amène dans la vie beaucoup de désagréments. Ne pas saluer des gens qu'on connaît, froncer le sourcil devant des étrangers, cligner de l'œil sous leur nez, être embarrassé dans un salon où l'on ne reconnaît personne dès l'abord, ce sont là les moindres désagréments de la vue basse ; mais la myopie en amour ! Qui pourrait détailler par quelle série de petites infortunes on passe ? Sans compter que cette armature d'acier sur le nez, que ces verres brillants contribuent à chasser l'air sentimental! *Ses yeux étaient protégés par le cristal*, a dit un poëte ami, de la métaphore. Les jolis jeunes gens, aux yeux fendus en amandes, qui n'ont qu'à abaisser leurs paupières pour enflammer le cœur des femmes, ne sauraient comprendre le ridicule dont se sent convaincu tout homme myope. Un mot provincial décore cette infirmité du titre de *vue tendre*, mais le regard n'est guère susceptible de *tendresse* derrière ces cristaux éblouissants qui semblent toujours destinés à cacher le fond de la pensée. Quoique myope, je me défie des gens myopes : leurs yeux me paraissent protégés par des fortifications; les branches de lunettes me paraissent les chaînes de pont-levis pendant au dehors, qui laissent un fossé entre l'assaillant et l'assailli. Il n'y a pas égalité entre l'homme à lunettes et l'homme sans lunettes ; le premier a trop d'avantages sur le second : il voit les yeux de son interlocuteur, lui cache les siens, et le désavantage est aussi grand que si, revêtu d'une armure, il avait à combattre un ennemi sans armure. Les lunettes sont si peu naturelles qu'un officier de marine, qui s'était trop avancé dans une île sauvage, fut tout à coup environné par la peuplade, battu, terrassé et dépouillé de ses vêtements. Les sauvages le laissèrent entièrement nu, sauf une paire de besicles d'or qu'ils abandonnèrent sur le nez du marin, prenant cet intsrument pour une bizarrerie de la nature. Ces esprits vierges n'avaient-ils pas raison? La civilisation seule a pu nous habituer à cacher nos yeux derrière des carreaux, comme le disent les ouvriers pleins de mépris pour les gens à lunettes. Je ne me rappelle plus quel petit prince d'Allemagne rendit un décret par lequel il défendait aux étudiants de porter à l'avenir des lunettes. Malgré le chagrin que me causaient ces instruments sur le nez, la jeune fille ne m'en regardait pas d'un plus mauvais œil ; mais j'aurais donné volontiers quelques années de mon existence pour la voir naturellement.

Maintenant je la suivais à quelques pas quand elle sortait en compagnie des deux dames ; je n'y mettais plus d'insistance, sachant où elle demeurait ; mais j'eusse été heureux de lui parler ! Cela était difficile en la compagnie où elle se trouvait ; je me contentais de la regarder de loin monter les marches du grand escalier de la terrasse. Un jour elle vint au cours en compagnie seulement de la dame blonde, que je supposais sa tante : la plus sévère des deux dames était absente. Nos regards continuèrent à se croiser, comme d'habitude, au-dessus de la tête des amis de l'histoire naturelle. Je la reconduisis, ainsi qu'il m'arrivait depuis quelques séances, c'est-à-dire que je me tenais à dix pas d'elle, et qu'arrivée au bas de l'escalier du Muséum, elle me faisait un petit sourire amical. Elle traversa la grande cour, suivant son habitude, en donnant le bras à la dame blonde ; mais, ce qui n'était jamais arrivé, à peine à moitié du grand escalier elle se retourna une fois, puis une autre, puis encore, semblant me dire : *Venez donc!* Était-ce là l'interprétation à donner à sa physionomie ? Jouissait-elle de plus de liberté en l'absence de la dame sévère habillée de noir ? J'étais en ce moment dans l'avenue des tilleuls, le corps en avant comme si une force inconnue me poussait vers elle ; mais une autre puissance mystérieuse me clouait les pieds au sol : je ne pouvais ni reculer ni avancer. Mes bras furent plus hardis que mes jambes, du moins mon bras droit, qui se chargea de retirer mon chapeau et de le secouer dans la direction de la jeune fille. Trois faits se passèrent ainsi en un seul instant : mon ami qui me regardait saluer sans connaître où les saluts s'adressaient, — l'action de saluer, — et la dame blonde qui se retourna à un imperceptible coup de coude que lui donna la jeune fille. Telle fut la position qui m'a le plus embarrassé de ma vie : la dame blonde m'avait vu; elle était prévenue; elle était donc la confidente; si elle recevait de pareilles confidences, sans doute elle n'était pas la tante de la jeune fille, une amie tout au plus. Je pouvais donc traverser la cour, grimper l'escalier, me présenter aux dames, parler... Je ne le fis pas, et j'en aurai un éternel remords! — Eh bien! Josquin? me demanda mon ami, frappé sans doute de l'émotion extraordinaire qui me tenait; mais je ne lui répondis pas, fis la grimace, mécontent de moi-même et désireux de rester seul avec mes pensées.

Déplorable timidité! déplorables lunettes! Combien je vous maudissais, car ces cristaux extérieurs ne sont que le résultat d'une manière d'être intérieure. Si je ne portais pas de lunettes, je ne serais pas timide : les yeux portent la peine du caractère, du moins un disciple de Gall l'a-t-il annoncé, non sans raison. Myopie, front partagé par une ride horizontale : signes de ruse et de timidité. Ma ruse, hélas! courait les champs, mais ma timidité me garrottait. Le bon sens me disait : *Cours, il est encore temps!* Et je restais à la même place.

Combien de minutes je restai sous les tilleuls sans feuilles, c'est ce que j'ignore; le froid seulement vint me prévenir que j'étais exposé à la neige; autrement j'aurais pu songer encore longtemps à de belles et éloquentes paroles qui sortaient de ma bouche comme les pierreries de la bouche des fées. Il était inutile de discourir, maintenant que la jeune fille et sa compagne avaient disparu! Honteux de ma faiblesse, honteux de mes actions, je ne me souvenais que des mouvements de la jeune fille, qui avait pris la peine de se retourner trois fois pour m'inviter à venir lui parler, et je me sentais plein de dépit. A mesure que mon émotion disparaissait, il m'était donné de voir plus clair : ce petit coup de coude qui avait fait retourner la dame blonde, et qui m'avait tant effrayé, m'indiquait son rôle de confidente. La jeune fille lui avait tout conté : un jeune homme ne la quittait pas des yeux, la suivait à la sortie, accrochait des bouquets de violettes dans le guichet. Il fallait en savoir davantage; on avait écarté adroitement la dame sévère afin de permettre au galant de venir expliquer ses intentions. Mais le galant s'était bien mal conduit! J'eus des angoisses de remords pendant deux jours; je serais devenu très-malheureux, si la ruse n'était venue à mon secours. Elle me fit envisager que la situation était encore possible, si j'osais continuer d'une façon plus sérieuse. Les amoureux ont une grande foi dans l'encrier. Je vais lui écrire, pensai-je en me demandant, non sans effroi, par quelle espèce de poste ma lettre arriverait. J'écrivis toujours; j'avais la tête pleine de souvenirs, ma plume courait sans s'arrêter. Je laissai dormir l'écriture afin de la relire à mon réveil, et j'avoue que j'en fus médiocrement satisfait. L'amour ne s'y peignait peut-être pas assez à chaque ligne, et il me vint cette réflexion : cette jeune fille ne te paraîtrait-elle si séduisante que par une sorte de contraste? Le lieu où tu l'as rencontrée, les vieillards de la rue Copeau, les singes dans les armoires ne jouent-ils pas un trop grand rôle dans cette passion? Mais je chassai bien loin ces idées, trop heureux d'être amoureux ou de me croire amoureux, et, quoique ma déclaration me parût assez froide, je la remis au net sans chercher à y jeter quelques flammes. Il ne faut jamais jouer avec le cœur ni le faire mentir : qu'il se montre dans sa nudité, ardent ou froid, il trouvera toujours un autre cœur pour le comprendre ; mais faire des phrases, emprunter des mots au grand dictionnaire de la passion, c'est se préparer des tourments qui n'existent pas avec la sincérité. Pour se servir de pensées brûlantes qu'on ne ressent pas, autant alors acheter de ces papiers, employés par les amoureux de village, où sont dessinés en tête des cœurs transpercés de flèches et coloriés grossièrement. J'écrivis une lettre aimable, d'un amour qui frisait l'amical, et je fus récompensé de ma loyauté par une inspiration qui vint peu après. Je me dis qu'il fallait prévenir la jeune fille que j'étais porteur d'un billet, et, si elle avait seulement le demi-quart d'intelligence que possèdent les femmes en pareille matière, ma lettre arriverait. Pour cela, j'introduisis le billet dans une grande enveloppe de la taille des suppliques aux puissances, et j'appliquai mon industrie à dessiner un beau rond de cire rouge, très-large et très-voyant. J'étais plein d'émotions en allant au cours, chargé de ce billet ; car la situation commençait à devenir significative ; j'entrais de plain-pied dans une intrigue compliquée ; peut-être ma hardiesse blesserait-elle la jeune fille.

Depuis longtemps je ne me servais guère de mon carnet : je me souciais bien de l'enseignement du professeur ! Il eût pu réunir la poésie positive de Geoffroy-Saint-Hilaire et les aspirations scientifiques de Gœthe, que mes oreilles n'eussent pas été moins fermées à son discours : aussi mon carnet ne renfermait-il que des dates heureuses avec quelques notes de souvenirs, incompréhensibles pour quiconque l'eût trouvé. Voici le moyen que j'employai : j'eus l'air d'écouter attentivement le naturaliste, de prendre des notes, et je tenais mon carnet assez élevé pour que la jeune fille le remarquât. Avec la grande enveloppe appliquée contre le dos du carnet, il était impossible que le large cachet de cire rouge ne fût pas aperçu. J'y allai d'abord avec précaution pour accoutumer la jeune fille à cette idée et ne pas la choquer, car si quelque contrariété eût paru sur sa figure, je retirais ma lettre, qui pouvait paraître un chiffon quelconque ; mais les traits de la demoiselle ne changèrent pas en apercevant un coin du fameux cachet rouge. Cette opération ne se fit pas sans quelque difficulté, à cause de la dame blonde, qui me regardait de temps en temps : il ne faut pas oublier que l'autre dame sévère, qui s'était absentée à la leçon précédente, avait reparu. Comment ferai-je jamais parvenir cette lettre ? me demandais-je. S'il en avait été temps encore, je serais entré chez le premier fripier venu : une vieille houppelande, un bonnet de soie noire, d'immenses lunettes d'argent, les moustaches coupées, quelques rides dessinées sur la figure, m'eussent permis de m'approcher tout contre la barrière qui séparait les dames du commun des auditeurs, et il m'eût été facile de glisser ma lettre. Cette comédie manquée m'amusa presqu'autant que si je l'avais exécutée. Est-ce là de l'amour ? Je n'en sais rien ; seulement je trouve qu'on ne se sert plus aujourd'hui assez des expédients. C'est bientôt dit : *je vous aime*, à une femme ; mais un surnumérariat plus ou moins prolongé, pendant lequel des rivaux donneraient preuve de plaisantes imaginations, ferait mon bonheur. Que de beaux souvenirs on amasserait de côté et d'autre, et comme il serait joli d'égrener ces souvenirs pendant les jours de pluie ! Mais je n'avais pas la ressource d'un déguisement, ma lettre avait été entrevue, je regardais avec terreur les aiguilles de la pendule qui annonçaient la fin du cours ; pour plus de certitude, je haussai de nouveau mon carnet aussi haut qu'il me fut possible, et je fis briller le grand cachet rouge dans toute sa largeur.

Le professeur se leva, les habitués également ; les dames avaient l'habitude d'attendre que le gros de la foule fût écoulé. Je m'approchai des armoires vitrées et fis mine de regarder les singes ; mais j'avais soin de ne pas perdre de vue la jeune fille : quoique lui tournant le dos, je calculai le temps qu'elle mettrait à arriver à la porte. Heureusement elle m'avait compris : la barrière de bois, formant un boyau assez étroit, ne pouvait livrer place qu'à une seule personne de front. La demoiselle s'était arrangée pour laisser passer les deux dames devant elle et les suivre ; quoique fortement ému, un détail me frappa : un manchon dans lequel reposaient ses deux mains. J'arrivai près d'elle, et je fourrai brusquement ma lettre dans le manchon...

Il est bien possible que quelques goutteux qui partaient les derniers aient vu ce mouvement, mais ils ne pouvaient lire ce qui se passait au dedans de moi. La sensation était d'autant plus délicieuse qu'il me sembla qu'on ne me laissait pas faire tout, c'est-à-dire que les petites mains de la demoiselle s'emparèrent de la lettre aussi rapidement que je l'avais jetée dans cette singulière boîte. Je ne suivis pas les dames ce jour-là ; j'avais à suivre mes pensées rayonnantes. Une grande fête se donnait en mon intérieur, bal et musique : ce sont de rares journées complétement heureuses dont il faut profiter ; en un moment disparaissent toutes les amertumes de la vie, une douce joie parcourt tout le corps ; la chenille qui devient papillon ne doit pas être plus heureuse. Vraiment il semble que l'homme change de peau et rêvet une nouvelle enveloppe, comme ce savetier des contes arabes qui, étendu ivre-mort dans un ruisseau, se retrouva le lendemain sur un trône, couvert d'habits d'empereur. En ce moment on accomplirait les plus difficiles entreprises, on triompherait des plus méchantes intentions ; l'assurance que l'amour donne à l'homme et qui le transfigure fait qu'il pourrait convaincre ceux qui l'entourent des projets les plus audacieux. Dire comment se passèrent les quelques jours qui me séparaient de la jeune fille est impossible ; je voyais la vie et la société à travers un prisme où tout me semblait gai, jeune et beau.

Je ne sais quelle sotte timidité m'empêcha d'aller au cours suivant ; je craignais de voir pâlir les premiers rayons de mon bonheur naissant ; j'avais peur de ma hardiesse, et je ne me rendis pas au Jardin-des-Plantes. Le lendemain, mon ami vint me voir. — *On* t'a bien cherché, me dit-il, mardi dernier au cours. — Vraiment? dis-je en jouant une certaine indifférence. — Vingt fois pendant le cours on s'est retourné pour te chercher ; il en a été de même à la sortie ; on paraissait inquiet. — C'est bien, dis-je. — Tu sais, Josquin, que le cours va être suspendu? — Est-il possible?

m'écriai-je, en sentant le sang qui se retirait de mon cœur.
— Seulement une quinzaine, à cause des fêtes du jour de l'an. — Tu m'as fait une peur! — Du 10 janvier il reprendra jusqu'au 15 mars. — A la bonne heure.

Cette conversation donna des ailes à ma plume; je me hâtai d'écrire une seconde lettre, emporté en même temps par la joie de ces fraîches nouvelles et par la crainte d'être séparé momentanément de la jeune fille. Je dépouillai l'anonyme, signai de mon nom et traçai mon adresse, en engageant la demoiselle à me répondre. Je traçai ainsi de nouvelles parallèles, comme on dit en style de guerre. Ma lettre me parut un peu plus amoureuse que la première; je ne me rappelle guère quelle en était la forme, mais le fond me toucha réellement, comme si j'avais été la demoiselle elle-même et que j'eusse reçu une déclaration. — « Bien, mon cœur, pensai-je; je te croyais sec comme une vieille momie d'Égypte, je te retrouve tout neuf. » Le renouveau de mon cœur me fit sourire doucement, car après le dernier siége qu'il avait subi un an auparavant, siége long et cruel, il n'avait plus donné signe de vie. A cette heure, au contraire, il ressemblait à ces beaux cœurs d'or qui brillent à l'étalage des bijoutiers, il rayonnait, et je ne retrouvais plus le cœur saignant, percé de coups d'épée, tel qu'il se voit dans les images pieuses.

Je n'avais plus autant d'invention à dépenser, je renouvelai ma grande enveloppe officielle, l'immense cachet rouge, et je rêvai à la boîte aux lettres qui m'attendait à la sortie du cours. L'avouerai-je? le manchon déposé sur une chaise près de la demoiselle attira presque toute mon attention; j'aimai ce manchon propice, qui, avec sa physionomie d'ours, se prêtait d'une façon si bienveillante à mes manœuvres. La gueule de soie rose, constamment entr'ouverte, semblait inviter ma main à y rejoindre une autre petite main s'y dérobant à l'hiver. Si j'avais été poëte, j'aurai composé une jolie ode au manchon, dans le goût de ces poésies du xviiie siècle que nous ont laissées les abbés de boudoir. — Messieurs, dit le professeur d'un air grave à l'ouverture de la séance, j'ai reçu une lettre... — En entendant ces mots je pâlis, car il me semblait que tout le monde avait les yeux sur moi, que la dame sévère s'était plainte de ma correspondance, que le naturaliste avait découvert l'intrigue qui se passait dans la salle des primates, que peut-être j'avais été dénoncé par de curieux et jaloux vieillards ; mais je me rassurai en voyant la jeune fille sourire, sans doute de ma mine. Il s'agissait de la *fameuse question de l'arrêt de développement*, qui avait soulevé quelques scrupules dans l'esprit d'un auditeur timide. Effrayé à l'idée que l'homme n'était qu'un animal un peu plus complet que les autres, il voulait mettre sa conscience en paix et suppliait le professeur de s'expliquer positivement sur ce chef. A mon tour je ris de la naïveté de ce curieux, qui s'imaginait que le naturaliste allait mettre à nu ses pensées intimes, pensées matérialistes qui le lendemain l'eussent fait chasser de sa chaire. En effet le professeur louvoya, prit un langage philosophique habillé d'une langue incompréhensible ; l'homme à *l'arrêt de développement*, sans être plus avancé, fut heureux seulement d'avoir prouvé qu'il écoutait le naturaliste, et celui-ci fut tout fier de trouver enfin un auditeur sérieux.

Pour moi, il n'y avait pas *arrêt de développement* en amour ;

je le prouvai à la sortie, quand, renouvelant mon manége précédent, je m'avançai près de la jeune fille pour lui remettre ma lettre. Cependant j'étais ému comme si ma destinée dépendait de cette missive ; mon émotion fit que je plongeai dans la gueule rose du manchon avec si peu d'habileté qu'au moment où ma main y était encore, la dame blonde se retourna et dût apercevoir mon mouvement. Je reculai brusquement sans savoir ce que je faisais : un voile épais descendit sur mes yeux ; je devais pâlir, rougir tout à la fois. Inquiet, éperdu, je m'élançai dans les galeries d'ichthyologie qui font suite aux sarcasmes des singes, et l'aspect moins satirique des gros poissons pendus au plafond me rendit seulement la tranquillité. Mes tempes et mes artères battaient, mon front était mouillé, je respirais difficilement ; je m'approchai de la fenêtre qui donne sur la cour pour prendre un peu d'air ; alors j'aperçus la cour déserte ; les plus vieux des habitués avaient disparu ; seules restaient les trois dames qui s'éloignaient lentement, je devrais dire les deux dames, car la jeune demoiselle était seule à dix pas derrière elles et se retournait vers la porte de sortie comme pour m'attendre. Un frisson me passa par tout le corps : elle veut me rendre ma lettre ; elle aura été surprise par son amie ou sa parente, la dame blonde. Pour se disculper, elle se sera plainte des poursuites d'un audacieux étudiant (je peux encore passer pour un étudiant), et il lui aura été ordonné de me rendre ma lettre. Craignant d'être vu à la fenêtre, je me rejetai vivement vers les armoires où des poissons en bouteilles nagent pour l'éternité dans une huile jaunâtre, et je me dis : Il ne faut pas descendre. — Plein de précaution, je hasardai un œil timide ; les dames s'éloignaient avec une lenteur pleine de mauvais augure : toujours *elle* m'attendait, retournant la tête vers la petite porte du cours, mais je n'avais garde de me montrer. Elle a la lettre, elle la gardera. Quelle humiliation pour moi que de me rencontrer avec la demoiselle et d'entendre sa voix altérée : — « Monsieur, je vous prie de ne pas me compromettre plus longtemps ! » En même temps elle me tend l'enveloppe ministérielle ; je suis en face d'elle, stupéfait, ne trouvant pas un mot à répondre ; les deux dames âgées m'observent, elles me quittent, et je reste au milieu de la cour, tenant mon morceau d'éloquence avec son grand cachet de cire rouge. Pour rien au monde je n'aurais voulu subir cette honteuse situation. Un roué s'en tirerait peut-être ; je ne suis pas roué, ne veux et ne saurais le de- devenir. Cependant, au milieu des fioles à poissons, je jouai le rôle de Lovelace. Saluer les trois dames, s'avancer vers elles, leur faire quelques compliments, juger à leur voix du degré d'indignation qui les tient, toucher un mot de la vive affection qu'on porte à la jeune demoiselle, témoigner des sentiments honnêtes et purs, reconduire les dames jusque chez elles, demander la faveur d'être reçu dans la maison !... Pour conclusion, j'entrevoyais un notaire rédigeant un contrat et tenant une grosse plume : — Veuillez prendre la peine de signer, monsieur... A votre tour, mademoiselle.

Oui, dans le lointain apparaissait un notaire à lunettes d'or, qui dénouait cette fantaisie. Pauvre Josquin ! pensais-je ; pourquoi faut-il que la civilisation n'ait pas d'autre honnête moyen que celui du vaudeville : le mariage ? Une voix me souffla : la demoiselle s'est éprise bien vite ; elle a lancé des regards bien légers dès la première fois. Est-elle digne véritablement d'une union que rien ne saurait casser? Que représentais-tu à ce cours? — Un étudiant. — Un étudiant ne se marie pas. Une jeune fille qui envoie pendant deux mois des regards à un étudiant est une jeune fille trop avancée. Pense à ta liberté, Josquin, à ton indépendance; prends garde à la grande plume du notaire!

Un mois après, j'en étais encore à ces réflexions, que je faisais entouré de tisanes et de drogues. La mort s'était assise auprès de mon lit, attendant sa proie, et m'avait trouvé sans doute trop misérable pour m'emporter. Je ne me doutais pas quelle vilaine garde-malade était restée un si long temps auprès de moi ; j'ignorais les violentes secousses par lesquelles j'avais passé : pendant trente jours je n'eus aucune conscience des tentatives que la mort se permettait vis-à-vis de moi. N'est-ce que cela la mort? Si elle agit toujours ainsi aux derniers moments, elle est peu à craindre, et il a fallu des esprits craintifs bien attachés à la vie pour la symboliser d'une manière si lugubre. Bien des fois ceux qui ont pu m'observer pendant le sommeil m'ont dit les violents soubresauts qui m'agitaient, les singulières paroles qui s'échappaient la nuit de ma bouche; au réveil, je ne me souvenais pas de mes agitations et de mes monologues nocturnes. Il en était de même de la mort : pour ceux qui m'entouraient, j'avais souffert énormément trente jours durant, mais je n'en avais pas conscience. Souffrir sans le savoir n'est pas souffrir. J'en veux à la mort de n'avoir pas parachevé sa besogne, en supposant toujours qu'elle y mît la même discrétion, car elle reviendra un jour ou l'autre, que ce soit demain ou plus tard, peu importe, et elle ne se montrera pas toujours aussi réservée. N'est-ce que cela la mort? Parole imprudente peut-être! Au début de la jeunesse, je me rappelle avoir dit aussi : N'est-ce que cela l'amour? Hélas! peu après je sentis cruellement la place que cette misère tenait dans la vie, les tourments et les félicités qu'elle traîne après soi. Et, pénétré de crainte, je n'ose plus répéter : N'est-ce que cela l'amour? Chaque chose demande son apprentissage. On ne se rend compte des difficultés du violon qu'après avoir promené longtemps ses doigts sur les cordes. L'homme qui achète une flûte par passe-temps et qui souffle assez facilement un petit air dès les premiers jours est effrayé quand, ayant étudié la portée de l'instrument, il en juge les ressources et les difficultés. Je crains qu'il n'en soit ainsi de la mort : il est fort pénible d'en essayer une seconde, une troisième fois ; à chaque nouvelle visite, j'ai peur qu'elle ne se montre plus rigoureuse et qu'elle ne verse avec trop de complaisance ses philtres noirs, qui sont le coup de l'étrier pour la longue course aux pays nouveaux.

Ses tentatives m'avaient rendu bien faible et mis tout à l'envers : le corps de l'homme ressemble alors à ces appartements dans lesquels des voleurs se sont introduits, faisant des paquets de l'argenterie, des meubles, des lingeries, des vêtements. Arrive une surprise ; les voleurs fuient en laissant les paquets au milieu des chambres. Quand le propriétaire rentre, sa confusion est grande de trouver sa maison en désordre, les meubles renversés, les armoires ouvertes, et tout le butin au milieu de l'appartement. Malgré ce désordre, la première idée qui me vint au cerveau fut : *la demoiselle, le cours.* — Quelle date? demandai-je aux personnes qui me soignaient. — 25 janvier aujourd'hui. — Quand pourrai-je me lever? — Dans une quinzaine. — Quand pourrai-je sortir? — Aux premiers soleils. — Toutes ces questions se rattachaient au Jardin-des-Plantes, car je me souvenais qu'à sa dernière leçon le professeur avait annoncé qu'il terminerait son cours du 10 au 15 mars. J'étais bien faible; l'hiver était rude. La convalescence fut longue. Descendre du lit pour m'asseoir dans un fauteuil était une rude besogne, mais j'avais un souvenir qui me poussait à apprendre à marcher de nouveau : je veux la revoir encore! Quelquefois, dans mon lit, je suivais en imagination le cours. Que s'y passe-t-il? M'attend-elle? me cherche-t-elle? Que pense-t-elle de ne plus me revoir après cette lettre surprise? Et je retombais dans l'accablement, car elle ne répondait pas, quoique mon adresse fût au bas de la lettre; et ce silence, joint à la scène qui s'était passée à la dernière entrevue, me prouvait que ma lettre avait été saisie, et que les dames ne lui en avaient pas donné connaissance. Puis je me faisais des illusions : un jour, en me réveillant, je verrai dans la chambre les trois dames qui ont appris ma maladie, et qui sont venues me rendre visite. Pourquoi pas? Ne pourrais-je leur faire savoir par quelqu'un?... Justement, la femme qui me gardait la nuit, demeurait dans le quartier de la rue Sainte-Geneviève. Une nuit que je ne dormais pas : — Connaissez-vous, lui dis-je, une maison assez triste de la rue des Boulangers, une grande maison qui semble moisie, et dont presque toutes les fenêtres sont grillées. — N'est-ce pas le numéro 24? me dit-elle. — Oui. — C'est un couvent. — Un couvent! m'écriai-je. — Qu'y a-t-il d'étonnant, monsieur? — Vous vous trompez certainement. — Pardon, monsieur, le numéro 24 est un couvent. Du reste, je le saurai plus positivement demain. — N'y manquez pas, je vous prie.

Ainsi se trouvait expliquée la sombre physionomie de la maison, mais je ne comprenais pas qu'on pût sortir d'un couvent. Ce hasard fit que je manquai à la parole que je m'étais donnée de ne devoir de renseignements qu'à l'induction. Petit à petit je voulais deviner la position des dames, leur genre de vie, leurs habitudes, leur profession, la parenté qui les liait; j'avais déjà bâti bien des romans sur ce sujet, mais j'étais loin de songer que les grilles des fenêtres cachaient un couvent; il fallut l'accident de ma maladie pour m'amener à ce résultat. Comment admettre cependant la règle sévère d'un couvent avec les sorties fréquentes des dames? Par moment je croyais que je rêvais ou que je retombais sous l'empire de la maladie; mais la nuit suivante la garde éclaircit la question : «C'est un couvent, me dit-elle, je ne me trompais pas, dans lequel logent des dames pensionnaires. » Je commençai à voir plus clair : presque tous les couvents à Paris tirent parti de vastes bâtiments abandonnés en louant à des dames pieuses des appartements d'autant plus recherchés qu'ils offrent une retraite tranquille, un voisinage en dehors d'une société active : ce sont des dames à demi repentantes qui s'abritent sous la réputation de la maison. La demoiselle était pourtant bien peu repentante! Il y eut dans cette nouvelle de quoi me remplir l'esprit pendant ma convalescence. Mon affection sortait des affections parisiennes ordinaires; tout lui donnait un caractère singulier : la science, la retraite, les singes, les religieuses. L'idée du couvent me trottait par la tête et activait ma passion. — Vous pouvez sortir au premier soleil, m'avait dit le médecin. Malheureusement, l'hiver était d'une dureté inaccoutumée : le ciel noir formait une calotte neigeuse si opaque qu'on ne pouvait supposer la présence du soleil derrière ; la neige tombait par gros flocons, et la clarté ne se faisait pas davantage au ciel. Je commençai à faire quelques tours dans ma chambre, et je ne pensais qu'au soleil, je ne parlais que du soleil, à tout le monde je demandais des nouvelles du soleil ; je me serais converti certainement à la religion du soleil si j'avais cru pouvoir en hâter les rayons. Les semeurs de récoltes ne manifestent pas plus d'inquiétudes en interrogeant le ciel que je n'en avais, appuyé contre la fenêtre, faisant fondre de mon haleine les dessins cristallisés que le froid traçait sur les vitres.

Enfin le 28 février le soleil daigna se montrer. Il était bien pâle, mais je le regardai avec un attendrissement qui ressemblait à de la passion. Le lendemain, 1ᵉʳ mars, le professeur faisait son cours au Jardin-des-Plantes. J'allais donc la revoir ! Plein d'émotion, j'écrivis la troisième lettre, qui devait décider de l'avenir.

« J'ai cru, mademoiselle, que je ne vous reverrais jamais, sauf dans l'autre monde, où j'ai failli aller faire un petit voyage. Pendant quinze jours j'ai flotté entre la vie et la mort ; pendant une autre quinzaine, une seconde maladie est survenue ; enfin le dernier mois a servi à ma convalescence, et me voilà au cours, à ce cours qui a été mon seul rêve pendant ma maladie ; car je n'ai eu qu'une idée fixe, celle de vous revoir encore ! En pressentant combien ma maladie serait longue, je me disais : « Le cours finit en mars, il faut que je sois debout le 1ᵉʳ mars, afin de la revoir. » Et je maudissais la neige, la gelée, le dégel, l'humidité, qui me retenaient dans mon lit et m'empêchaient de reprendre des forces.

« Enfin depuis trois jours je marche, je peux me tenir debout, et c'est à vous que je dois ces forces si désirées. Bien certainement votre souvenir, qui ne m'a jamais quitté, et la volonté que j'avais de vous revoir ont aidé à la guérison au moins autant que la nature, et beaucoup plus que les médecins.

« Quelquefois il me prenait l'idée d'envoyer un ami dévoué qui vous accosterait au cours, vous et vos parentes, et qui vous dirait : « On se meurt, on veut vous voir. » Mais vous seriez-vous souvenue de cet *on* sans nom qui prenait tant de plaisir à vous regarder, qui vous écrivait et à qui vous n'avez pas voulu répondre?

« Je sais bien, mademoiselle, que l'éducation moderne des femmes ne leur permet pas de se *compromettre* par des écritures ; mais, ayant l'habitude d'aller droitement dans mes affections, de ne pas les cacher et de m'en faire honneur, je ne pense pas qu'une jeune fille n'est pas élevée comme moi, et que ce qui me paraît si simple à demander est impossible.

« Si je vous demandais une réponse par lettre, c'est que ma malheureuse timidité m'empêchait de vous aborder, vous, mademoiselle, et les dames qui vous accompagnaient. Aller à vous en sortant du cours n'est rien ; mais si l'émotion arrête la voix dans mon gosier? si je tremble? si je suis ému au point d'être obligé de m'asseoir? Quelle situation dans un jardin public!

« Cependant, mademoiselle, j'essayerai de vaincre cette timidité. A la sortie du prochain cours, mardi, je me présenterai à vous, si vous le permettez, et je ne vous demande qu'une faveur : c'est, dans les cinq premières minutes, de vous tenir un peu en arrière des deux dames, vos amies ou vos parentes. Est-ce trop demander?

« Mais vous reverrai-je? n'est-il rien survenu pendant ces deux mois? Suivez-vous toujours les leçons du professeur? La boue, le froid et la neige ne vous chassent-ils pas du Jardin-des-Plantes? C'est aujourd'hui, ce jour que j'ai tant caressé, que je crains maintenant d'entendre sonner une heure de l'après-midi!

« Adieu, mademoiselle ; quoi qu'il arrive, votre souvenir me restera toujours dans la mémoire. »

J'arrivai dans la cour du Muséum, près de la petite porte grise, sous l'horloge. — Le cours est terminé depuis trois jours, me dit le gardien en m'ouvrant la porte.

Avoir porté si longtemps cette espérance en moi, l'avoir caressée pendant deux mois pour arriver à ce résultat, recevoir un tel coup en état de faiblesse, n'y avait-il pas mille motifs pour accuser la Providence? Mais le soleil était gai, la verdure commençait à se réveiller de son sommeil d'hiver. La convalescence rend égoïste. Échappé à de violentes tortures physiques, mon moral se refusait sans doute à me tyranniser. Je reçus ce nouveau coup du sort avec philosophie; peut-être une petite tristesse vint-elle grossir le nombre des sœurs grises qui tiennent un couvent au plus profond de mon être. Je m'en retournai à pas lents à la rue des Boulangers contempler la vieille façade et le petit guichet de la porte moisie, et je me dis : « Il vaut mieux sans doute qu'il en soit ainsi. Les amertumes de la passion n'ont pas eu le temps de pousser ; songe plutôt à remercier les dieux. » Alors des pensées consolantes vinrent m'environner, qui pouvaient se formuler de la sorte : « Si tu en es digne, tu retrouveras la jeune fille. Ne cherche point à troubler sa tranquillité ; ne t'embarque dans aucune folle entreprise pour la revoir ; les agents mystérieux, hasard, destin, fatalité, te la feront retrouver, si tu en es digne. »

Depuis, j'ai beaucoup voyagé, me répétant sans cesse ces paroles ; mais à chacun de mes retours je me sens attiré vers la vieille rue des Boulangers, et devant cette maison délabrée, tout un hiver riant se déroule, me reportant chargé de violettes au Jardin-des-Plantes, pour en être chassé bientôt par les grimaces des singes goguenards.

VII

LE COMÉDIEN TRIANON

Il importe de dire à quel propos je fis la connaissance de l'homme singulier que j'appelle de son nom de famille, afin de cacher son nom de théâtre. On jouait *Hamlet* sur un théâtre du boulevard, et je me gardai bien de manquer à cette représentation. Quand Hamlet parut, il se fit un grand silence dans le public, qui se trouva saisi aux premiers pas de l'acteur et à ses premières paroles. C'était un petit homme maigre, pâle, avec des caves dans les joues et dans le cou ; il marchait avec emphase et s'arrêtait brusquement tout à coup ; il tenait du professeur de belles manières et du maître de danse, et il coupait brusquement cette démarche pompeuse par une pause inattendue, simple et vraie. Sa parole, par moments, n'eût pas choqué les admirateurs du grand siècle ; mais, quand il avait déclamé un vers suivant les fameuses traditions, il poussait une espèce de rugissement, de cri, il broyait le vers dans son gosier ; par un singulier travail de la langue, il le prononçait presque inintelligible, et cependant le masque se prêtait si bien au sens voulu par le poëte qu'un professeur du Conservatoire, qui détaille chaque mot avec clarté et complaisance, n'eût jamais pu rendre aussi bien la pensée de l'auteur.

A peine avait-il joué deux ou trois scènes qu'une même pensée traversa l'esprit de quelques êtres intelligents qui vont rarement au spectacle : « C'est un élève de Delacroix. » Effectivement, à l'exactitude du costume, à certaines poses, à tout ce qui est extérieur, on reconnaissait un homme nourri de cette immense mélancolie qui a été dessinée sur pierre par le grand maître. La preuve en était dans quelques airs du peintre que le comédien gardait religieusement pendant toute une scène. Mais ceci n'est qu'un léger détail, qui deviendrait insupportable dans un acteur médiocre, et qui ne prenait son importance que par la pantomime trouvée par le comédien.

Il avait le geste.

Par cette phrase de quatre mots, qui est le plus grand éloge que je puisse faire d'un comédien, je crois tout dire; mais la nouvelle langue dramatique, mais les enthousiasmes des gazettes, de théâtre et des critiques me forcent d'expliquer ma pensée. Rien n'est plus rare au théâtre qu'un geste juste, et je ne sais pas trois comédiens qui puissent montrer une passion courir dans leurs membres. Quoique exagérés, les mouvements de Trianon étaient vrais; s'il tombait parfois dans le faux, cela ne servait qu'à mieux faire ressortir un geste de génie qui suivait. Ainsi, il se laissait aller à des mouvements de marionnette dont les fils sont trop longs, pour, une seconde après, faire éclater la passion dans ce qu'elle a d'amer et de saignant. Cette façon de jouer convenait merveilleusement au rôle du jeune Hamlet, et le public du boulevard, peu habitué à une telle interprétation et encore moins à la dramatique de Shakspeare, faisait un merveilleux silence.

Le peuple du boulevard est étonnant en ce sens; il ne raisonne pas, mais il a un sentiment des grandes choses qui le rend supérieur aux meilleurs juges. Le comédien Trianon rompait avec toute espèce de traditions, anciennes et nouvelles, classiques ou romantiques; il jouait un rôle étrange, sur lequel les poëtes disserteront longtemps; pourtant le public comprenait la pièce et l'auteur. Quand Hamlet a tué Polonius et qu'il pousse son cri sanglant: *Au rat, au rat!* le comédien reparut avec sa petite épée qu'il secoua trois fois comme un fouet, au lieu d'en nettoyer le sang, suivant l'habitude; ce geste névralgique fit frémir la salle. La fausse et cruelle joie qui fait que Hamlet saute de joie comme un enfant habitué à faire souffrir les animaux, cette pantomime si fine qui appartenait bien à l'acteur, ne fut perdue pour personne, pas même des esprits les plus grossiers.

Entre le premier et le second acte il y eut un assez long intervalle, trop long même pour les bavards du foyer, car le moment n'était pas encore venu de discuter les mérites ou les défauts du nouveau comédien. Le bruit se répandit que le retard du lever du rideau venait de ce que l'auteur et l'acteur s'étaient pris, disait-on, d'une vive querelle à propos de la façon dont le rôle de *Hamlet* était rendu ; mais il fut impossible à cette heure d'en connaître davantage, et, quelque vif que fût le démêlé de coulisse, la toile finit enfin par être levée. C'était le fameux acte des *Comédiens*. Hamlet, qui a engagé une troupe de comédiens, leur donne des conseils et les invite à représenter devant la cour une certaine tragédie dont le dénoûment lui paraît avoir des analogies trop fondées avec la mort de son père. Le théâtre est élevé au fond du palais ; à droite, près du théâtre, sont assis sur un trône le roi et la reine ; en face, à gauche, Hamlet est aux pieds d'Ophélie, lui disant des douceurs, faisant mine de ne pas s'occuper de la tragédie terrible qui se joue double, par les comédiens, et dans le cœur du roi et de la reine.

Trianon avait imaginé cette singulière pantomime, qui est la plus dramatique que j'aie jamais vue. Tout en disant des *concetti* à Ophélie, il s'était emparé de son éventail, comme le font ces esprits inquiets qui touchent à tout dans un salon. Il agitait l'éventail pour se donner de l'air et feignait d'en regarder les curieuses peintures ; mais le vrai est qu'à travers les meurtrières et les découpures des branches, sans être vu, il pouvait étudier à loisir l'effet que produisait la pièce sur la figure du roi et de la reine. La cour était trop accoutumée aux folies du jeune Hamlet pour s'étonner (lui dont le corps était toujours en mouvements inquiets) de le voir quitter son tabouret, se rouler par terre et s'avancer sur le milieu de la scène, les yeux toujours cachés par son éventail. Cette scène, qui dura cinq minutes, montra Trianon non plus élève de Delacroix, mais élève d'un serpent. Il rampait sur le plancher et son corps s'allongeait comme mû par des anneaux. Dans cette position, l'acteur, qui était petit, paraissait avoir dix pieds; et encore aujourd'hui je ne suis pas certain que, par la tension des nerfs mis en action par une volonté suprême, Trianon ne gagnât au moins un pied en grandeur. Sa figure se creusait, les cordes de son cou se tendaient, et toujours l'éventail cachait sa figure amère. C'est de lui qu'on eût pu dire : « Il mord la poussière. » tant son corps s'effaçait et tendait à disparaître dans le plafond. Petit à petit il avançait onduleusement, faisant moins de bruit qu'une mouche; et, derrière son éventail, il riait de la façon sarcastique d'une tête de mort, en voyant sur la figure du roi et de la reine assassins les remords et les souvenirs que leur rappelait la représentation trop vraie d'un roi assassiné pendant son sommeil.

Jamais on n'a vu une salle si attentive à l'action d'un comédien ; tous les efforts de l'acteur, sublime dans cette scène, passaient dans l'esprit des spectateurs ; chacun devenait Hamlet, chacun souffrait, chacun rugissait en dedans, chacun ricanait avec rage et chacun rampait comme un serpent. Quand Hamlet, arrivé ainsi aux pieds du roi et de la reine, se leva devant eux comme le Remords en poussant un cri, il y eut dans la salle des éclats d'enthousiasme qui font peut-être plus de bien à celui qui les envoie qu'à celui qui les reçoit. Alors l'applaudissement est une dette sacrée; il n'y a plus de convenances à garder; on déchire ses gants, on crie, il faut que l'émotion sorte violemment; tout ce que l'acteur vous a donné, il faut le lui rendre. Un empereur de Russie défend d'applaudir quand il est dans la salle, sinon vous êtes conduit en Sibérie; malgré l'empereur, malgré la Sibérie, vous applaudissez ou vous n'êtes pas un homme.

Le comédien était brisé comme les spectateurs, sans leur causer les fatigues maladives, les cauchemars éveillés que le théâtre d'aujourd'hui nous donne avec ses moyens d'ogres puérils, avec ses parades ensanglantées, ridicules, avec tous les systèmes qu'on se vante d'avoir trouvé dans les théâtres étrangers, et qui deviennent monstrueusement niais, employés par des esprits pédagogiques sans naïveté et qui ont mis la fantaisie en rhétorique. La scène des comédiens, telle que l'avait jouée Trianon, laissait le cœur libre, la tête légère, l'esprit satisfait. C'est alors que commença la comédie du foyer. Il y a à Paris cent personnes intéressées, qui, pendant les entr'actes, se promènent dans le petit corridor étroit du premier étage, qui est comme le chemin de ronde des premières loges. Le public ne va pas là, et, sur la foi de la tradition, se promène dans le vaste foyer avec l'honnête intention d'y coudoyer des célébrités; mais le foyer n'existe plus aujourd'hui que pour les badauds, qui ne se doutent pas que ce petit corridor, où l'on se presse, où l'on s'étouffe, où l'on se parle en groupes, est désormais l'endroit où sont discutés les intérêts dramatiques. Ce boyau circulaire, qui rappelle les exercices des chevaux dans les tanneries, n'est pas sans quelque ressemblance avec les endroits obscurs du passage de l'Opéra où se tenaient jadis les boursiers qui discutaient à une cinquantaine les mystères de la hausse. Tout Paris est ainsi organisé en palais et en antichambre, en temple et en sacristie. Chacun va au temple, croyant y apprendre la vérité, qui ne se dit que dans la sacristie, où personne n'entre.

Dans la galerie circulaire du premier étage se promènent les critiques, suivis de *leurs* jeunes gens, qui sont de sincères admirateurs ou qui feignent l'admiration. Les actrices viennent assister à la création du nouveau rôle d'une camarade, se pressent autour du critique influent, cherchent à accaparer son bras et font leurs mille simagrées les plus aimables. Tout est mouvement et cohue dans le flot remuant de gens qui se cherchent et qui ont intérêt à se trouver. Le directeur recommande son théâtre, l'auteur sa pièce; on consomme des poignées de main sans fin.

Ce fut après la *scène des comédiens* que Trianon fut discuté avec l'acharnement qu'on apporte, à Paris, contre tout ce qui s'éloigne des formes acceptées. L'opinion générale tourna contre le comédien; il était, disait-on, déclamatoire, emphatique, trivial, névralgique; on alla même jusqu'au mot saltimbanque. Peut-être dix personnes tout au plus dirent-elles : « C'est le plus étrange comédien que nous ayons. » Mais ces dix personnes, qui étaient une minorité imperceptible, n'avaient pas l'habitude de discuter en public, n'acceptaient aucun jugement reçu, ne formaient pas de groupe, et protestaient seulement par un silence méprisant contre les opinions de foyer. L'auteur, le premier, abandonna son comédien, et déclara que Trianon avait joué pour la dernière fois un rôle de sa façon; qu'il était orgueilleux, intraitable, n'acceptant aucuns conseils, et qu'il faisait le plus grand tort à sa traduction de Shakspeare. L'auteur jetait le comédien à la mer dans l'espérance de sauver son vaisseau. On verra comment il fut puni.

Je n'ai rencontré qu'un seul homme de valeur, rendant des arrêts dramatiques au bas du journal, qui eût conscience de sa mission. Jamais il ne monta au foyer pendant les entr'actes de la représentation; jamais il ne voulut accepter du théâtre plus d'une place à l'orchestre. Il allait seul, dans la crainte d'avoir avec lui un ami bavard qui lui parlerait de la pièce; il s'était condamné à ne pas bouger de sa stalle pendant la représentation. Aussitôt le rideau tombé, il quittait le théâtre la tête basse pour ne pas être reconnu. Il rentrait chez lui avec des impressions toutes personnelles, et il les jetait immédiatement sur le papier; mais c'était un homme modeste, qui resta toute sa vie dans une position plus que modeste à cause de la sincérité de ses opinions. Contrairement à ses amis du journalisme, il ne croyait pas au pouvoir absolu de la critique. Tous les lundis il émettait des idées pour vingt mille abonnés, mais il savait que le sentiment public est plus fort que le sentiment privé. Il était depuis trop longtemps habitué aux succès dits *littéraires* pour ne pas reconnaître la supériorité des succès populaires. Les cent personnes, plus ou moins intelligentes, disséminées dans l'orchestre, dans les loges, au balcon, et qui font l'opinion du monde le jour de la première représentation, n'étaient rien à ses yeux en comparaison des flots du parterre et des esprits naïfs qui se pressent dans l'atmosphère malfaisante des hauteurs du *paradis*. Donc cet homme avait résolu d'exprimer avec sagesse ses opinions, bonnes ou mauvaises, justes ou fausses, se trouvant heureux quand le succès d'une œuvre, aux représentations suivantes, venait confirmer la droiture de son jugement.

Cette heureuse nature faisait rire les beaux esprits du foyer, qui, battus souvent par l'opinion publique, ne se rendaient pas compte de leur faible importance. Les désœuvrés qui demandent un jugement le lundi à la gazette, sont avides avant tout d'esprit, de paradoxes, de singularités, d'amusements, et ne s'inquiètent guère si le feuilletoniste apporte quelques idées nouvelles, s'il instruit l'auteur en le critiquant, s'il apprend quelque chose au comédien. Cela n'existera jamais.

Cependant on s'étonnait que l'auteur ne soutînt pas son acteur, et le retard du lever du rideau au second acte fut expliqué naturellement. Il faut remonter aux répétitions générales, dans lesquelles Trianon joua et apporta les effets singuliers et nouveaux qu'il avait puisés dans de longues études de *Hamlet*. L'auteur, ayant assisté à une de ces répétitions, s'étonna des mouvements pantomimiques de l'acteur.

—Qu'est-ce que ces sauts, Trianon?

—Vous voyez, monsieur.

—Je ne comprends pas, dit l'auteur; je n'ai pas marqué ces jeux de scènes sur le dialogue.

—Cela ne se marque jamais; on ne note pas plus le mouvement des jambes que la voix, que les yeux.

—C'est mauvais, en tout cas, dit l'auteur.

— Je ne trouve pas, dit le comédien.

— Bien! allons jusqu'à la fin.

Et, pendant que la répétition continuait, l'auteur sautait de rage sur sa chaise.

— Vous vous moquez de moi, Trianon?

— Pas du tout.

— Je n'ai jamais vu jouer le drame de la sorte.

— Je l'espère bien, dit le comédien.

Et l'auteur marchait sur le théâtre en frappant du pied, regardant le comédien, haussant les épaules.

— Est-ce qu'il est malade? demanda-t-il au régisseur.

— Ah! monsieur, il me fait mourir avec ses idées; je le lui dis tous les jours.

— Imbécile! s'écria l'auteur, qui fut indigné d'un nouveau geste que Trianon prolongeait avec complaisance. Je m'en vais, Martin, dit-il au régisseur; cet animal me donne sur les nerfs; je le battrais... Vous qui êtes un homme prudent, parlez-lui; qu'il étudie la pièce; cela ne peut pas marcher ainsi.

Après la répétition, le régisseur Martin, que tous les comédiens aimaient à cause de sa douceur et de sa modestie, appela Trianon.

— Mon cher, tu dois être fatigué; veux-tu venir prendre du café?

— Du café, non; je suis trop excité. Tu m'offriras une bouteille de porter, cela endort mes fatigues.

— Tu boiras ce qu'il te plaira... Du porter, c'est drôle; j'ai pourtant connu bien des artistes dans ma vie, ils ne buvaient pas de porter.

— Est-ce que tu veux m'irriter encore, s'écria Trianon! Tu ne vois donc pas combien je suis énervé?

— Allons, mon petit, tu boiras du porter; tout ce que tu voudras.

— Prenons une voiture, dit Trianon.

— Une voiture! pour descendre au café du théâtre.

— Tu crois, Martin, que je vais boire du porter en bas; c'est rue de Rivoli que nous allons; il n'y en a de bon que là, chez un épicier.

— Mon petit, il faut deux heures pour aller et revenir. Et mes accessoires qui ne sont pas préparés pour la représentation de ce soir; tu ne voudrais pas mettre ton vieil ami en défaut... Dieux! si mes accessoires manquaient!... Moi! Martin! je ne me le pardonnerais jamais.

— Je m'en vais seul, dit Trianon, je n'ai pas besoin de toi. Prépare ton vieux pâté de carton, ton poulet, tes épées de bois.

— Me promets-tu que je serai de retour à cinq heures?

— Certainement.

On arriva en une demi-heure dans le petit salon d'un épicier, qui a la spécialité de fournir du porter, de l'ale et autres boissons aux Anglais de la rue de Rivoli.

— Comment peut-on boire quelque chose d'aussi noir? dit Martin, qui en revenait toujours à son étonnement relativement au porter.

— Maintenant, me voilà calmé, dit Trianon; je ne me souviens plus des fatigues de la répétion; tu devrais en boire, Martin.

— Oh! jamais! Je suis trop Français, j'aime mieux le

vin. Quoi que tu en dises; je ne peux pas croire à ton porter; j'aimerais autant de l'encre.

— Tu ne souffres pas, Martin, tu ne t'émeus de rien, tu fais ton devoir, mais tranquillement; pourvu que la répétition se fasse à l'heure dite, te voilà content.

— Tu parles de cela facilement, je voudrais te voir régisseur... Oh! Trianon régisseur! discutant les toilettes des actrices, les suppliant de ne pas mettre de bijoux quand elles jouent des rôles de paysannes, veillant à la tranquillité des coulisses, empêchant les entreteneurs d'entrer. Mon pauvre garçon, je ne te donnerais pas dix jours de mon métier pour devenir fou.

Après un silence, Martin reprit :

— Comment trouves-tu la pièce que nous répétons?

— Bien, dit Trianon; je ne donnerais pas mon rôle pour cent mille francs! Mais quel travail! Je n'en dors pas; si je m'endors, je rêve d'Hamlet, toujours Hamlet... Je le comprends bien; je le vois plus loin que l'horizon, et jamais je ne le rendrai comme je le sens... Quelle pièce!... Quel caractère! C'est une fortune que de créer un tel personnage.

— Est-ce que tu ne trouves pas qu'il y a des passages obscurs... des expressions hasardées? dit Martin.

— Tu as cinquante ans, mon pauvre bonhomme.

— Quarante-neuf, s'il te plaît.

— J'aurais dû dire soixante; tes paroles sont d'un homme de soixante ans.

— Ne dirait-on pas, dit Martin, qu'il faut avoir trente ans pour comprendre Hamlet; mais, mon petit, je le connais avant toi, Hamlet. J'ai été à la première représentation de l'*Hamlet* de M. Ducis, et le rôle était tenu par Talma.

—Et puis? demanda Trianon.

—Eh bien! je te souhaite de le jouer seulement la moitié aussi fort que Talma. Il ne faut pas croire non plus que vous avez tout inventé. Les artistes d'aujourd'hui font mépris du passé, et ils ont tort. Il y avait du bon, crois-moi, et si tu avais eu le bonheur de voir jouer Hamlet par Talma, peut-être comprendrais-tu ton rôle d'une façon plus sage. Tiens, dans le fameux monologue, Talma pleurait.

—Et moi je ris, s'écria Trianon.

—Tu vois bien que tu ne suis pas la tradition.

—Si tu n'étais pas mon vieux Martin, dit Trianon, je te tordrais le cou... Est-ce que je suis Talma?

—Non, pas tout à fait, dit le régisseur d'un ton moqueur.

—N'étant pas Talma, dit Trianon, je ne puis pas jouer comme Talma. Était-il maigre comme moi?

—Non, il était gros.

—Était-il petit?

—Il était grand.

—Avait-il ma voix, mon nez, ma bouche, mes jambes, mes yeux? Non, n'est-ce pas? Et tu veux que je reproduise ses gestes, son regard, sa manière de marcher, ses vices, ses qualités. Tout au plus pourrais-je m'habiller comme lui. Encore, à cette époque, on ne savait pas ce que c'était que le costume vrai. Comprends donc, Martin, que je m'appelle Trianon, et que je dois jouer en Trianon.

—Cependant, dit Martin, la tradition...

—Tu oses encore parler de tradition; quel est le gredin qui a inventé la tradition? Où sont les auteurs qui ont laissé des détails assez exacts sur la manière dont jouait Talma pour que je puisse m'en servir?

13.

— Il y a les connaisseurs, dit Martin.

— Ah! les connaisseurs, les amateurs, les vieillards, qui vous disent : Qu'il était beau! sublime! comme il faisait frissonner la salle! J'admets que leur acteur faisait frissonner la salle; mais a-t-il laissé une recette positive sur la manière de faire frissonner la salle?... Parle, voyons... Comment faisait-il frissonner la salle?

— C'était par un simple geste, un certain coup d'œil, dit le régisseur.

— Je n'en suis pas plus avancé, dit Trianon, avec ton simple geste, ton certain coup d'œil... As-tu pensé à mesurer le geste, à le dessiner, à savoir quel angle faisait son bras, la façon dont il tenait sa main, dont il écartait les doigts?... Son regard est-il peint? peux-tu l'imiter? Essaye de rendre le regard de Talma; je t'achète le regard.

— Quand tu te moquerais de moi.

— Je ne me moque pas, je demande le regard de Talma; tu ne peux pas me le rendre. Je m'en vais t'apprendre la tradition, mon vieux Martin. Je lis Hamlet, je cherche à le comprendre; je le relis, je réfléchis... et je commence à dire le rôle en marchant dans ma chambre, sur le boulevard, peu m'importe; je me regarde dans une grande glace, je me vois marcher, je vois mes gestes, je vois mon masque. Si je suis content de moi, c'est que je comprends le rôle. Je dois rire en étudiant les effets comiques, et je dois pleurer moi-même des pleurs que je ferai répandre dans la salle; j'ai peur des moyens qui feront peur au public. Enfin, il faut qu'en étudiant mon rôle je passe par les sensations que je communiquerai plus tard au parterre; si je n'éprouve pas de sensations, c'est que le rôle est mauvais, la pièce absurde, je n'en pourrai rien faire à la représentation, et j'ai envie de refuser de jouer, mais je ne suis pas le maître. Le comédien, Martin, trouve tout en lui. Quand il va chercher des effets chez les anciens, il n'est pas comédien.

— Alors tu n'as jamais rien appris en voyant jouer tes camarades ?

— Énormément, s'écria Trianon, j'ai appris à ne pas les imiter. Chez quelques-uns, j'ai trouvé des qualités particulières qui m'ont surpris et que j'ai employées.

— Ah ! tu l'avoues, tu profites en voyant jouer un grand comédien, dit le régisseur; tu te condamnes, tu es dans la tradition.

Trianon sauta sur une chaise et effraya un Anglais qui lisait le *Morning-Herald* en buvant un grog.

— Vieil âne, dit-il, je profite des acteurs vivants parce que je les vois ; mais je ne peux pas me servir d'acteurs enterrés dont il ne reste pas de traces ; toi-même, qui es un homme intelligent, tu ne peux pas me rendre un seul geste de ton Talma.

— Il n'y a pas à raisonner avec toi, dit Martin, tu es écervelé, jeune et orgueilleux.

— Orgueilleux ! s'écria Trianon ; moi, un orgueilleux ! Prouve-moi que je joue une scène au rebours de la vérité, arrête-moi à la répétition quand un mot te semblera faux, et, si tu me le démontres, je change immédiatement.

— Mais tout le monde le pense au théâtre ; l'auteur lui-même est effrayé de la façon dont tu comprends le rôle : il n'y a pas qu'un geste faux, il y en a cent.

— Dis-tu vrai ? demanda Trianon d'un ton grave.

— Oui, mon pauvre ami, tout est faux, ta manière de

marcher, ta voix, tes gestes, c'est baroque ; tu jouerais Hamlet les pieds en l'air, la tête en bas, que tu ne serais pas plus ridicule.

— Vraiment? dit Trianon, qui réfléchissait.

— Ce n'est pas moi seul qui le pense, c'est tout le monde.

— Est-ce croyable? disait le comédien, qui les deux coudes sur la table, enfonçait la figure dans ses mains. C'est impossible... ajouta-t-il. Ma mère est contente cependant.

— Les mères, mon petit, trouvent tout beau ; mais, tu me crois ton ami, n'est-il pas vrai? Eh bien, je te le dis pour ton bien, il faut revoir ton rôle et changer tes allures. Au théâtre, je prends ton parti devant le directeur et l'auteur, je leur dis que tu exagères tes effets aux premières représentations afin d'arriver à des moyens plus calmes ensuite, et je mens parce que je t'aime... Je sais ce que c'est que la jeunesse, j'ai été jeune aussi, je me croyais le meilleur comédien de la terre... Vois où j'en suis ; j'ai une position aujourd'hui, mais j'ai reconnu qu'il ne fallait pas choquer le public par des extravagances. Le public aime le jeu simple et naturel... Tu ne m'écoutes pas, Trianon?

En effet, le comédien n'écoutait plus, il n'entendait pas et souffrait. Tout le monde le trouvait faux ; tout le monde pouvait avoir raison ; rien ne lui prouvait qu'il était dans le vrai, rien que des sensations isolées, personnelles. Ne pouvait-il pas se tromper la nuit quand, rentré dans sa chambre, il étudiait son rôle aux flambeaux et que seul devant sa glace il ne trouvait que son image réfléchie qui l'applaudissait? Trianon avait rencontré assez de comédiens médiocres dont l'orgueil grandissait en raison de leur peu de talent.

Le public les jugeait mauvais, mais ils ne s'en croyaient pas moins les rois du théâtre. La crainte d'être un comédien vulgaire avait paralysé Trianon, qui resta près d'un quart d'heure sans dire un mot, laissant le vieux régisseur parler pour lui seul. Il se leva par un mouvement spontané.

— Adieu, Martin.

— Tu me laisses partir seul ?

— J'ai mal à la tête.

Et il s'enfuit dans la direction des Champs-Élysées. Le lendemain, le régisseur dit à l'auteur :

— J'ai parlé à Trianon ; il sera plus sage aujourd'hui, vous verrez.

Trianon entra, pâle, les traits fatigués, le corps un peu affaissé.

— Comment vas-tu ? lui dit le régisseur.

— Bien ; je suis content, j'ai étudié depuis que je t'ai quitté, je suis sûr de mon affaire ; ce que tu m'as dit hier m'a profité.

— J'en étais sûr, dit le régisseur ; si tu voulais mettre un peu d'eau dans ton vin, tu irais loin.

La répétition commença. Le premier acte marcha assez bien, l'auteur et le directeur étaient contents de la manière dont Trianon jouait sa scène avec l'Ombre ; mais tout d'un coup il recommence ses gestes désespérés, parcourt le théâtre comme un fou. On lui crie : « Trianon ! Trianon ! » Il n'entend rien, continue ; le régisseur se jette sur lui.

— Arrête ! tu es plus mauvais que jamais.

— Mais je vais vous retirer le rôle, dit l'auteur ; vous compromettez ma pièce, monsieur.

Le directeur se fâche plus fort que l'auteur et dit que

Trianon le fait exprès, qu'il est scandaleux, et qu'il demande à rompre l'engagement. Trianon finit par devenir froid.

—Voulez-vous m'écouter, oui ou non? dit l'auteur. J'ai vu jouer Hamlet par le fameux Kean, et ce n'est pas ça. Je m'en vais vous dire comment Kean entrait en scène.

—Eh! monsieur, dit l'acteur, le régisseur a vu jouer Hamlet par Talma, vous par Kean; d'un côté on me tire pour ressembler à Talma, d'un autre on veut que je joue comme Kean; je n'y puis rien...

—Il est bien question de Talma, dit l'auteur; je ne vous ai pas parlé de Talma... Oui ou non, voulez-vous jouer le rôle comme je l'entends, sinon je vous le retire à la minute?... Dieu merci, il ne manque pas d'acteurs qui seront enchantés de créer Hamlet.

—Monsieur, si vous voulez me donner quelques conseils, je jouerai comme il vous plaira.

—Voilà qui est mieux. Demain matin passez chez moi, nous lirons la pièce ensemble, et je vous jure que vous vous en trouverez bien.

Le lendemain, Trianon va chez son auteur à l'heure dite; il écoute attentivement la lecture, en l'interrompant par des *très-bien!* et des marques d'enthousiasme. Il n'avait pas compris la pièce ainsi; mais maintenant il disait qu'il s'était fait une révélation en lui. Aux répétitions, l'auteur était dans le ravissement; il citait Trianon comme le modèle des comédiens soumis. Martin lui-même, quoique la tradition Kean dérangeât un peu la tradition Talma, était forcé de dire comme l'auteur et de renchérir sur ses éloges. C'est peu de temps après que se donna la première représentation. L'auteur avait fait grand bruit de Trianon dans Paris.

— Vous croirez voir Kean lui-même, disait-il à tous ses amis.

Mais le scandale fut d'autant plus grand que la conduite du comédien avait été rusée. Devant le public, il se dépouilla de tout ce qu'on lui avait enseigné aux répétitions ; il ne tint aucun compte des conseils de l'auteur, il semblait prendre plaisir à faire le contraire.

L'auteur était joué. Il n'y avait plus moyen de reculer, Trianon avait le dessus, il était maître du public, il pouvait ouvrir la porte à toutes ses fantaisies, ses caprices, ses études ; il redevenait le grand Trianon, le comédien qui avait puisé toute sa force dans son tempérament, dans son individualité et dans une fréquentation assidue de la plus grande œuvre de Shakspeare. Les vers de l'auteur, il en faisait bon marché ; il ne prononçait distinctement que ceux qui lui plaisaient. Le comédien se souciait peu de la colère de l'auteur, et il supporta avec beaucoup de patience les reproches de celui-ci.

— Laissez-moi faire, dit-il ; est-ce vous le comédien ? Est-ce vous ou moi qu'on va siffler ou applaudir ? A chacun son métier. Je ne pense pas à refaire vos vers, vous n'avez rien à voir à ma pantomime.

Cette réponse, prononcée avec le ton d'un homme entier dans ses opinions, fit hausser les épaules à l'auteur, qui se retira, laissant Trianon continuer la pièce à sa fantaisie. Le comédien fut admirable dans la scène du cimetière, et le public se laissa aller à son enthousiasme. Les esprits les plus chagrins, de ceux qui se soucient peu des meilleures qualités pour s'attacher aux petits défauts, étaient émus malgré eux ; mais ils faisaient durement payer ce moment d'admiration involontaire, en insistant sur les côtés baroques du comédien. La fin de *Hamlet* traîna en longueur. Nous ne sommes pas habitués à d'aussi longues représentations, et le dernier acte fut reçu médiocrement ; surtout les esprits intelligents furent choqués d'un dénoûment nouveau qui n'avait aucune raison d'être. Hamlet ayant vengé le meurtre de son père, ayant puni les assassins, échappait à leurs embûches et vivait heureux sur son trône. Le beau dénoûment de Shakspeare, qui nous montre au contraire Hamlet, cette pauvre âme, mis à mort après avoir accompli sa mission, était remplacé par un moyen de mélodrame de boulevard : le crime puni, la vertu récompensée.

La pièce, en somme, n'eut pas grand succès : c'était justice. Malgré ses préfaces et les assentiments de ses amis de la critique, qui soutenaient que la France ne pouvait admettre les moyens barbares du poëte anglais, l'auteur fut puni de son sacrilége. Il soutenait que, supposé que Shakspeare eût vécu de notre temps, il eût traité le dénoûment tel qu'il venait d'être refait. Cet ordre de raison tombait évidemment devant le suivant : Si vous n'êtes pas satisfait de l'*Hamlet* de Shakspeare, ne le traduisez pas pour le théâtre. Puisque vous vous dites un des plus fervents admirateurs de l'auteur de *Macbeth*, montrez-le dans son ensemble et ne touchez pas à ses jambes ; montrez-le sur le plus riche piédestal que vous pourrez, mais ne mettez pas au contemporain d'Élisabeth des souliers de Franklin. Soyez certain que le sentiment populaire sera contre vous à la moindre profanation. Le peuple n'a pas lu Shakspeare ; vous lui montrez *Hamlet*, il ne demande pas mieux que de s'y intéresser, il aime tout ce qui est beau ; mais aussitôt que vous aurez introduit des idées bourgeoises dans une œuvre grande et fière, le public le verra aussi clairement que si un sauvage trouvait un arbre taillé du parc de Versailles dans une forêt vierge.

Les esprits ignorants ont un instinct merveilleux de ces choses ; ils ne se rendent pas compte des *raccords*, ils ne les jugent pas scientifiquement, mais ils en sont aussi vivement blessés qu'un musicien qui entend accompagner en *mineur* une mélodie en *majeur*. C'est ce qui explique le peu de succès qu'eut *Hamlet*, soutenu seulement pendant quinze représentations, grâce au génie de l'acteur, tandis que l'auteur mettait la chute de sa traduction sur le compte du comédien.

Je perdis de vue Trianon et je n'entendis que rarement parler de lui, à l'exception d'un incident dont les journaux rendirent compte. Il y avait au même théâtre que lui un de ces beaux comédiens à barbe et moustaches romantiques, qui avait conservé les manières théâtrales du temps de Buridan. Les femmes adoraient ce bel acteur, qui, par un geste favori, abaissait lentement ses paupières sur deux grands yeux taillés en amandes. Il appartenait à cette classe de comédiens qui flattent le public, qui lancent des coups d'œil langoureux dans la salle, et dont chaque geste semble dire : Regardez-moi, je suis si beau ! En effet, il était convenablement bâti. Ses principaux effets dramatiques venaient de costumes étudiés avec soin, presque toujours riches, qu'il portait avec une espèce de sans-gêne cachant de longues études. Les auteurs ne manquaient jamais d'écrire un beau rôle qui devait contenir ces mots : *manant*, *gentilhomme*, car il les disait depuis vingt ans avec une exagération chérie du public féminin. Toutes ses phrases devaient être coulées dans un certain moule où l'idée prend la forme ronflante. Il aurait été incapable de dire : *Bonjour, messieurs*, mais il disait : *Salut, messeigneurs*, avec un accent supérieur. Aussi, le soir, quand il sortait du théâtre, trouvait-il dans la loge du concierge nombre de petits billets parfumés contenant des déclarations, des invitations à souper de femmes qui ont la manie d'aimer les comédiens.

Trianon contrastait par sa grande simplicité avec le beau premier rôle. Jamais en jouant on ne le vit regarder dans la salle; il ne parlait pas au public, mais aux acteurs. Sur les planches, il oubliait qu'une foule énorme le contemplait; il agissait et marchait comme si un mur l'eût séparé du parterre. Il fallait les applaudissements du dehors pour lui rappeler qu'il jouait un rôle, car une fois entré dans l'habit d'Hamlet, il était devenu Hamlet. Jamais on ne vit Trianon lancer pendant une scène quelqu'une de ces plaisanteries que les acteurs français aiment tant à montrer, prouvant par là au public qu'ils sont fiers de ne pas oublier qu'ils sont plaisants tout en exerçant l'état de comédien. Dans la conversation avec le fossoyeur, celui-ci, qui était un goguenard de profession, pendant qu'Hamlet monologue, lui ayant soufflé à voix basse : « Ah! vous dirai-je, maman, ce qui cause mon tourment? » Trianon l'attendit dans les coulisses, le prit à la gorge et lui déclara que, s'il recommençait ses facéties en sa présence, il le traînerait à genoux devant la loge du souffleur et le forcerait de demander pardon au public. Par ces raisons, le comédien était mal vu de ses camarades. Comme il apportait au théâtre, aux répétitions, ses inquiétudes, son travail perpétuel du cerveau, son sérieux et ses croyances, Trianon passait pour un être bizarre, colère et méchant, qui ne supportait pas le plus petit mot pour rire. Cependant, hors des coulisses, Trianon était la nature la plus douce de la terre, affectueuse, bonne, sensible à l'excès; mais aussitôt que son art le tenait, il n'appartenait plus à la vie. Souffrant des difficultés énormes de l'art théâtral, cherchant à les vaincre, il ne comprenait pas pourquoi chacun n'en faisait pas autant que lui. Il eût voulu que le dernier des figurants comprît l'importance de la pièce. Aussi il se faisait de grands ennemis dans les médiocrités qui peuplent les planches, et il jouait le rôle d'un réformateur que personne ne se soucie d'écouter.

La scène du duel faillit avoir des suites sérieuses : le rôle de Laertes était tenu par le beau comédien, qui, n'ayant cette fois qu'un modeste rôle, avait pensé à s'y montrer sous le côté des formes. Pour cela, il saisissait les épées en gentilhomme, se posait avec complaisance, et ne demandait pas mieux que de parader un quart d'heure devant le public. Trianon, qui apportait une grande conscience dans les plus petits détails, prit des leçons d'armes un mois avant la représentation, se rompant aux exercices élémentaires, afin, le jour venu, de ne pas faire de fautes contre les règles; mais il abandonna ce qu'il avait appris pour se battre avec violence et impétuosité, ce qui est dans le caractère exalté d'Hamlet. Le beau comédien, son adversaire, qui, lui aussi, savait les armes, voyait tous ses effets rompus par un tel furieux; il y eut même à ce propos une querelle de coulisses pour laquelle Trianon prit à témoin le directeur, lui demandant si Hamlet doit se battre de sang-froid, comme un maître d'armes, quand il a à venger la mort de son père.

— Vous, dit-il au comédien, vous n'êtes qu'un instrument du roi, vous devez chercher à me tuer, vous tirez parti de toutes les ressources de l'escrime ; mais cela est froid et calculé, parce que vous n'apportez pas la même passion que moi.

Le directeur, qui aurait donné dix acteurs tels que Trianon pour son beau comédien, fut obligé de convenir que Trianon avait raison. Mais à une représentation, Hamlet se laissa emporter et fondit sur son adversaire avec une rage et un emportement tels qu'il lui fit des marques violentes, quoique les épées fussent mouchetées. La jalousie et la malignité s'emparèrent de ce fait ; le beau comédien contrefit le malade pendant deux jours ; et le bruit se répandit parmi tous les acteurs de Paris que Trianon, pour se venger d'un acteur aimé du public, avait essayé de le blesser.

Trianon connut alors ce que peuvent la sourde jalousie, les basses haines de ses camarades, qui ne pouvaient lui pardonner d'avoir été malmenés par la critique, à l'occasion de l'*Hamlet*. En effet, qu'on admirât ou non Trianon, il ne faisait pas moins l'effet d'une lumière électrique entourée de lampions. Sa façon de jouer rompait tellement avec les habitudes de ses camarades, que le plus ignorant des spectateurs devait être frappé de l'accent de sincérité qui se manifestait à chacune de ses paroles. Quand il donnait des conseils aux comédiens, on sentait combien Trianon était nourri de Shakspeare, combien il le comprenait, et combien il désirait faire passer ses convictions dans la bande ; mais c'étaient des cabotins orgueilleux qui n'étaient pas de force à rendre le drame du grand poëte anglais. Leur métier était d'apprendre des rôles, de se lever tard, d'aller aux répétitions en s'ennuyant, de rêver à des parties de billard, et, le jour de la représentation, de montrer à nu leur impuissance et leur médiocrité.

Le drame ne se joua guère qu'une quinzaine; et cependant chaque jour amenait une anecdote nouvelle sur Trianon : ses ennemis, comme tous les ennemis du monde, contribuaient pour une bonne part à sa réputation, soit en inventant des calomnies contre lui, soit en dénaturant ses actions, soit en commentant ses propres paroles. S'il est vrai que les oreilles tintent à celui dont il est question ailleurs, Trianon aurait dû être tourmenté de bourdonnements sans interruption. Il ne faisait rien comme personne, disait-on; il se grimait la figure avec des drogues particulières.

Les comédiens achetaient les grands journaux qui critiquaient le jeu de Trianon et on les lisait à haute voix dans les coulisses; d'autres feignaient de le plaindre et lui montraient ces feuilles, lui disant qu'un journaliste qui écrirait de pareilles choses sur leur compte passerait un mauvais quart d'heure. On comptait sur sa nature fiévreuse, et l'on espérait un scandale ; les comédiens n'aiment pas les journalistes, et n'auraient pas été fâchés d'en faire insulter un par Trianon, sauf à l'abandonner aux suites de cette esclandre. C'est par la connaissance de tels faits que les comédiens avaient essayé de le mettre aux prises avec un journaliste. Bientôt Trianon rencontra au café du théâtre un de ceux qui l'avaient le plus malmené dans une feuille de théâtre.

— Est-ce que vous croyez un mot de ce que vous avez écrit sur mon compte? lui demanda Trianon.

— Mais, certainement.

— Eh bien! monsieur, tant pis pour vous.

Il n'en dit pas davantage et lui tourna le dos.

La dernière aventure de Trianon montrait assez à quel emportement il pouvait se laisser aller quand il croyait qu'on se moquait de lui. Un de ces dessinateurs dont le métier est de reproduire les traits d'un comédien, son costume dans les principales scènes, invita Trianon à se rendre à son atelier pour lui poser une esquisse. Trianon n'avait pas grande sympathie pour le dessinateur, qu'il trouvait perpétuellement dans les coulisses, en train de jouer quelque farce; cependant il obéit à l'habitude et se rendit un matin à l'atelier du peintre. Il sonne, il entre, et à peine a-t-il fait quelques pas qu'il entend une détonation; très-nerveux de sa nature, le comédien tressaute et marche encore lorsque le bruit recommence : le peintre rit aux éclats d'avoir semé des pois fulminants dans un endroit obscur et d'avoir inquiété Trianon. Il introduit le comédien dans l'atelier et le prie d'attendre quelques minutes. Trianon, moulu des fatigues de la répétition, tombe sur un divan, dans cette position si enviée des gens brisés, heureux de ne penser à rien. Une porte s'ouvre, un ours blanc paraît et fait entendre un grognement terrible; le comédien tressaillit en voyant avancer vers lui l'ours blanc; mais en entendant un second grognement il redevient calme, car il a reconnu un faux ours; le peintre est certainement dans cette peau.

Cependant l'ours avance toujours et se dispose à mettre ses pattes sur l'épaule du comédien, qui, sans rien dire, donne un énorme coup de poing sur la tête de l'ours. Le peintre croit que sa plaisanterie a réussi et que la terreur est dans l'âme de Trianon ; il continue à rôder autour de lui et reçoit un violent coup de pied qui lui fait pousser un cri moitié ours, moitié homme. A la fin, le comédien, impatienté de la sottise du peintre, le prend à bras le corps, lutte avec lui et le renverse à terre. L'ours crie : « C'est moi ! tu ne me reconnais donc pas ? » Trianon, sans paraître remarquer cette parole humaine, prend un paquet de cordes qui se trouve à sa portée, lie les pattes du malheureux ours vaincu, et s'en va en le laissant étendu sur le plancher.

Quand je fis la connaissance de Trianon, il était sans engagement et sans espérance d'engagement ; mais c'était une nature croyante, quoique maladive, qui retrouvait de nouvelles forces dans l'adversité. Plus il se sentait bas aujourd'hui, plus il se voyait grand demain. Le comédien souffrait momentanément des milles tracasseries dont les gens médiocres couvrent un homme supérieur ; aussitôt la part faite à ces irritations, il se relevait plus fier que jamais, poursuivant avec passion ses études favorites.

— Tout l'art dramatique consiste dans la pantomime, me dit-il un jour ; certes la voix est quelque chose, mais je mets le geste en premier. Le jeu de la physionomie est également une affaire de pantomime, et c'est justement ce à quoi on pense le moins. La grande affaire des jeunes comédiens est d'étudier la diction : ils apprennent comme une sorte de mélopée soit tragique ou comique avec laquelle ils viennent jouer Racine ou Molière ; mais leurs bras sont de bois, leurs jambes sont en fer et leur figure ressemble à une belle tête de coiffeur. Je préfère entendre un perroquet crier *vive le roi* ou demander *à déjeûner*. Si j'avais quelque puissance, continua Trianon, je vous le dis à vous, à tout autre je n'oserais en parler, j'ai une idée qui me poursuit depuis longtemps ; et qui, exécutée sagement, ferait de bons comédiens. Le Conservatoire, tel que je le comprends, je l'ai découvert au Jardin-des-Plantes.

Et le comédien s'arrêta en me voyant sourire.

— Avez-vous vu quelquefois le palais des singes ? Eh bien ! dit Trianon, supposons qu'on m'amène un jeune garçon qui se destine au théâtre ; vous me savez assez d'intelligence pour reconnaître s'il a en lui quelque germe ; d'ailleurs, si je me trompe, je le saurai au bout de deux jours. Je fais enfermer mon futur comédien dans le palais des singes au Jardin-des-Plantes. Là je le laisse seul avec un singe. Mon homme reste sans nourriture ; naturellement à la fin de la journée il a faim, et, comme il n'y a pas de gardien qui vienne lui apporter à manger, il faut qu'il se fasse un ami du singe à tel point que l'animal juge à propos de partager sa nourriture avec l'homme. Or, pour devenir ami du singe, il faut déjà une certaine souplesse de naturel ; pour que l'homme fasse comprendre à l'animal qu'il a faim, il ne peut employer que des gestes : si le singe consent à partager son repas avec l'homme, c'est qu'il a compris les gestes de mon comédien. Des gestes d'homme qu'un animal peut saisir sont des gestes justes. Donc c'est un grand pantomimiste, soyez-en persuadé. Je n'hésiterai pas à lui confier un rôle dans l'ouvrage le plus sublime.

— Mais, dis-je, si le singe n'apporte pas de nourriture ?

— Oh! dit Trianon, mon homme n'a pas l'instinct dramatique, il n'a pas pu accomplir la première de mes épreuves, il ne sera jamais bon à rien.

— Il peut arriver, répondis-je, que le singe, par gourmandise ou par caprice, ne veuille pas faire les honneurs de sa table à votre débutant.

— Pardonnez-moi, dit Trianon ; d'ailleurs vous pensez bien que je choisirai un animal d'une voracité pas trop énorme.

— Et les femmes? dis-je à Trianon.

— Oh! les actrices, dit celui-ci en soupirant, jamais je n'arriverai à les faire entrer dans mon conservatoire du Jardin-des-Plantes. Les actrices! s'écria-t-il, les actrices! il n'y a rien à en faire... Vous en rencontrez une par hasard qui a le diable au corps, qui ne craint pas de se casser la tête en descendant d'un escalier comme madame Dorval, mais ces femmes-là sont des phénix... Si vous saviez comme j'ai souffert des actrices... Vous vous rappelez bien la Orry, qui jouait Ophélie avec moi?

— Oui, elle était bien mauvaise...

— Si elle n'eût été que mauvaise actrice; mais ce n'était pas même une femme, c'était un banquier... Vous n'avez donc pas remarqué son œil froid et calme, sa bouche d'usurier... Ah! les femmes d'argent au théâtre... pas de cœur... Elle aurait mené une vie dévergondée, elle aurait trompé trente-six amants à la fois, elle pouvait être une grande comédienne ; malheureusement elle ne trompait personne, elle n'avait jamais aimé que l'or, les actions de chemin de fer et les coupons de rentes. Qui est-ce qui a poussé les comédiennes dans cette voie-là? Les malheureuses! elles

14

ne veulent plus mourir à l'hôpital. C'est une honte! Que voulez-vous faire de pareilles femmes au théâtre? L'argent leur a glacé le cœur ; il leur est impossible de trouver un cri, un geste vrai. L'habitude de vivre avec des gens d'argent leur fait avancer les mains comme pour recevoir un sac de louis ou un portefeuille; en un moment tout devient faux en elles, aussitôt qu'elles ont mis leur corps en exploitation régulière, rapportant tant, bon an mal an. Elles jouent la comédie, le drame, le vaudeville, parce que cela les pose, les fait admirer, les met en montre; on devrait les envoyer tourner, en costume décolleté, chez les marchandes de modes à la place des poupées de cire.

Voyez-vous un comédien, un homme qui pense, qui sent vivement, et qui adresse une déclaration à une telle actrice; il a pensé qu'il l'échaufferait à force d'émotions, qu'il lui remuerait le cœur, les entrailles; et rien... Vous avez toujours devant vous cette femme qui fait des multiplications en dedans, qui *fait l'œil* à quelqu'un ou à quelques-uns de l'orchestre, et qui vous répond avec la même voix qu'elle a en discutant chez son agent de change. Son costume n'est pas plus vrai que sa voix : n'importe comment elle s'habille, vous retrouvez à tout moment les goûts de la femme entretenue. Pas de cœur, vous dis-je, pas de cœur. Je suis sorti quelquefois de scène en grinçant des dents contre la Orry ; une fois seulement elle apporta dans son rôle une certaine tristesse, mais qui n'avait rien de commun avec la mélancolie d'Ophélie. Cette fille, depuis quelque temps, affectait une grande passion pour un des plus élégants jeunes hommes du boulevard qui s'appelle le comte Villot, un beau garçon très-spirituel, à ce que vous allez voir.

Le jeune comte avait hérité d'une quarantaine de mille livres de rente, et, en sa qualité d'héritier, il ne croyait pas absolument à la passion de la Orry. Cependant, comme elle le poursuivait partout, comme elle avait l'air de se compromettre pour lui, le comte accepte un souper chez la Orry ; il y passe la nuit et s'en va le matin. Puis on n'entend plus parler de lui. Notre Ophélie se plaint, lui fait parler, le comte ne répond pas ; enfin, poussée à bout, l'actrice lui écrit qu'il est étonnant qu'on ne l'ait pas revu à la suite du souper.

Le soir, en venant au théâtre, la Orry trouve chez le concierge du théâtre un billet par lequel l'amant s'excusait d'avoir oublié sa petite dette de souper en envoyant un louis. Ce jour-là j'ai été vengé, et peut-être, si la Orry avait pu être volée coup sur coup par ses amants, peut-être eût-elle reconnu que l'art ne vole pas. Elle était d'autant plus honteuse qu'elle avait confié l'histoire à une rusée qui s'empressa de la répéter à tout le théâtre. Aussi joua-t-elle Ophélie tristement. Quand j'y pense, je suis encore heureux, s'écria Trianon en sautant. Pourquoi ces créatures-là ne s'engagent-elles pas dans les tableaux vivants ? elles ont tout ce qu'il faut pour réussir ; point, elles viennent toucher à Shakspeare... Ah ! que je leur en veux !... Aussitôt que je vois une comédienne regarder dans l'orchestre ou à l'avant-scène, je me dis : Nous sommes perdus ; elle ne pensera plus à son rôle, elle ne pensera plus au public ; elle pense à quelqu'un... Tous les théâtres sont pleins de ces femmes, et il faut les connaître dans la vie privée, même celles à qui l'on trouve de l'esprit. C'est une sorte de langage qu'elles ont appris avec les poëtes et les peintres, qu'elles répètent avec une certitude renversante. On est effarouché d'abord de cette espèce d'esprit, bientôt on finit par s'apercevoir que tout cela est appris comme une grammaire, et on donnerait cent francs pour entendre causer un chiffonnier, parce que celui-là ne va pas chercher ses pensées dans les ateliers ni dans les vaudevilles. J'ai remarqué, continua Trianon, que les acteurs étrangers apportent beaucoup plus de passions que nous dans leur art. Ils s'y mettent tout entiers et en jouissent les premiers.

On m'a mené presque de force voir la Tedesca, une danseuse espagnole; je me fis prier d'abord, ayant quelque haine contre les danseuses françaises; cependant, aussitôt les premiers pas de la Tedesca, je me suis senti pris, j'étais un amateur fou de danses parce que je venais d'avoir une révélation. J'avais devant moi sur les planches une femme qui croyait à son affaire et qui était heureuse comme un enfant qui saute à la corde. Je ne vous parlerai pas de sa façon particulière de danser : toutes sont bonnes quand elles sont sincères; mais j'ai remarqué un fait qui montre le profond amour de la Tedesca pour la danse. Elle avait terminé sa scène, une longue scène très-fatigante; une autre danseuse venait la remplacer. Vous croyez que la Tedesca va retourner dans la coulisse, tomber épuisée de fatigue dans les bras de sa femme de chambre, se faire entortiller d'un grand châle. Peuh ! cela est bon pour nos danseuses françaises. La Tedesca restait au fond du théâtre et se mettait à rouler des castagnettes avec l'animation d'un gamin qui suit des tambours, deux morceaux de faïence dans la main. Cette action m'a ému, oui, ému, car j'y ai vu toutes sortes de bonnes qualités. La Tedesca, la tête de la troupe, le premier sujet, l'étoile, comme on dit dans le dictionnaire de théâtre et de feuilleton, cette femme applaudie servant d'orchestre à une autre danseuse, à une rivale... jamais vous ne verrez cela dans aucun théâtre français, où l'ambition et l'orgueil sont démesurés. Et j'ai appris, par des camarades, un fait qui a rapport aussi à ces danseuses. La mère de la Tedesca est une femme fort âgée, pouvant à peine marcher, à cause de son embonpoint. Les jours de représentation de la troupe, elle venait dans les coulisses avec ses castagnettes, et elle les faisait claquer avec rage, comme si elle avait encore vingt ans. Cet exercice la mettait en nage ; eh bien ! elle se croyait dans son pays ! elle oubliait le théâtre, les coulisses ; peut-être d'ailleurs la Tedesca reconnaissait-elle le son particulier de ces castagnettes, tenues par une vieille main enthousiaste.

Nous avons trop d'esprit, l'esprit nous perd tous les jours, dit Trianon... Ah ! l'esprit français ! quelle fâcheuse qualité, qui est la perte de toute croyance, de toute naïveté. Chacun tire à soi l'extraordinaire, le bizarre, pour faire de l'effet, et il arrive des artistes nouveaux qui veulent renchérir là-dessus et qui se tortillent dans tous les sens pour amener les résultats que vous savez. Je ne nie pas, continua le comédien, qu'il n'y ait dans les arts des êtres en dehors de toutes les formes reçues ; mais ce sont des êtres incomplets, qui ont des défauts et des qualités extrêmes, qui tombent des nuages sur la terre, et qui n'y ont pas plus tôt pris pied qu'ils s'envolent. Ces natures exceptionnelles ont existé de tous les temps et ont beaucoup souffert ; mais, quand je vois d'honnêtes gens qui se mettent en quatre pour paraître singuliers, je me dis : Voilà des personnes qui se préparent une destinée amère et une triste fin. Cela est bon quand ils sont jeunes ; on les trouve drôles comme de jeunes chats qui font des cabrioles ; mais, quand arrive l'âge plus sérieux où ils réfléchissent que leurs grimaces ne les ont menés à rien, ils veulent rattraper le simple, le naturel, et ils ne trouvent que le terre à terre.

J'admirais à part moi combien Trianon se servait vis-à-vis des autres des reproches qui lui étaient adressés de partout, et ces idées saines dans la bouche du bizarre acteur prouvaient assez combien un jeu excentrique était personnel à sa nature ; cependant je voulus le tâter jusqu'au bout.

— Des comédiens, lui dis-je, se plaignent de ce que vous ne voulez pas vous mettre au diapason.

Trianon éclatera de rire.

— Ah ! on vous a parlé du diapason ?

— Oui. Cela m'a fort surpris ; je ne connaissais jusqu'ici de diapason qu'en musique ; mais un comédien m'a expliqué qu'il y avait une certaine tonalité de convention dans le drame ou la comédie, que chacun s'y mettait même sans le vouloir, et que vous les dérangiez beaucoup par votre changement de diapason.

— Tout cela sent le Conservatoire, dit Trianon ; le plus extraordinaire est qu'au boulevard du Temple les comédiens subissent de pareilles règles. Puis-je raisonnablement dire le rôle d'Hamlet sur une tonalité qui, quoique vaste, me gêne encore dans ses règles. M'avez-vous entendu faire des fautes vocales? enfin m'avez-vous entendu parler faux? Non. Eh bien! du moment que je ne parle pas faux, je ne trouble pas leur concert et mes camarades n'ont rien à y voir. Je n'admets pas leur diapason... S'ils ont été quelquefois victimes de *Frédérick*, cela ne me regarde en rien. *Frédérick* est un rusé comédien ; il veut être le maître au théâtre ; il n'admet pas d'intelligence dramatique à côté de lui, tout au plus veut-il des capacités. *Frédérick* est même jaloux d'une femme ; si elle avait des effets trop marqués dans un drame, il ne consentirait pas à jouer le drame. Vous pensez que je ne vous fais pas là des cancans de coulisses. Il s'agit de regarder *Frédérick* dans une loge, assistant à une première représentation dans un autre théâtre que le sien. Tout le temps que jouera un acteur remarquable, il grognera, il se remuera ou bien il fera semblant de dormir, comme si l'acteur ne valait pas la peine d'être écouté ; mais, aussitôt qu'une honnête médiocrité aura paru et dit quelques mots, vous verrez *Frédérick* se réveiller, s'enthousiasmer, pousser des grognements approbateurs, crier bravo, applaudir, enfin jouer une très-comique comédie... Voilà *Frédérick*. Au théâtre, c'est autre chose. Un jour, on engage pour jouer avec lui un jeune homme, beau garçon et qui avait pour toute qualité un organe remarquable dans le médium de la voix. Aux répétitions *Frédérick* se tournait vers son troupeau de médiocrités dont il avait fait des esclaves dévoués :

— Quel crétin que ce garçon-là !

Au directeur il disait :

— Comment avez-vous pu jeter ainsi dix mille francs à l'eau en engageant cet homme?

Et tout le théâtre croyait à la sincérité de *Frédérick* ; mais cela ne lui suffisait pas ; il ne fut content qu'après avoir trouvé une forte ruse.

— Monsieur, dit-il à l'acteur qui, plusieurs fois dans le drame, devait se trouver seul avec lui, je ne vous entends pas ; veuillez répéter la phrase.

L'autre répète bonnement sans se douter du tour.

— Plus haut, monsieur, s'il vous plaît.

Le comédien hausse un peu la voix.

— Mais, monsieur, votre voix se perd dans le trou du souffleur ; à peine si le chef d'orchestre vous entendra.

Le débutant hausse encore le ton.

— On voit bien, monsieur, que vous sortez d'un théâtre de province ; vous êtes habitué à de petites salles ; croyez-moi, parlez plus haut. Si vous continuez sur ce ton, nous ne jouerons pas la pièce jusqu'au bout ; vous ne connaissez guère les voyoux : ils veulent tout entendre.

Le malheureux débutant haussa de deux notes sa voix ordinaire ; il fut exécrable, car sa voix n'était agréable que dans les cordes moyennes. Comme tous les gens qui se forcent, il était aussi maladroit qu'un perruquier qui voudrait fabriquer de la chandelle. *Frédérick* fut charmant dès lors pour son nouveau camarade, qui n'avait eu aucun succès. Si je vous parle de *Frédérick*, c'est pour vous faire comprendre à fond cette question de diapason ; mes camarades ont cru que dans *Hamlet* je voulais jouer cette même comédie ; mais jamais je ne me suis inquiété de leur tonalité ; j'étudie la mienne et je les laisse libres de chanter leur rôle comme il leur plaît.

La conversation de Trianon m'intéressait au plus haut degré ; constamment proccupé de son art, je le rencontrais toujours réfléchissant, et je ne le voyais pas cinq minutes qu'il ne me fît quelque observation intéressante sur l'art dramatique.

— Mon cher ami, me dit-il un jour près du Château-d'Eau, n'êtes-vous pas fâché de ce que je vous ai quitté si brusquement la dernière fois ? Je vous avoue que j'étais froissé, et j'avais tort. Ce mot d'*instrumentiste*, que vous m'avez lancé tout d'un coup, m'a humilié sur le moment. J'ai beaucoup réfléchi depuis. Oui, certainement, dans l'échelle des arts, le comédien n'est qu'un instrumentiste.

— Je suis content, Trianon, que vous soyez de mon avis.

— Il est très-difficile, dit le comédien, de jouer du violon ; j'ai causé avec un ami... Quelle mécanique terrible à dévider que ces doigts, que cet archet, que ce bras gauche. Et pour comprendre un maître, pour rendre des pensées justes, sans efforts, sans augmentation, sans variations, sans *farces*... Oui, un instrumentiste sérieux est encore un homme rare... Nous ne sommes que des instrumentistes, les esclaves des poëtes, et je crois que nous pouvons être orgueilleux quand nous les rendons juste... Mais il faut les comprendre, et cela n'est pas facile... Je vais comme tout le monde voir jouer des vaudevilles, des drôleries ; cela a une importance médiocre ; vous ne sauriez croire combien je souffre quand je vois le comique introduire des plaisanteries à côté de celles de l'auteur ; cela jure comme un repeint dans un tableau. Si j'étais directeur de théâtre, je condamnerais à cent francs d'amende tout comédien qui se serait permis d'introduire un mot de lui dans une pièce.

— Vous êtes dur, Trianon.

— Oh! non, je vous assure; il y a déjà tant de gestes qu'on ne peut empêcher; ces mots sur lesquels l'acteur appuie avec intention, comme s'il doutait de l'intelligence du public. Et ces comédiens qui s'avancent vers le trou du souffleur, qui s'arrêtent au milieu de la phrase; on sent qu'ils pensent : je vais vous dire quelque chose de très-drôle. Cela fait pitié. Le public comprend ou ne comprend pas. S'il n'a pas d'intelligence, rien ne lui en donnera; s'il en a, ce n'est pas en soulignant les mots qu'on les lui fait comprendre.

— Puisque nous disons du mal des comédiens, lui dis-je, j'ai encore une observation à vous soumettre qui me paraît résumer en un mot leur orgueil de Titans : quand ils ont étudié un rôle et qu'ils l'ont joué, ils disent avoir créé un rôle...

Trianon ne répondit pas.

— A quoi voulez-vous en venir? me dit-il.

— Ce mot *créer* ne vous choque-t-il pas?

— Il est tellement passé dans la langue, dit Trianon, que j'y étais habitué et que peut-être je m'en serais servi. La coutume est, en effet, aveuglante. Nous serions blessés d'entendre dire que Shakspeare a créé de grands drames, et le moindre cabotin s'entend dire par des journaux qu'il a créé un rôle.

— Voilà où nous conduit tous les jours l'asservissement des écrivains. Ils finissent par prendre au sérieux les mots inventés par l'orgueil des coulisses, et il arrive qu'un drôle a fait, à lui seul, plus de créations que Dieu.

— Vous allez bien loin, me dit Trianon; mais il faudrait savoir d'où part le mot et à quelle époque il a été employé pour la première fois. Peut-être un grand comédien, n'acceptant pas ce rôle d'*instrumentiste* que vous lui accordez, s'est-il révolté et a-t-il imaginé de se poser en créateur, insistant sur le mot et le répétant de telle sorte qu'il a fini par prendre racine. Notre rôle est double : d'un côté, je veux bien être l'esclave du poëte; mais, de l'autre, je reprends ma liberté et j'apparais au public tel qu'il oublie l'auteur, qu'il ne se demande pas si je suis un simple interprète, qu'il m'applaudit, moi acteur, et qu'il se soucie fort peu de la pensée qui dirige mes gestes. Dans une première représentation, l'honneur revient presque tout entier à l'auteur; aussi a-t-il un public particulier; ses amis, ses parents, ses confrères; mais, le lendemain, il court sur les boulevards, chez les petits bourgeois, dans les ateliers, ce seul bruit : *La pièce a réussi*, ou bien : *La pièce n'a pas réussi*. Pensez-vous que ce vrai public pense à l'auteur? Pas du tout. Le public veut être ému, intéressé; l'acteur rend bien ou mal la situation du drame, et l'acteur est applaudi ou sifflé parce qu'il est l'être le plus visible, celui qui concourt le plus apparemment à la pièce; quant à l'auteur, on ne le voit pas et on l'oublie. Vous brûlez du charbon de terre dans votre cheminée, et vous ne pensez guère au mineur qui passe sa vie à extraire ce charbon de terre. D'ailleurs nous avons droit à ces applaudissements publics, à ces enthousiasmes visibles, à ces appointements élevés, que quelquefois on nous reproche avec dureté. Le poëte qui meurt à trente ans a vécu, j'en suis sûr, d'autant de sensations que le poëte qui meurt à cinquante ans. Pour les êtres organisés délicatement, plus la vie est courte, plus elle est mieux remplie. Les comédiens vivent peu, ils vivent seulement le temps de leur vie. Quand le comédien est mort, qu'est-ce? un souvenir pour quelques vieillards qui se font moquer d'eux par les jeunes gens. C'est ce qui justifie jusqu'à un certain point la part de fortune, d'honneurs, de bravos, qu'ils recueillent pendant leur vie. Morts, on les enterre dans l'*Almanach des Spectacles*, et c'est un petit enterrement, un convoi de dernière classe tout à fait.

Un matin Trianon accourt chez moi, un journal à la main.

— Mon ami, que je suis heureux! Tout ce que j'avais dit à la répétition de *Hamlet* est confirmé. Si vous saviez ce que j'ai lu!

— Qu'est-ce?

— Attendez, j'ai monté trop vite vos escaliers et je suis fatigué. Vous vous rappelez ce beau morceau, dans *Hamlet*, où il est démontré qu'un mendiant peut manger un roi? Ce passage avait été supprimé à la représentation.

— Je ne le sais que trop; j'attendais toujours cet endroit si comique et je fus désolé de la mutilation.

— Et moi, dit Trianon, j'ai bataillé tant que j'ai pu aux répétitions; je n'en avais pas le droit, cela ne me regardait pas, mais j'étais appuyé par l'auteur, et pour la première fois nous nous entendions. Le directeur disait : « Jamais le public n'acceptera cette grossièreté; ce n'est pas fin, ce n'est pas là de l'esprit français. » Je crois bien. Il y a une chose à remarquer, toutes les fois qu'un homme médiocre

LES SENSATIONS DE JOSQUIN.

s'entête contre quelque chose qui dépasse son esprit, il se rejette sur le public, il prend le public à témoin, il se dit le représentant du public, il met des sottises sur le dos du public ; ce pauvre public a servi bien des fois à masquer des mauvais vouloirs et des inepties. Enfin notre directeur ne voulut pas entendre parler de cette nouvelle cuisine. Vous rappelez-vous bien le fameux dialogue entre le roi et Hamlet?

— J'en ai l'idée, mais je ne saurais dire les détails.

— Alors il est nécessaire de vous le réciter pour vous le mettre en mémoire.

Et Trianon se mit à déclamer les deux rôles.

LE ROI. Eh bien! Hamlet, où est Polonius?

HAMLET. A souper.

LE ROI. A souper. Où?

HAMLET. Non pas dans un lieu où il mange, mais où il est mangé. Un certain congrès de vers politiques s'est réuni autour de lui. Votre ver est votre véritable souverain en fait de nourriture ; pour nous engraisser, nous engraissons toutes les créatures de Dieu ; et pour qui nous engraissons-nous? pour les vers. Votre roi gras ou votre mendiant dîne ; ce n'est que le même repas, mais diversement accommodé : deux plats pour la même table ; c'est la fin de tous.

LE ROI. Hélas! hélas!

HAMLET. Il peut arriver qu'un homme pêche avec le ver qui a mangé d'un roi, et qu'il mange du poisson qui a avalé ce ver.

LE ROI. Que veux-tu dire?

HAMLET. Rien ; vous prouver seulement comment un roi peut traverser l'estomac d'un mendiant.

— Faut-il être directeur de théâtre, s'écria Trianon, pour couper de pareilles choses ! Enfin il disait que cela était contre la nature, que cela soulevait le cœur rien que d'y penser, qu'il y avait déjà assez de têtes de mort, de fossoyeurs, de plaisanteries de croque-morts, et que l'auteur devait lui savoir déjà beaucoup de gré d'avoir laissé presque en totalité la scène du cimetière. Jugez de mon bonheur, continua le comédien ; ce matin, je tombe sur un vieux journal, un numéro de *la Gazette des Tribunaux*, et j'y trouve la confirmation de la fameuse scène de Shakspeare. Je vous avertis qu'il s'agit d'une petite chanson de bon enfant, faite sans façon ; mais je voudrais bien connaître le brave homme qui l'a faite. Il était traduit devant la police correctionnelle pour avoir pêché sans autorisation, et il disait aux juges qu'il avait l'habitude de chanter pour attirer les poissons, qu'il ne faisait de tort à personne et qu'il ne pensait pas à inquiéter le gouvernement. « Lisez-la, disait-il aux juges ; je ne peux pas vous la chanter ici, bien sûr, parce qu'il faut être au bord de l'eau pour qu'elle ait tout son charme. » Comme vous allez le voir, c'est un dialogue entre le goujon et le ver.

LE GOUJON.

Toi qui n'es pas d'ici,
Que viens-tu faire
A Bercy ?

LE VER.

Celui qui m'envoie ici

N'est pas loin d'ici,
Dieu merci!
Si tu me manges, il te mangera aussi.

LE GOUJON.

Merci.

— Voilà-t-il pas une bonne drôlerie? continua Trianon. Le rapport avec le fragment du vieux Shakspeare n'est pas difficile à saisir, et cependant ce pauvre homme, on peut en juger par sa chanson, n'avait jamais lu *Hamlet*. Vous m'accusez peut-être d'enfantillage; cela m'a plu peut-être parce que j'ai la tête pleine d'*Hamlet* et que tout ce qui s'y rapporte m'intéresse.

Il y a à Paris quelques gens peu nombreux qui vivent tout à fait d'une vie étrangère à la société; ils vivent uniquement de l'art; ils s'y sont jetés à corps perdu, ne connaissent ni père, ni mère, ni femme, ni enfants; pour eux, la famille se compose de cinq ou six personnes qui éprouvent les mêmes sensations, les mêmes jouissances, les mêmes souffrances. Tout ce qui est en dehors de l'art leur échappe; la politique les ahurit, les moindres besoins de la vie pratique les effrayent. Malheur à eux s'ils ne rencontrent pas un ange de dévouement qui accepte leurs douces manies, leurs innocentes joies, qui les console de leurs vifs chagrins et qui les relève de temps en temps! Trianon était un de ces rares hommes entrés dans l'art sans arrière-pensée.

Trianon fut engagé à l'Odéon par un directeur qui, voulant monter des pièces de Shakspeare, crut avoir trouvé son homme dans le comédien qui avait joué le rôle d'*Hamlet*.

L'éducation moderne, les tentatives littéraires ont fini par vulgariser Shakspeare plutôt par le nom que par les œuvres. Vous rencontrez beaucoup de personnes honorables de la magistrature, du commerce, de la finance, qui s'écrient : *Shakspeare, ah! ah!* en fermant un peu les yeux, en faisant claquer la langue et en secouant la tête. D'autres vous disent : *Shakspeare, diable!* Vous n'en tirerez pas davantage ; c'est une manière à eux d'exprimer un profond enthousiasme simulé, car ils n'ont jamais lu le poëte anglais. Le directeur de l'Odéon était dans ce cas ; il avait entendu parler de Shakspeare dans le monde, et, lorsqu'il fut reçu par le ministre qui lui demandait comment il entendait la question littéraire, il fit entendre son : *Shakspeare, ah! ah!* qui lui valut immédiatement sa nomination.

Heureusement il avait pour secrétaire un jeune homme doux, qui avait lu une certaine traduction de *Macbeth* par un poëte romantique, célèbre en 1827. La tentative de l'*Hamlet* avait amené une association assez singulière, mais dont les gazetiers se servent souvent : c'était de confondre Trianon et Shakspeare, de n'en faire qu'un pour ainsi dire. Le bruit en vint aux oreilles du secrétaire, qui en parla à son directeur ; c'est ainsi que Trianon fut engagé ; seulement on ne songea pas que Trianon n'avait pas de rôle dans *Macbeth ;* mais il était engagé. Il passait pour un acteur shakspearien et il fallait s'en servir. On lui donna le rôle de *Macbeth,* qui n'entrait pas dans ses moyens. Trianon étudia le rôle, et ce fut alors que commencèrent ses vives colères qui étaient quelquefois comiques à entendre. Il entrait comme un orage.

— Ce monsieur n'a pas de sang dans les veines.

— De qui parlez-vous ?

— Le malheureux ! il n'est pas possible qu'il ait traduit lui-même ; il aura pris la version d'une demoiselle forte sur l'anglais.

Comme il jetait la brochure avec colère sur la table, je la pris et je reconnus le *Macbeth* du tendre romantique.

Effectivement Trianon se gendarmait avec raison contre cette traduction qui semblait sortie d'une plume chlorotique.

— Est-il possible de déclamer des vers pareils ? s'écriait l'acteur ; cet homme-là n'a pas de nerfs, ma parole !... Est-ce qu'il avait besoin de traduire Shakspeare ?

— Le plus simple, dis-je, serait de jouer en prose.

— Ah ! n'est-ce pas ? dit Trianon ; j'y avais pensé.

— Cela paraît tout naturel ; mais vous ne savez pas qu'il vous serait plus simple de gagner une bataille que de faire jouer *Macbeth* ou *Hamlet* en prose. Les gens qui font des vers sont plus rusés qu'ils ne le paraissent ; ils savent qu'ils étonnent le public, tandis que la majorité n'a pas grand respect pour un homme qui écrit une simple prose que chacun manie à tous moments, les commerçants dans leurs lettres à leurs commettants, les créanciers à leurs débiteurs, les grisettes à leurs amants, et ainsi de suite. Un directeur de théâtre a encore quelque respect pour les vers ; il s'incline et regarde un manuscrit versifié comme une chose curieuse ; un comité de lecture entend une sottise qui n'a ni queue ni tête, qui ne répond à aucun sentiment, qui ne contient ni drame ni analyse de passions ; n'importe ! La drogue est en vers, elle offre en apparence de la difficulté, ce qui n'est pas, car le vers est plus facile à écrire que la prose. Eh bien ! ce comité accepte la drogue; elle est jouée dix fois ; tout le monde s'ennuie, mais on n'ose pas trop dire de mal des vers dans les gazettes. Voilà pourquoi on ne jouera jamais Shakspeare en prose, car jamais un directeur ne soupçonnera la différence qui existe entre une prose ferme et riche et des vers mous et communs.

— Pourquoi ne diriez-vous pas cela dans un journal ?

— Parce que cela ne servirait à rien. Pour arriver à la traduction en prose de Shakspeare au théâtre, il n'y aurait pas assez de dix critiques sérieux qui le crieraient à tue-tête toute l'année.

— Mais, dit Trianon, il y a bien dix critiques de bon sens.

— Dix, c'est beaucoup; mettons-en cinq ; ces cinq-là se soucient peu de faire triompher une idée; ils préfèrent faire triompher une actrice. Le combat fatigue l'esprit et le corps; or un critique qui veut durer une vingtaine d'années à faire ce triste métier s'arrange de telle sorte qu'il soit à l'abri de toute passion et de toute lutte : il s'userait trop vite.

— Quand il s'userait ! s'écria Trianon.

— Vous en parlez bien à votre aise ; il y en a beaucoup qui trouvent la vie curieuse, amusante, pleine de jouissances, et qui ne tiennent pas à aller voir ce qui se passe dans l'autre monde. Pour se maintenir sains de corps ils font des concessions à l'esprit bourgeois, à la tradition, et surtout ne s'amusent pas à creuser leur esprit pour en faire jaillir quelque chose de neuf. Ce *Macbeth*, que vous joueriez si bien en prose, n'a l'air de rien ; c'est une révolution ; je veux bien essayer d'imprimer mes raisons, mais je vous avertis que nous ne réussirons pas.

Le traducteur de *Macbeth* était un homme doux, poli, et qui avait dans le caractère de souples insinuations qui mettaient Trianon en fureur ; le comédien préférait encore le violent traducteur d'*Hamlet*, avec qui il avait eu tant de scènes désagréables. Après avoir étudié le rôle de *Macbeth*, Trianon le rendit, en faisant comprendre qu'il ne saurait s'en tirer ; seulement, pour ne pas montrer trop de mauvaises dispositions à son début à l'Odéon, il consentit à jouer le rôle de *Banquo ;* mais il sema le trouble dans le théâtre. L'idée de la prose le poursuivait ; et, comme certains acteurs avaient quelque confiance en lui, parce qu'il sortait d'un théâtre supérieur, il leur fourra la haine de la poésie. Il s'avisa d'acheter une douzaine de brochures d'une traduction de *Macbeth* en prose et leur en fit cadeau, en les engageant à apprendre leur rôle en prose par cœur, afin de se pénétrer de l'esprit du drame, qui était tout à fait dénaturé par le traducteur en vers.

Quelques-uns se laissèrent persuader et apprirent sérieusement leur rôle en prose.

— Ils iront très-bien, dit Trianon à l'auteur ; je leur ai donné des conseils.

— Ah ! mon cher monsieur Trianon, que je vous en remercie, disait le poëte romantique.

— Il n'y a pas de quoi.

— Au contraire, c'est un grand service que vous me rendez.

— De rien, dit Trianon.

— Pardonnez-moi, dit le traducteur, qui se confondait

en compliments, et qui déclarait n'avoir jamais rencontré de comédien aussi enthousiaste de son art que Trianon.

— Écoute ici, Félix, dit Trianon à un comédien qui jouait le rôle de Macduff ; récite un peu de ton rôle à monsieur.

Le comédien obéit et commença un récit ; l'auteur le regardait avec étonnement, n'entendant plus ses rimes.

— Qu'est-ce donc ? dit-il, je ne vous comprends pas.

— Je dis mon rôle, dit Félix.

— Votre rôle ! s'écriait le traducteur ; mais vous me parleztout naturellement comme s'il était écrit en prose.

— En effet, dit le comédien, c'est de la prose.

— De la prose, disait l'auteur.

— N'est-il pas convenu, dit Macduff, qu'on jouera *Macbeth* en prose ?

Le traducteur s'enfuit devant cette menace et alla se plaindre au directeur, qui découvrit la conspiration. Une partie de la troupe était passée à l'ennemi, avait suivi les conseils de Trianon et étudiait le *Macbeth* en prose, pendant que les autres se conformaient au texte dit poétique du traducteur.

Cette conspiration, montée par Trianon, lui fit perdre la faveur de la direction, fatigué de cet enragé conseilleur, qui ne rêvait que plans et réformes dramatiques ; lui-même comprit sa mauvaise situation et rompit à l'amiable son engagement. Il vint me dire adieu.

— Je suis engagé.

— A la bonne heure, lui dis-je, et j'en suis bien heureux... A quel théâtre ?

— Hélas ! je ne sais à quel théâtre ; je m'en vais courir la province.

— Peut-être vous comprendra-t-on mieux qu'à Paris.
— J'en doute, dit Trianon.
— Et quand reviendrez-vous?
— Qui sait!

Depuis cette époque, je ne revis plus ce grand et bizarre comédien. J'ai quelquefois cherché son nom dans les comptes rendus de gazettes de théâtre : jamais on ne parlait de lui.

VIII

LES ANABAPTISTES.

Il y a longtemps que j'ai une mission pour étudier la littérature populaire, une mission que je me suis donnée, car je ne m'aviserai jamais d'aller trouver un ministre et de lui dire : « Monsieur, voici tel point de l'histoire à éclaircir, les matériaux sont à tel endroit, pourriez-vous me donner les moyens d'aller travailler dans cette province? » Ce n'est pas ainsi que s'obtiennent les missions.

Il est bon d'aller pendant un certain temps dans un certain monde, il faut être convenablement ganté, verni et peigné avec le plus grand soin. Je recommanderai surtout à tout homme qui désire une mission, de tirer une raie au milieu du front et de la prolonger jusqu'à la nuque, en la faisant passer par le sommet du crâne. Ce jeune homme est certain d'obtenir ce qu'il demande, en joignant à sa raie quelques attentions pour de vieilles dames qui s'empresseront de le recommander au ministre.

Autant que possible ne pas apporter de convictions dans la conversation. Combien d'hommes ont vu leurs projets mis en déroute par des idées arrêtées, par une simple affirmation ou une négation !

Quelqu'un me disait un jour : « Quand vous entrez dans un salon, laissez vos opinions dans l'antichambre avec votre paletot. » Ce quelqu'un me sembla particulièrement corrompu, car je n'aime que les conversations substantielles, et je resterais muet toute la soirée si j'entendais des paroles instructives ; mais si quelque niais veut m'imposer ses goûts, alors il m'est impossible de me retenir : je dis ce que je pense, ce que je crois. Voilà pourquoi je ne demanderai pas de mission. D'ailleurs, il me serait impossible de rédiger mes observations dans la forme officielle ; je suis certain qu'en voulant rester terne et monotone, il m'échapperait toujours de tirer quelque pétard.

Aussi me suis-je donné une mission à moi-même, celle de visiter Troyes, qui fut le berceau de la Bibliothèque populaire ; de là j'irai à Langres faire un petit pèlerinage à la mémoire de Diderot ; je traverserai Besançon pour me rendre à Montbéliard, où je retrouve des traces d'imprimerie populaire, et je passerai soit en Suisse, soit en Allemagne.

Comme je parlais de mes projets à table, une personne qui se trouvait là me dit en m'entendant parler de Montbéliard :

— Ne manquez pas de visiter les anabaptistes.

— Pourquoi ?

— Vous y remarquerez des mœurs fort curieuses. Surtout tâchez de vous introduire dans une famille anabaptiste où il y aura des demoiselles ; faites un petit bout de cour à l'une d'elles, et demandez-lui la permission de passer la nuit en sa société.

Toute la table se mit à rire.

— Je ne plaisante pas ; si vous convenez tant soit peu à la demoiselle, elle vous accordera cette faveur.

— Dans quel but ?

— Que vous importe ? Vous passerez la nuit avec une jolie fille, car elles sont toutes jolies, et cela avec la permission de ses parents.

— Est-il possible ?

— C'est la coutume du pays. Il en est de même dans l'Oberland, et il n'y a là rien contre la pureté des mœurs.

— Bah !

— Ce sont de jeunes filles sages qui vous accordent une très-légère faveur, vous causerez seulement avec elle.....

— Toute la nuit ? dis-je.

— Oui.

— Et que fait la demoiselle ?

— Elle est dans son lit.

— Et moi, quelle sera ma situation ?

— Vous vous coucherez également.

— Allons, vous vous moquez !

—Non ; seulement vous serez sur la couverture et la demoiselle dessous.

—Une fameuse précaution !

—La demoiselle garde sa jupe et vous la moitié de votre costume.

—Je ne comprends pas quel est le but de cet usage.

—Allez à Montbéliard.

—Il n'est jamais arrivé de malheur?

—Si vous vous avisiez d'être trop entreprenant, la demoiselle appellerait aussitôt ses parents.

—A la bonne heure ; mais qui est-ce qui la pousse à m'accorder cette nuit?

—Allez à Montbéliard.

—Est-ce une épreuve pour la vertu de la jeune fille? Par là comprend-elle les séductions futures qui viendront plus tard l'assiéger?

—Je n'en sais rien, allez à Montbéliard.

—Bien certainement. Je veux en avoir le cœur net ; mais je ne peux pas décemment arriver à Montbéliard sans y connaître âme qui vive et me présenter dans la première maison venue d'anabaptistes.

—Puisque vous connaissez beaucoup de monde à Besançon, faites-vous donner des lettres d'introduction pour Montbéliard.

—Je n'y manquerai pas.

—Allez voir de ma part M. l'abbé X...., à Montbéliard.

—Décidément, vous vous moquez? Comment irais-je trouver M. le curé et lui expliquer ce qui m'amène à Montbéliard?

—M. l'abbé X..... est un homme intelligent qui vous

donnera des renseignements très-curieux sur les anabaptistes ; il y a plus de protestants dans la ville que de catholiques, vous pourrez étudier les luttes des deux religions en présence.

—Mais si je me lie avec M. le curé, je risque fort de me compromettre aux yeux des protestants.

—Ne vous liez pas, rendez seulement une visite à M. l'abbé X..... pour étudier le terrain et de là pénétrer chez les anabaptistes.

—Vous me séduisez, je pars demain.

—Ce sera de votre faute si vous revenez sans avoir fait connaissance avec une famille anabaptiste.

—Adieu donc.

Nous nous embrassons là-dessus ; je fais mes malles et je rêve de Montbéliard la nuit, en attendant que je prenne le chemin de fer de Troyes le lendemain matin.

IX

PUREMENT ARCHÉOLOGIQUE.

Troyes est la ville par excellence des libraires ; des murs épais de Troyes sont sortis des montagnes de petits livres qui ont inondé les campagnes. C'est la patrie de la *Bibliothèque bleue* dont le titre seul réveille tous les souvenirs de jeunesse. Contes de fées, histoires de brigands, cantiques pieux, tous nous avons eu dans les mains quelques-uns de ces petits volumes imprimés illisiblement sur du papier à sucre, et que nous lisions avec nos jeunes yeux avides de douze ans. Il y aurait un beau livre à faire sur la bibliographie de Troyes, un livre demi-spirituel, demi-savant, comme en écrivait jadis Charles Nodier. Depuis longtemps je voulais visiter Troyes, de même que j'ai été à Rouen, à Épinal, pour y retrouver les dernières traces d'un art populaire dont la fin est arrivée ; cependant que de déceptions me sont arrivées dans ces villes qui ne soupçonnent pas l'importance de leur librairie et de leur imagerie !

A Rouen, un de ces imprimeurs m'a pris pour un être bizarre quand je lui ai dit l'objet de mon voyage. « Ces petits livres, m'a-t-il répondu, nous les avons tous mis au pilon. »

A Épinal j'espérais trouver d'anciennes planches de l'imagerie coloriée, la joie des chaumières ; on a brûlé les vieux bois de poirier qui ont illustré le nom de Pellerin.

Tout d'abord en descendant du chemin de fer, j'ai été désillusionné. Par suite des terrassements qu'ont nécessités les voies ferrées, les arbres de ceinture de la ville ont été coupés et le niveau des boulevards extérieurs tellement exhaussé que les remparts seront enterrés tout à fait ; ce travail de remblayement n'était pas encore terminé et j'ai pu voir l'extrémité de deux énormes tours dont la base est déjà perdue dans les décombres. Voilà de la besogne pour les archéologues futurs.

Singulière chose ! nous passons une partie de notre temps à rechercher d'anciennes constructions, à demander à la terre ses secrets, et une autre partie se passe à enterrer des monuments non moins curieux.

Ce début m'a jeté du noir dans l'esprit, quoique je ne sois pas un extrême regretteur du passé et que je n'aie jamais dépensé de colères contre les chemins de fer, motif chéri par les petits poëtes.

Au contraire, appuyé souvent sur un pont, je me laisse aller à considérer avec plaisir ces grandes voies ferrées calmes, qui ont même du charme en l'absence des machines à vapeur. Les talus coupés en biseau dans les prairies vertes en montrant de grandes tranches sablonneuses jaunes, un ciel bleu, les entrecroisements des rails au milieu de courbes douces, n'y a-t-il pas là pour un paysagiste nouveau un tableau qui n'attend qu'un peintre ? L'industrie mélangée à la nature a son côté poétique : il ne s'agit que de le voir et de s'en inspirer.

Troyes dut ses nombreuses imprimeries aux foires importantes qui s'y tenaient au quinzième siècle, d'où la littérature particulière qui y prit naissance. D'abord ce sont les romans de la chevalerie et de la Table-Ronde, les légendes de saints, les moralités, les complaintes. Puis vinrent les almanachs dont l'histoire à elle seule serait excessivement curieuse, ces almanachs, dont le grave Duval, dans ses *Éléments de la Géographie de la France*, a dit : « La ville de Troyes est habitée de plusieurs bons marchands et *d'un bon nombre d'astrologues.* »

Hélas! que sont devenus ces astrologues? L'almanach d'aujourd'hui, dit l'*Almanach des Anes*, semble rédigé par des perruquiers. Encore un renversement singulier de la civilisation!

Au quinzième siècle, l'almanach, qui s'appelle du titre pompeux de *Grand Compost des Bergers*, est rempli de gravures et de poésies précieuses par leur simplicité et leur sentiment naïf; au dix-neuvième siècle, l'*Almanach des Anes*, vendu à vingt mille exemplaires, semble le premier livre sorti de la première presse d'un peuple sauvage.

Le *Grand Compost* se termine par les *Chants des oiseaux*, « tels que les bergers les entendent parler en gardant les brebis. » C'est un véritable concert champêtre, où chaque oiseau parle à son tour. Le pinçon siffle :

> Le temps d'hyver m'est fort contraire,
> Car il me fait grand froid avoir.
> Pour m'en garder que dois-je faire?
> Rien ne me vaudroit le sçavoir.

Le paon parle comme un moraliste :

> Quand je vois ma belle figure,
> Orgueilleux suis, hautain et fier ;
> Mais telle beauté peu me dure :
> On ne doit autruy mépriser.

Je connais peu de poëtes d'aujourd'hui capables d'écrire le quatrain suivant, tel qu'il sort de la bouche de l'oye :

> J'aime mon maître et ma maîtresse
> Sur ma plume dormant au lit ;
> Après auront ma chair et ma graisse :
> Ce leur fera un grand profit.

Voilà l'Amanach du quinzième siècle, bourré de prédictions, de conseils médicaux, de poésies et de gravures remarquables ; l'almanach de 1856 se borne à indiquer les mois où il est bon de couper du bois, ceux où il est important de prendre médecine. On l'appelle *Almanach des Bergers*, mais son véritable titre est *Almanach des Anes*.

Un homme de génie, on ignore malheureusement son nom, a trouvé moyen *d'écrire* un livre pour les gens qui ne savent pas lire.

Réunissez en une même série les signes des sourds et muets, les hiéroglyphes égyptiens, les signes sténographiques, et vous arriverez à peine à vous faire une idée de ce singulier almanach, plus comique à lui seul que les funèbres almanachs *pour rire* dont nous semblons fiers aujourd'hui. On a dessiné en le moins de signes possible ce qui paraît le plus utile aux paysans, c'est-à-dire la connaissance des nouvelles lunes, les jours de fête, les changements de saisons et de temps ; en médecine, on indique les jours où il est bon d'être saigné ou purgé ; en hygiène, l'époque favorable à la coupe des cheveux ; en astronomie, les temps les plus favorables à la coupe des bois et à la semaison des terres.

Ces signes sont d'une intelligence facile ; ainsi une petite *fiole* montre qu'il faut prendre médecine ; les mois où la vue est souvent affectée sont signalés par un *œil* ; des *ciseaux* montrent clairement une coupe de cheveux inévitable ; s'agit-il de fumer la terre, une petite *fourche* dresse ses dents en l'air ; une *main* indique qu'il est bon de couper les ongles ; on ne peut se tromper, en voyant une *hache*, sur l'époque propre à tailler les arbres.

L'*Almanach des Anes* n'est-il pas la confirmation des doctrines de cet économiste qui teintait de noir les départements français encore plongés dans l'ignorance ?

Je me suis longtemps promené par la ville, cherchant des traces de cette nombreuse famille d'imprimeurs dont les *Oudot* sont le tronc.

Jean Oudot, premier du nom, imprimeur du roi en 1594, demeurait rue Notre-Dame.

Nicolas I, son fils, qui imprimait en 1628 *la Farce nouvelle du Meusnier et du Gentilhomme*, à quatre personnages, avait pour enseigne le Chapon couronné.

La veuve Nicolas Oudot, sa femme, établie en 1636, publie *la Navigation des compagnons à la bouteille*, in-16 (sans date).

Il ne faut pas la confondre avec la veuve de Nicolas Oudot, de Paris, qui demeurait en 1665 rue la Bouclerie.

Jean II, frère de Nicolas I, demeurait aussi rue Notre-Dame, à l'enseigne du Chapon d'or couronné. On l'appelait

Jean Oudot le jeune. Il publie en 1622 l'*Almanach pour 1622*, par Pierre l'Arrivey, avec de grandes prédictions.

Nicolas II, fils de Nicolas I, imprimait pour les libraires de Paris. Il a donné cependant en 1641 *le Roman de la belle Hélène de Constantinople, mère de saint Martin de Tours*, et, en 1682, les *Débits et facétieuses rencontres de Gringalet et de Guillot Gorju, son maître*, in-12; en 1641, la *Grande Danse macabre*. Il signait ses livres de son nom en caractères microscopiques, dans l'un des fleurons du frontispice.

Jean III, qui demeurait en 1696 rue du Temple, dans l'avant-dernière maison, du côté de Croucels, n'a pas imprimé de facéties.

Jacques, fils de Nicolas II, imprimait, en 1686, la *Bibliothèque bleue*, comme ses ancêtres, et entre autres le *Tiel Ulespiègle*.

Sa veuve, Anne Havard Oudot, qui le remplace en 1714, imprime avec son fils, Jean IV Oudot, la *Danse macabre* en 1729.

Jean IV imprime les *Étrennes de la Saint-Jean* (par le comte de Caylus), deuxième édition. Troyes, chez la veuve Oudot, 1742, in-12. Il y a un portrait grotesque au bas duquel on lit : *Portrait de M. et M*^{me} *Oudot*.

En 1782 la veuve Oudot publia *les Écosseuses ou les OEufs de Pâques*, deuxième partie des *Étrennes de la Saint-Jean* (par le comte de Caylus). Il y a une jolie vignette en tête dans la manière de Fragonard, qui est gravée par le comte de Caylus. On y lit l'avertissement suivant de madame Oudot : « Je souhaite au public de bonnes fêtes et je me dis la veuve Oudot. »

La veuve Jeanne Royer imprima : *la Peine et Misère des garçons perruquiers*, réimprimé sur un privilége de 1739.

Elle laisse une fille qui vend l'imprimerie occupée depuis trois siècles par ses parents aux Garnier.

De cette illustre famille des Oudot et des Garnier, il ne reste plus que le fameux libraire Baudot dont j'ai pu voir la maison.

X

PLUS INTÉRESSANT QUE LE PRÉCÉDENT.

Au déjeuner de la table d'hôte, on a conté une histoire gaie qui s'est passée dernièrement à l'hôtel du Faucon, maison rivale des Trois-Rois, où je suis descendu. L'hôtelière du Faucon est une petite brune piquante, qui, jusqu'alors, n'avait pas menti au *oui* conjugal ; mais il arriva un Anglais qui se laissa prendre à ses beaux yeux et le fit connaître à la dame. Celle-ci rit de bon cœur, n'ayant nul souci d'apaiser la flamme de l'Anglais.

Jusqu'alors l'hôtel passait pour un des meilleurs de la ville, la table était servie à souhait et les commis voyageurs qui y descendaient chantaient par toute la France les jolis yeux de la femme, la cuisine du mari. Soit par défaut d'ordre, soit par manque de surveillance, l'hôtelier se trouva un jour gêné, le dîner n'offrit plus cette abondance chère aux commis voyageurs, la maison était moins bien tenue : c'est ce qu'attendait patiemment l'Anglais qui était resté six mois sans reparler de sa passion à l'hôtelière plus jolie que jamais.

Un matin un huissier montra son nez crochu sur le seuil de la porte et l'Anglais trouva son hôtesse en larmes : c'était le moment de la consoler. Il s'agissait d'un malheureux billet de six cents francs en souffrance, l'Anglais offrit mille francs en échange d'un rendez-vous. Grande colère de la dame qui, furieuse, s'en va trouver son mari.

Au lieu de s'emporter, l'hôtelier réfléchit et fit entendre à sa femme qu'il serait possible d'écouter les propositions de l'Anglais, sans donner un coup de canif dans le contrat. N'était-il pas facile au mari de paraître s'absenter un jour, d'annoncer qu'il ne reviendrait que le lendemain matin? L'hôtelière recevrait l'Anglais le soir, se ferait donner *d'abord* les mille francs; aussitôt le mari caché apparaîtrait et la vertu de sa moitié serait préservée de toute atteinte.

Le complot fut organisé de la sorte, l'Anglais eut son rendez-vous à minuit dans la chambre conjugale, et, une demi-heure avant l'événement, l'hôtelier, qui n'était pas des plus braves, se blottit dans une armoire, accompagné de son chef de cuisine qui devait au besoin lui prêter main-forte.

A minuit l'Anglais arrive et trouve couchée la jolie aubergiste, qui, dans son coquet déshabillé, eût enflammé un être dix fois plus flegmatique. La belle se laisse dérober quelques baisers innocents, car elle ne voulait pas tout à fait tromper son homme ; mais l'Anglais décroise son habit, et, au lieu d'un portefeuille, tire deux petits pistolets de poche qu'il place sur la table de nuit.

« Ne vous effrayez pas, madame, lui dit-il ; je ne sors jamais sans armes, on ne sait ce qui peut arriver. »

Il avait dit ces mots à haute voix en se déshabillant ; dans l'armoire le mari poussait son chef de cuisine à se montrer, l'autre refusait. Ce débat dans l'armoire amena quelques craquements.

« N'ai-je pas entendu du bruit ? » dit l'Anglais en armant ses pistolets dont le bruit sec fit tressaillir le malheureux mari. Le bruit ayant cessé, l'Anglais souffla la bougie. Une demi-heure après il ouvrit son portefeuille, en tira une liasse de billets de banque et en offrit un à la jolie hôtelière, ainsi qu'il avait été convenu.

L'émotion, la honte d'avoir été prise pour dupe, la crainte de voir apparaître son mari tout à coup rendaient l'hôtesse plus séduisante que jamais : indignée de la lâcheté de son mari qui ne donnait pas signe de vie, la jolie aubergiste envoya un si charmant regard dans la direction de l'Anglais, que celui-ci fit sans doute avec la dame une nouvelle convention, car il ne sortit qu'au point du jour. Alors le mari, pâle et furieux, se montra et laissa exhaler toute l'indignation qu'il avait concentrée..... contre son chef, assez lâche pour ne pas tenter de sortir de l'armoire.

Cette aventure a relevé les affaires du Faucon ; voilà ce qui se dit par la ville.

XI

LA LÉGENDE DU BONHOMME MISÈRE.

Le moyen âge a toujours ri de ces deux grandes maladies de l'homme : la *misère* et la *mort*. Que de philosophie sarcastique dans les pinceaux des vieux maîtres qui n'ont jamais manqué dans leurs symboliques inventions de faire marcher la mort de pair et compagnon avec le pape et l'empereur, les courtisans et les filles de joie.

Rien n'est plus consolant que ces images, où l'*idée* se fait humble, où le symbole se montre modeste sous le ciseau et le pinceau de grands artistes ignorés, qu'ils soient graveurs, peintres de vitraux, ou sculpteurs de figures sous les porches des églises.

Aujourd'hui nous regardons ces choses sèchement, au point de vue de la statistique, de l'économie politique. Les grands esprits de l'Allemagne, poëtes, savants, professeurs, docteurs, ministres, enveloppaient leurs idées du doux manteau de la poésie.

Pourquoi Goethe publiait-il sa belle légende du *Fer à cheval*? Jésus-Christ fait une longue route avec saint Pierre ; en chemin ils trouvent un fer à cheval. Saint Pierre ne juge pas à propos de le ramasser : il est trop fatigant de se baisser ! Le Christ ne dit rien, ramasse le fer à cheval, et au prochain village le troque contre des cerises. La chaleur continue pendant la route ; saint Pierre tire la langue de soif. Jésus-Christ laisse tomber une cerise ; l'apôtre la ramasse. Une seconde cerise tombe, puis une troisième, puis une quatrième. Saint Pierre se baisse vingt fois, lui qui avait craint de se courber une fois tantôt.

C'est un grand enseignement en vingt lignes que cette ballade de Goethe.

Lavater, en Suisse, Hébel ont marché dans cette belle voie. Les frères Grimm quittent leurs chaires de professeurs et voyagent vingt ans pour recueillir dans les villages les chroniques et traditions populaires.

De pareils livres nous manquent. Cependant, en France, bien des légendes existent ; mais on ne les tire pas de la poussière des bibliothèques ; beaucoup sont enfouies dans des patois obscurs, et les meilleures sortent de la bouche des paysans.

En passant à Troyes, j'ai trouvé une rareté qui devrait être tirée à un million d'exemplaires. C'est cependant une brochure d'une forme piteuse, imprimée sur du papier à chandelle, avec le caractère d'imprimerie usé qu'on appelle *tête de clou*. Mais le papier à chandelle a résisté plus longtemps que nos papiers satinés d'aujourd'hui, et, avec de la bonne volonté, les *têtes de clous* se lisent aussi bien qu'un Elzevir.

La brochure a pour titre : *Histoire nouvelle et divertissante du bonhomme Misère, dans laquelle on verra ce que c'est que la Misère, où elle a pris son origine, comme elle a trompé la Mort, et quand elle finira dans ce monde.*

Saint Pierre et saint Paul, surpris en voyage par un grand

orage, arrivent dans un village et ne trouvent d'abord qu'une maison riche où ils hésitent d'entrer.

— Il me paraît, sauf meilleur avis, dit saint Pierre, qu'il serait bon, auparavant que d'entrer chez le riche, de nous informer dans le voisinage quelle sorte d'homme c'est que le maître de ce logis, s'il a du bien ou s'il est aisé, car on s'y trompe assez souvent. Avec toutes les belles maisons qui paraissent à nos yeux, nous trouvons pour l'ordinaire que ceux qui semblent en être les maîtres les doivent aussi bien que tout ce qui est dedans, et n'ont quelquefois pas un liard à y prétendre.

Saint Paul entra tout de suite dans ce sage raisonnement; mais il avait faim, et il clignait de l'œil tout autour de lui.

— Voilà une bonne femme qui lave du linge dans ce lavoir, je vais lui demander ce qui en est. « Hé bien, dit-il à la lessiveuse, il pleut bien fortement aujourd'hui. »

— Bon, répondit-elle, monsieur, ce n'est que de l'eau, car, si c'était du vin, cela n'accommoderait pas ma lessive; mais aussi nous boirions bien, car nous amasserions notre bonne provision.

— Vous êtes gaie, à ce qu'il me paraît, reprit saint Paul.

— Pourquoi pas? dit la lessiveuse. Grâce à Dieu, il ne me manque rien au monde de tout ce qu'une femme peut souhaiter, si ce n'est de l'argent.

— De l'argent, hélas! vous êtes bien heureuse si vous n'en avez pas et que vous puissiez vous en passer.

— Oui, cela s'appelle « parler comme saint Paul, la bouche ouverte. »

— Vous aimez à plaisanter, bonne femme, continua le saint; mais vous ne savez pas que l'argent est ordinairement la perte d'un grand nombre d'âmes, et qu'il serait à souhaiter pour beaucoup de gens qu'ils n'en maniassent jamais de leur vie.

— Pour moi, dit la femme, je ne fais point de petits souhaits ; je manie si peu d'écus que je n'ai pas seulement le temps de regarder une pièce pour savoir comment elle est faite.

Saint Pierre, qui s'était mis à couvert sous un chêne, s'impatienta de cette longue conversation, et pria saint Paul de venir chercher quelque abri. Ils sonnèrent à la porte du château ; mais le maître ayant mis le nez à la fenêtre :

— Allez, allez, leur dit-il d'un air méprisant, cherchez à loger où vous l'entendrez ; ce n'est point ici un cabaret.

Et il se retira brusquement.

Les pauvres voyageurs étaient mouillés jusqu'aux os, ce qui inspira quelque pitié à la lessiveuse.

— Je voudrais, dit-elle, qu'il me fût permis de vous loger ; je le ferais de grand cœur, parce que vous paraissez de braves gens ; mais je suis veuve, et cela ferait causer. Cependant, si vous voulez avoir un peu de patience, je vous mènerai tout à l'heure au bas du village, où un bonhomme, mon voisin, qui s'appelle *Misère*, pourra bien vous donner un gîte pour cette nuit.

La lessive finie, la femme conduisit saint Pierre et saint Paul selon qu'elle avait promis. Il n'était que six heures et demie du soir, et déjà le bonhomme Misère était couché.

— Eh ! Misère, cria la lessiveuse, il y a là deux pauvres gens qui ne savent où donner de la tête.

Aussitôt le bonhomme demanda ce qu'il pouvait faire

pour son prochain, et, dès qu'il eut entendu parler de donner à coucher, il tira le loquet.

— Allumez la lampe, dit-il à sa voisine.

Saint Pierre et saint Paul entrèrent dans la maison; mais tout y était sans dessus dessous, l'on n'y connaissait rien au monde. Le maître de ce taudis logeait seul; c'était un grand homme maigre, sec et pâle, qui semblait sortir d'un sépulcre.

— Dieu soit loué! dit saint Pierre.

— Hélas! s'écria Misère, ainsi soit-il; nous aurions bien besoin de sa bénédiction pour nous donner à souper; car je vous proteste qu'il n'y a pas seulement un morceau de pain ici.

Mais la lessiveuse, qui s'était doutée du tour, avait été chercher quatre gros merlans tout rôtis, un grand pain et une cruche de vin.

— Ah! Seigneur, du poisson! dit saint Paul avec admiration.

— Grand merci, dit saint Pierre; nous ne demandions qu'à mettre notre tête à couvert.

— Ça n'a jamais fait de mal, dit la bonne lessiveuse, un morceau avant de se coucher, et je suis bien payée de pouvoir offrir à votre ami un petit morceau de son goût.

On mangea de grand appétit, à l'exception de Misère, qui était d'une humeur chagrine par suite des événements de l'après-midi. Le pauvre homme avait pour tout revenu un jardin grand comme le bras; la haie n'était guère plus difficile à traverser qu'une toile d'araignée, et les maraudeurs en avaient profité pour ravager un beau poirier qui était tout le revenu de Misère. Il s'était couché sans souper, de dépit de voir la moitié de sa récolte maraudée, et son chagrin l'empêchait encore à cette heure de toucher aux quatre gros merlans tout rôtis.

Saint Paul, en regardant saint Pierre, dit :

— Voilà un homme qui me fait compassion ; il faut que nous prions le ciel pour lui.

— Hélas! messieurs, vous me feriez bien plaisir; car, pour moi, il semble que mes prières ont bien peu de crédit, puisque je ne puis sortir du fâcheux état auquel vous me voyez réduit.

— Le Seigneur éprouve quelquefois les justes, dit saint Pierre. Avez-vous quelque grâce à demander à Dieu?

— Les fripons qui m'ont volé mes poires m'ont mis dans une telle colère, dit le bonhomme, que *je voudrais que tous ceux qui monteront sur mon poirier y restent tant qu'il me plaira.*

— C'est se contenter de peu de chose, dit saint Pierre.

— Oh! c'est beaucoup, dit Misère. Quelle joie de voir un coquin perché sur une branche et demeurer là comme une souche, en me demandant quartier!

— Votre souhait sera accompli, dit saint Pierre; car, si le Seigneur fait, comme il est vrai, quelque chose pour ses serviteurs, nous l'en prierons de notre mieux.

Toute la nuit saint Paul et saint Pierre se tinrent à genoux en prière; d'ailleurs ils n'avaient pas voulu se reposer, malgré les bons offices de Misère, qui avait séparé en trois une botte de paille, son lit de tous les jours. Le matin, saint Pierre dit au pauvre bienfaisant que son vœu serait exaucé, et Misère donna une franche poignée de main aux voyageurs en se méfiant d'avoir été gaussé.

Mais voilà que le lendemain, Misère, revenant de la fontaine avec sa cruche, aperçut un mauvais garnement du village sur son poirier ; il se remuait bras et jambes, ayant la mine d'un oiseau pris à la glu.

— Ah ! je te tiens, voleur, cria Misère... Mon Dieu ! quels gens est-ce là qui sont venus chez moi cette nuit ? Pour toi là-haut, je vais te faire souffrir les tourments de l'enfer ; je vais d'abord appeler tout le village, et puis j'allumerai une grosse botte de paille pour te griller comme un cochon.

Le garnement demandait pardon, en offrant de payer pour le moins dix récoltes de poires.

— Non, pas d'argent, dit Misère ; quoique j'en aie bien besoin, j'aime mieux me payer en vengeance. Attends un peu un demi-quart d'heure que je trouve quelques faguettes pour te rissoler le poil ! Ah ! tu aimes les poires ; je t'en ferai passer la soif.

Misère parti, l'autre appela au secours, et amena par ses cris deux bûcherons qui revenaient du bois.

— Qu'est-ce que tu fais là-haut, Nicolas ? dirent-ils.

— Misère, dit le vaurien, est un méchant sorcier qui m'a jeté un sort. Je ne peux plus descendre de l'arbre, pour quelques méchantes poires que j'ai mangées, étant très-altéré.

Les bûcherons s'amusèrent un moment des terreurs de Nicolas ; ils soutenaient avec raison que Misère était un pauvre sorcier ; autrement, disaient-ils, il y a bel âge qu'il aurait eu la sorcellerie de ne pas mourir de faim. Après ce beau raisonnement, ils essayèrent de secourir Nicolas en montant à l'arbre ; mais ils auraient arraché les bras et les jambes du fainéant plutôt que de le retirer de là.

— Ma foi, dirent-ils, il n'y a rien à faire, mon pauvre garçon ; tout ce que nous pouvons, c'est d'aller prévenir le juge.

Mais quand ils voulurent descendre, ils se trouvèrent aussi englués que Nicolas.

Ce qui fit que Misère, revenant peu après avec un gros fagot de broussailles comme il l'avait dit, trouva trois voleurs de poires au lieu d'un. Trois larrons et trois mauvais larrons.

— Ah! ah! dit-il en riant, la foire est bonne, à ce que je vois, puisque voici tant de marchands qui s'amassent. Je vais vous fumer comme des jambons.

— Mon brave Misère, disaient les deux bûcherons, dont les larmes coulaient jusqu'au pied de l'arbre, reconnaissez-nous donc pour vos bons voisins. Nous sommes montés sur cet arbre maudit afin de porter secours à Nicolas.

— Nenni, vous veniez prendre mes poires.

— Mais, Misère, nous n'avons jamais passé dans le pays pour des voleurs ; dans notre enclos il y a des poiriers, et il y pousse des poires aussi belles que celles-ci. Nous n'aurions ni poires ni poiriers que, si l'envie nous en prenait, le marché n'est pas loin où il y en a des gueulebées à des prix doux.

— Si ce que vous dites est la vérité, reprit Misère, vous pouvez descendre ; la punition n'est que pour les voleurs.

En effet, les deux bûcherons sentirent leurs membres se déraidir et purent sauter à terre. Leur premier mouvement fut d'intercéder pour le vaurien qui était resté sur l'arbre, plus ennuyé qu'un crapaud dans les vignes.

— Non, disait Misère, il restera là-dessus autant d'années qu'il a volé de quarterons de poires.

Les bûcherons plaidèrent si bien, et le cœur du pauvre était si riche en bonté, qu'il pardonna, à condition qu'il ne passerait pas à l'avenir à moins de cent pas de distance du petit enclos. Le vaurien jura ses grands dieux qu'on ne le verrait même pas à une lieue de là, tant ce poirier lui faisait mal au cœur.

L'aventure se répandit dans le village, et jamais personne ne tenta de goûter aux poires de Misère ; même les enfants, qui sont intrépides en toutes choses, n'auraient pas jeté une pierre de ce côté-là : ils redoutaient le poirier bien pis que le loup-garou.

Pendant quelques années Misère jouit gaîment de la vie, et il avait une joie secrète quand il regardait son poirier vivace qui lui tenait lieu de tout ; mais les années avançaient, les cheveux du brave homme s'étaient couverts de neige, de temps en temps la maladie le prenait.

Un jour on frappa à sa porte. C'était la Mort.

Beaucoup se troublent quand ils voient arriver la reine du pays de Claque-Dents ; Misère ne la craignait point, n'ayant rien de mauvais sur la conscience, ayant toujours vécu en honnête homme, quoique très-pauvrement.

— Tu ne me crains pas? dit la Mort surprise, moi qui fais trembler les papes, les rois, les empereurs.

— Vous ne me faites aucune peur, dit Misère ; quel plaisir ai-je dans cette vie pour n'en pas sortir avec plaisir? Je n'ai ni femme ni enfants ; j'ai assez de mal sans cette engeance ; je n'ai pas un pouce de terre vaillant, à l'exception de ma chaumière et de mon poirier, qui lui seul est mon père nourricier par les beaux fruits qu'il me rapporte tous les ans. Tenez, il est encore tout chargé, et je n'ai qu'une peine, c'est de le quitter avant d'avoir mangé la récolte. Malheureusement, avec vous il n'y a point de réplique, sans quoi je vous aurais demandé la permission de mordre un coup dans la plus belle poire; après ça je vous suivrai.

— C'est trop raisonnable, dit la Mort; va choisir toi-même un fruit.

Misère, suivi de près par la Mort, sortit dans l'enclos, tourna longtemps autour de l'arbre pour guetter une poire bien mûre.

— Ah! qu'en voilà une rouge! s'écria-t-il; mais quelle est haute! Passez-moi un moment votre faux que je puisse atteindre la branche.

— Ma faux! dit la Mort, je ne la prête à personne; mais je regarde qu'il vaudrait mieux cueillir à la main cette poire, parce qu'en tombant elle se foulerait.

— Vous avez ma foi raison, dit Misère; hélas! mes pauvres membres sont si impotents que je ne saurais plus grimper comme quand j'avais quinze ans.

— Eh bien! dit la Mort, j'irai moi-même cueillir cette belle poire dont tu espères tant de contentement.

La Mort grimpe sur l'arbre; mais voilà qu'elle ne peut en descendre.

— Ah! qu'est-ce qui me prend? dit-elle à Misère; je ne peux descendre.

— Ma foi, dit Misère, ce sont vos affaires; pourquoi êtes-vous entrée chez moi? Vous avez tout l'univers à faucher, et vous vous avisez de venir dans une misérable chaumière chercher la vie d'un homme qui ne vous a jamais rien fait !

— Tu oses te jouer de moi ! dit la Mort ; réfléchis à quoi tu t'exposes.

— C'est tout réfléchi, dit Misère ; je vous tiens, et vous resterez sur mon poirier. Aussi bien je rends service à un tas de gens auxquels vous vous proposiez de rendre visite aujourd'hui.

La Mort, qui ne s'était jamais trouvée à pareille aventure, connut qu'il y avait dans cet arbre quelque chose de surnaturel.

— J'ai mérité ce qui m'arrive, dit-elle, par une complaisance qui n'est pas dans mes habitudes ; mais cela ne te servira de rien de t'opposer aux volontés du ciel. S'il désire que tu sortes de cette vie, tes détours seront inutiles, il t'y forcera malgré toi. D'ailleurs, si tu ne me fais pas descendre de bonne volonté de l'arbre, tout à l'heure je ferai mourir le poirier avec ma faux.

— Bah ! dit Misère, mon arbre mort ou vivant, vous n'en descendrez que par la permission de Dieu.

— Pourquoi suis-je entrée dans cette fâcheuse maison ? disait la Mort ; j'ai affaire aux quatre parties du monde... Tu t'en repentiras, et il sera trop tard.

— Non, répondit Misère, je ne crains rien ; tout homme qui n'appréhende point la mort est au-dessus de bien des choses. Vos menaces ne me causent pas la moindre émotion ; je suis toujours prêt à partir pour l'autre monde, quand le Seigneur l'aura ordonné.

— Tu peux te vanter, bonhomme, d'être le premier de la vie qui ait vaincu la Mort. Le ciel m'ordonne que, de ton consentement, je te quitte et ne revienne jamais te voir qu'au jour du jugement universel, après que j'aurai fini mon grand ouvrage.

— N'est-ce point pour me tromper, dit Misère, que vous me parlez ainsi?

— Non, tu ne me verras qu'après l'entière désolation de toute la nature, et ce sera toi qui recevras le dernier coup de ma faux.

— Si c'est ainsi, reprit Misère, vous avez la liberté de descendre du poirier.

Aussitôt la Mort s'envola à travers les airs, et Misère jamais plus n'en a entendu parler. La Mort est souvent revenue dans le petit village, où elle a enlevé des personnes considérables; mais elle passe devant la porte du bonhomme en fuyant comme s'il avait la peste.

Misère a vécu depuis ce temps-là dans la même pauvreté, près de son cher poirier.

Misère restera sur la terre tant que le monde sera monde.

Quelle est touchante cette légende qui me fait réjouir de mon voyage à Troyes! Une telle invention ne vaut-elle pas beaucoup d'ambitieux morceaux de littérature? En un petit cahier se trouve résumée la plainte éternelle de l'humanité: *misère,* et le petit cahier a rempli tous les villages de la France; car Troyes n'a pas eu le *privilége* exclusif d'imprimer le *Bonhomme Misère;* toutes les imprimeries de la Normandie, Rouen, Falaise, l'ont édité et colporté. Sans tomber dans l'archéologie, combien désirerais-je faire revivre le nom de l'homme de génie naïf qui a conté doucement, sous forme allégorique, la grande inquiétude de l'humanité? Une édition de Normandie porte le nom du

Sieur de la Rivière, inconnu de tous les biographes. Quand les académies proposeront des questions utiles, ce qui n'arrivera jamais, il serait curieux de chercher quelle a été l'*influence* (les académies manquent rarement de demander l'*influence* à des gens qui ne répondent pas) du *Bonhomme Misère* sur le peuple des campagnes ; en même temps on rechercherait l'origine, les variations et l'auteur réel. En ce moment, je suis seulement frappé de l'invention de la légende et de son ton naïf, de sa popularité et de son impression typographique.

Un esprit philosophique a pu seul conclure par le trait de la fin : « Misère restera sur terre tant que le monde sera monde. » Mais que de persuasion il a fallu employer dans tout le cours du récit pour mener à cette cruelle conclusion ! Et combien le pauvre est peint d'un trait bienveillant dans la légende ! Il sourit en voyant sa misère et ne peut s'empêcher de trouver heureux le bonhomme Misère près de son poirier.

Les professeurs de beau langage, ceux qui soutiennent avec impertinence que l'Idée n'est rien sans la Forme, peuvent étudier ces récits naïfs, toujours vivants et toujours populaires. L'homme qui a écrit cette légende a trouvé une forme convenable pour rendre son idée. Il n'est pas besoin de rhétorique ni de dictionnaire pour que la pensée sorte du cerveau, quand il y a pensée. Tout homme profondément ému trouve à son service une forme qu'il ne soupçonnait pas, dont il n'avait pas conscience. Qu'on explique autrement le charme qui s'attache à des chansons populaires, sans rimes, sans mesure, en révolte ouverte contre toutes les lois de la prosodie, sinon qu'il s'est trouvé un homme joyeux qui, pour faire passer sa gaieté dans l'esprit de ses convives, a rimé une chanson à boire ; un paysan a chanté ses peines d'amour, et, comme son cœur était gros de chagrins, il a laissé une chanson amoureuse qu'on répète dans le village deux cents ans après sa mort, et qui frappe l'oreille des érudits par son accent sincère.

La popularité du *Bonhomme Misère*, je l'attribue au sentiment doux et consolant qui en ressort à chaque ligne. La morale bienveillante, entremêlée d'un grain satirique, a toujours plus de durée que les œuvres de destruction, de colère et de rage. Cette littérature ressemble au peuple par son enveloppe typographique : le papier est d'une *pâte* grossière, où se voient encore des restes de chiffons mal convertis dans la cuve du papetier ; la couleur est d'un bleu-gris qui ressemble au pain d'avoine que mangent les paysans dans les montagnes loin des villes. Le drap de leurs habits n'est-il pas fabriqué aussi simplement que la pâte de ce papier bleuâtre ?

Analogie dans l'enveloppe, simplicité dans le langage imagé, philosophie doucement railleuse, misère des pauvres gens, à laquelle il est répondu en quelques pages, n'y a-t-il pas là de quoi expliquer cet éternel succès d'une légende tirée à des millions d'exemplaires ?

XII

SAINT LE GAT.

Il y a beaucoup de personnes qui parlent d'un pays étranger et disent : « Je connais ce pays. » Ces voyageurs sont restés huit jours tout au plus dans une ville quelconque, ont passé le temps à visiter les rues, les monuments, et ils s'imaginent *connaître un pays* pour y avoir mangé à table d'hôte avec d'autres voyageurs aussi pressés qu'eux. Pour moi de tels voyages sont insupportables ; ils servent tout au plus à changer d'air. A quoi bon visiter des monuments, des églises, des musées, des fabriques ? Là n'est pas la connaissance du pays, qu'il faut habiter au moins un an pour se rendre compte des nuances de caractères qui font de la France le pays le plus intéressant de l'Europe.

J'ai pour croyance que la plus petite ville française demande six mois de séjour pour laisser quelques observations dans le cerveau. Ne faut-il pas surprendre le peuple et la bourgeoisie dans ses joies et dans ses peines ? au théâtre, à l'église, au tribunal ? quitter les ensembles pour arriver aux détails ? étudier quelques caractères de différentes classes, qui soient en même temps les *types* de la localité? Voilà ce qui m'inquiète dans le voyage que j'ai entrepris à la recherche des Anabaptistes : combien de temps demandera une simple introduction dans ces familles où je veux étudier sur le vif ces singuliers usages qui m'entraînent loin de Paris.

Je ne connais personne à Troyes, et je suis obligé de me rabattre sur la bibliothèque et le musée. A la bibliothèque, il m'a été répondu qu'elle n'ouvrait que deux fois par semaine, de même que le musée. Hier ces établissements étaient ouverts; il me faudrait attendre trois jours. Je maudis l'administration municipale qui veille si mal aux intérêts des savants. Que la bibliothèque ne soit ouverte que deux fois par semaine aux Troyens, je n'y vois pas grand mal : ils me paraissent, en général, plus préoccupés de bonneterie et de cotonades que de sciences; mais un étranger peut arriver de très-loin, comme moi, avec le désir de faire des recherches dans une bibliothèque immense, et trois jours passés à Troyes, à se promener dans les rues, sont trois jours plus longs qu'ailleurs. Cependant, en l'absence du bibliothécaire (peu d'hommes sont plus heureux de s'absenter que les bibliothécaires), j'ai réussi à me faire ouvrir la bibliothèque, et j'ai trouvé, ainsi que je m'y attendais, une immense pièce vide et tranquille, faisant partie d'une ancienne abbaye, bourrée de vieux livres jusqu'au plafond.

Dans ces cases, combien de renseignements utiles pour me guider dans mes recherches sur la littérature populaire! Mais qui m'indiquera la place au milieu de tant de volumes?

Peut-être cette absence du bibliothécaire est-elle un

avertissement de la Providence pour m'empêcher par là de m'enfoncer dans le bourbier archéologique. Un long bagage de documents précis, de titres, d'analyses, de notes, porte à la sécheresse, au positif et entraîne au catalogue ; et ce ne sont pas les catalogues qui manquent aujourd'hui ! Tandis qu'avec peu de notes l'esprit se sent plus vif et s'élance librement dans les vastes champs de la Fantaisie, contrée interdite aux catalogueurs, sortes de malheureux *Solognots* cultivant péniblement des sentiers arides.

Le musée touche à la bibliothèque. Deux tableaux m'ont particulièrement intéressé : l'un qu'on ne voit pas, couvert comme il est d'habitude par une grande peinture religieuse d'une valeur nulle, mais dont la toile forme un vaste champ. Ce petit tableau presque invisible est provincial et facétieux : M. Bergerat, curé de Chemezy, fait exécuter un *motet* de sa composition par ses enfants de chœur, en présence de Louis XIII. La peinture de ce petit tableau est excellente, par la raison que le peintre n'a fait que des portraits. Ce curé Bergerat, compositeur et ami de la bouteille, dit à table, à Louis XIII, un mot que je n'ai pas encore lu dans les almanachs. Le roi lui faisait l'honneur de lui offrir une grappe de raisin.

— Sire, dit le joyeux curé, je rends grâce à Votre Majesté ; j'aime mieux la purée que les pois.

En face, est un singulier portrait en pied de vieillard à demi-nu, couvert seulement d'une draperie rouge, portant une longue barbe blanche, qui, à partir du menton, se divise en deux et descend jusqu'aux genoux. Un petit chien carlin suit ce singulier personnage au crâne carré, qui tient du Diogène et d'un gueux de Callot. C'est saint Le Gat, que les fidèles ont longtemps adoré dans l'église des Trinitaires. De quel vieux calendrier, de quel martyrologe sortait ce saint? C'est ce que les dévotes ne pouvaient dire; elles affirmaient seulement que saint Le Gat guérissait de nombreuses maladies, suivant la ferveur des oraisons à lui adressées.

La foi en saint Le Gat fut longtemps enracinée à Troyes et aux alentours; les paysans venaient de dix lieues en pélerinage prier saint Le Gat de veiller sur leurs bestiaux, sur leurs maisons. Un jour il se trouva un prêtre qui trouva saint Le Gat trop enfumé par les petits cierges qu'on brûlait sous son image, la fabrique chargea un peintre de le débarbouiller. Qui fut surpris? Dès les premiers lavages à l'éponge, des lettres d'or paraissent au bas du tableau, dénotant la réelle profession du saint, qui n'était autre qu'un riche boucher de la ville. Chacun put lire cette prosaïque inscription : *Jean Le Gat, mort en 1589, maître boucher à Troyes, âgé de 75 ans.* Le scandale fut grand : les dévotes prétendaient livrer aux flammes ce grossier boucher qui s'était fait passer pour saint. La municipalité eut peine à sauver le tableau en le cachant dans un grenier, d'où il fut tiré plus tard, après que l'apaisement public fut éteint, pour être transféré au musée. Ce Jean Le Gat, qui s'est fait peindre si magnifiquement, était plus fier de son titre de maître boucher que de sa qualité de saint ; il tirait grande vanité de sa barbe immense, n'ayant sans doute pas d'autres qualités remarquables, et il fut présenté à Henri III, en passage à Troyes. Le roi, étonné, prit la barbe et daigna la tirer lui-même pour se rendre compte de sa réalité. En retour de cette familiarité, disent les historiens provinciaux, Jean Le Gat demanda le fermage des boucheries de Troyes, que le roi lui accorda.

Ma mission est terminée ici. Je n'attendrai pas l'ouverture de la bibliothèque. J'ai trouvé dans la ville nombre de petits volumes de la *Bibliothèque bleue*, d'anciennes éditions ; ils me désennuiront pendant les jours de pluie.

XIII

EXPLIQUE QUI POURRA LA NATURE HUMAINE.

J'allai prendre au débarcadère la petite diligence du pays qui devait me conduire à Chaumont. Une jeune fille, habillée de noir, paraissait fort inquiète ; la voiture était complétement pleine, et elle risquait de rester à la station. Elle demeurait à cinq lieues de là et semblait fort pressée d'arriver à son village.

— Mademoiselle, lui dis-je, si vous voulez accepter une place d'impériale, je vous la cède volontiers, on me logera où on pourra, avec les paquets, au milieu des malles.

Elle consentit.

Comme on allait partir, le conducteur nous prévint que nous allions monter une côte pendant près d'une heure, et que ceux-là lui rendraient un véritable service qui consentiraient à la grimper à pied, car la petite diligence était démesurément chargée.

— Si vous vouliez faire la route avec nous, mademoiselle? dit un des voyageurs.

Elle nous suivit sans se faire prier.

— Vous venez de Paris, mademoiselle?

— Oui, messieurs, et vous?

— Nous aussi.

— Il faisait froid dans le chemin de fer?

— Je n'ai pas eu très-froid.

C'est ainsi que toutes les conversations s'engagent entre voyageurs.

Je cherche à me rendre compte par quel enchaînement de questions j'appris que la demoiselle était dans les modes, que son magasin était situé dans les environs de la Madeleine; enfin, au bout d'un quart-d'heure, je savais beaucoup plus sur la jeune fille qu'elle n'en savait sur moi.

Comment arriva-t-il que je me trouvai seul dans la montagne avec elle? Pourquoi le voyageur m'avait-il laissé en avant tout à coup? C'est ce que je ne comprends pas, car rien dans mes paroles et mes questions ne pouvait faire supposer que j'eusse l'intention de faire la cour à la modiste. Elle me dit alors qu'elle avait perdu sa mère, une sœur et trois autres proches parents de fièvres épidémiques, en quatre jours, et qu'elle n'était libre d'aller retrouver sa famille que quinze jours après la mort de sa mère, à cause de l'ouvrage qui pressait au magasin.

— J'ai bien changé, dit-elle, j'ai bien souffert.

— On ne le croirait pas à vous voir, lui dis-je.

Effectivement, ce n'était pas une beauté, mais, pour une femme de Paris, elle avait conservé ce précieux vermillon de campagne qui s'étale sur des joues rondes et fermes : les yeux étaient noirs, sa chevelure épaisse se mariait avec des agréments de deuil. Elle raconta la mort de ses parents avec une douleur simple et pénétrante ; quinze jours auparavant elle attendait sa mère à Paris au chemin de fer ; ne l'ayant pas trouvée, elle rentra à son magasin, espérant la voir arriver le lendemain ; mais le lendemain une lettre vint qui la mit au fait de son malheur. L'épidémie avait enlevé sa mère presque subitement, et il fallait rester au magasin *faire des modes*. Les clientes arrivent, se font montrer tous les chapeaux, ne trouvent pas cette fleur *jolie;* elles *tremblent* que le chapeau n'aille pas à leur physionomie. Quel *malheur* si la coiffure de madame une telle était plus distinguée !

Voilà les propos que la pauvre fille entendait et qu'elle fut forcée de subir pendant quinze jours après la mort de sa mère. Elle savait le jour qu'on l'enterrerait ; de son comptoir elle suivait tout le triste cérémonial du convoi, et elle était enfermée dans son comptoir comme dans une prison : l'ouvrage allait, et il ne lui était pas permis de quitter.

Ce n'est pas elle qui me dit cela, c'est moi ; car elle racontait les faits sans réflexions, mais la broderie s'en faisait dans mon esprit. La jeune fille me raconta qu'elle était première demoiselle du magasin, qu'elle avait l'entière confiance de sa maîtresse, qui s'occupait fort peu des affaires de la maison; qu'elle faisait la correspondance, touchait l'argent, allait chez les pratiques porter l'ouvrage, et cependant elle s'ennuyait à Paris dont on lui avait fait un tableau si séduisant lorsqu'elle était en province. Elle n'y connaissait personne, travaillait beaucoup, et les après-midi de dimanche, ses seuls congés, elle ne pouvait sortir seule.

— J'ai une pauvre parente, lui dis-je, dans le même cas; elle s'ennuie aussi à Paris, et elle voudrait faire un petit commerce.

Je ne sais pourquoi je cherchais un moyen de lier une amitié entre cette jeune fille et ma parente; il me semblait que je serais heureux le dimanche entre elles et que j'y trouverais le bonheur vainement cherché.

— Que fait votre parente? me demanda-t-elle.

— Rien, c'est une jeune femme bien élevée, et qui, cependant, a appris à travailler.

— Oh! dit-elle, l'ouvrage que nous donnons au magasin est bien mal payé; les jeunes filles n'en trouvent même pas quand elles en ont besoin; alors, pour ne pas mourir de faim, elles se donnent au premier venu.

Ces paroles me firent le plus grand plaisir; voilà une femme qui connaît déjà la vie parisienne et qui met le doigt sur une de ses plaies les plus vives avec une simplicité, une douceur qui m'enchantaient.

— Vous êtes étudiant? me dit-elle.

— Malheureusement il y a longtemps que je ne le suis plus.

— Vous avez cependant l'air jeune, me dit-elle en me jetant un petit coup d'œil.

Cela me fit encore plaisir d'être pris pour un jeune étudiant. Je porte tant de réflexion dans ma tête et tant de tristesse dans mon cœur, que je m'étonne qu'elles ne paraissent pas sur ma figure. Afin d'entrer dans l'esprit de la modiste, je m'avisai de parler de chapeaux de femmes, pour lesquels je me sens une forte imagination.

— Croiriez-vous, lui dis-je, qu'on pourrait vendre aux modistes sans idées des idées de chapeaux?

— Je n'en sais rien, me dit-elle.

— J'ai songé qu'un nid d'oiseaux, perdu dans des brindilles et posé sous la capote d'un chapeau, conviendrait parfaitement à une jeune femme nouvellement mariée... De l'autre côté du chapeau on pourrait placer sur une branche une mère s'élançant vers le nid.

— Quelle folie! dit la modiste.

— Rien n'est plus sérieux; cet hiver vous verrez apparaître les chapeaux *à giorno*, n'en parlez pas surtout.

— Moi, en parler, dit-elle, est-ce possible? je ne retiendrai jamais ce mot-là.

— Eh bien! puisque vous ne comprenez pas le mot, je vais vous expliquer la chose; ce sont des chapeaux éclairés comme les arbres des Champs-Élysées aux jours d'illuminations. J'ai combiné sous la capote de toutes petites lampes de la taille d'une grosse perle qui répandront une douce lueur sur la figure des femmes. Telle est mon invention, qui prendra le titre de chapeaux *à giorno*.

— Vous êtes fou, vous vous moquez de moi, dit-elle.

Puis elle réfléchit : Vous avez sans doute une bonne amie parmi les modistes?

— Pourquoi?

— Parce que ce n'est guère possible autrement : vous avez eu de quoi faire votre choix.

— Je vous assure que non.

— Allons, dit-elle, ne faites pas le mystérieux.

— Je ne le cacherais pas, je vous jure.

— Bah! dit-elle, vous avez une bonne amie chez une marchande de modes, un jeune homme ne peut pas rester sans bonne amie. Au fait, je ne sais pas pourquoi je vous parle de cela.

— Et si je m'avisais de soutenir que vous avez un amant, quoique vous vous en défendiez?

— Pour moi, dit-elle, c'est différent, il n'y a que six mois que je suis à Paris.

— Est-ce parce qu'il n'y a que six mois seulement?

— Oui, dit-elle franchement.

Je restai un moment stupéfait de cette franchise naïve, et j'allais rendre la conversation plus galante lorsque le conducteur apparut.

— Il est temps de monter en voiture, dit-il.

J'eus un mouvement de dépit d'abandonner un si joli thème; mais, pensais-je, la modiste va monter sur l'impériale, moi derrière elle, au milieu des malles, sous la bâche, et malgré mes compagnons, je pourrai lui parler. Malheureusement le conducteur avait fait acte de galanterie en priant les voyageurs de l'intérieur de vouloir bien donner place, quoiqu'ils fussent très-serrés, à la jeune fille. Adieu ma charmante conversation en haut de l'impériale, où je grimpai tristement! La modiste était perdue pour moi : nul moyen de communication entre nous pendant le reste de la route.

— « C'est la fille au meunier Gabourd, dit le conducteur, qui va à son village trouver sa famille dans la désolation. » Singulier effet du hasard? Le conducteur semblait répondre à mes désirs les plus vifs en me donnant le nom de la jeune fille, que je répétai pendant un quart d'heure de suite de la sorte : Mademoiselle Gabourd, 17, faubourg Saint-Honoré... 17, faubourg Saint-Honoré, mademoiselle Gabourd..., Ga... bourd, Gabourd, dix... sept..., vingt moins trois... Gabourd, dix-sept... dix-sept, Gabourd. Dans la conversation j'étais arrivé, sans le chercher, à connaître son adresse à Paris ; deux choses m'occupaient à cette heure, de retenir son nom et le numéro de la maison. J'allumai un cigare; il tombait une petite pluie fine, mais je n'y pensais guère, car je me créais pour l'instant une méthode mnémonique particulière, à l'effet de bien caser dans mon cerveau le numéro et le nom qui m'intéressaient. Sans doute je pouvais l'inscrire sur mon carnet ; mais le postillon connaissant la jeune fille, je ne voulais la compromettre en rien ; aussi bien, serré entre deux énormes compagnons, il m'était impossible d'arriver jusqu'à ma poche.

De temps en temps j'apercevais à l'horizon des montées roides et escarpées.

— Conducteur, est-ce que nous n'allons pas descendre?

J'espérais que ma jolie compagne de route descendrait également de l'intérieur de la voiture et que je pourrais continuer la conversation.

— De loin, ça a l'air de montagnes, disait le conducteur, de près ce n'est rien.

Encore un espoir qui s'échappait! A la descente de la voiture, pensais-je, je lui donnerai ma carte et mon adresse. Mais rien ne m'y autorise... Elle ne me comprendra pas... De quel droit lui donnerais-je ma carte? Si encore je lui avais fait une petite déclaration, mais je n'ai rien dit qui la décide à nous rencontrer à Paris... Pourquoi ai-je perdu une heure à parler de choses indifférentes? C'est justement en parlant de choses indifférentes que j'ai surpris la franche nature de cette jeune fille. Je savais le nom du village où elle descendait, je savais son nom, pourquoi ne pas lui écrire? N'était-ce pas plus simple et plus convenable? Mais si ses parents décachètent la lettre! N'importe, je la combinerai de telle sorte qu'elle ne sera pas compromettante. Je rédigeai de tête la lettre suivante : Mademoiselle, n'oubliez pas de m'apporter les chemises que je vous ai commandées en montant la montagne; on peut me trouver tous les jours jusqu'à midi. Josquin. » Et l'adresse à la suite. Ainsi, pensais-je, de la sorte elle connaîtra que je veux la revoir, si elle tient à réaliser l'amoureux qu'elle rêve; elle saura mon nom et mon adresse; et ses parents, s'ils lisent la lettre, ne pourront s'en formaliser. Malgré tout, je me repentais de n'avoir pas brusqué un peu plus ma réponse, lorsqu'en haut de la montagne elle me parlait de chercher un amoureux.

— Ceux qui veulent manger un morceau, dit le conducteur, on va s'arrêter un quart d'heure pour changer de voiture.

Je sautai par-dessus mes compagnons de voyage pour

descendre le premier de l'impériale, afin de me trouver près de la jeune fille. Elle était déjà dans la cour de l'auberge, un carton à la main; je m'approchai d'elle, mais elle parut me recevoir froidement.

— Étiez-vous bien dans cet intérieur? lui dis-je.

— Pas trop, dit-elle.

Et elle entra dans l'auberge comme si elle ne m'avait jamais vu.

C'est de ma faute, pensais-je, elle m'en veut de ne pas m'être montré assez galant en montant la montagne. Je la vis qui causait avec la maîtresse de l'auberge et qui lui confiait ses paquets; puis elle sortit de la maison, et traversa la rue. Le jour commençait à tomber. Dois-je la suivre où elle va! Il me sembla qu'elle entrait dans la boutique d'un épicier, en face de l'auberge, et je m'aventurai jusque-là. Mais quoique la boutique fût éclairée, je ne la revis plus. Où est-elle? me demandai-je. Peut-être à manger dans l'auberge. J'entrai dans une chambre illuminée par un grand feu, devant lequel cuisait un gigot, et, à tout hasard, comme personne ne me voyait, j'inscrivis mon nom sur mon carnet, et je pliai la feuille assez petite pour qu'elle présentât peu de volume. J'avais l'espérance de revoir la modiste et la ferme volonté de lui remettre mon adresse. Cependant tourmenté, j'allai de la cuisine à la cour, de la cour à la rue, et je remarquai avec terreur que déjà les chevaux étaient attelés à une nouvelle voiture plus petite encore que la première et qui consistait en un cabriolet ouvert pouvant contenir trois personnes derrière le postillon, et en un arrière-train pour quatre voyageurs à peu près.

— Vous pouvez monter, monsieur, me dit le conducteur.

— Non, pas encore.

Je me sauvai inquiet à la porte de la rue. Mes compagnons étaient là, qui se composaient d'un bourgeois et d'un prêtre ; ils m'engagèrent à monter en leur compagnie.

— Il fait bien froid, messieurs.

— Vous vous réchaufferez.

Ils marchèrent en causant, et je profitai de leur conversation pour m'arrêter et revenir à l'auberge. Justement la modiste reparut et chassa toutes mes inquiétudes. Je suivais ses moindres pas, et il me semblait que tous les gens de l'auberge s'en apercevaient. Elle demanda où demeurait telle personne dans le village, et si elle avait le temps de la voir; on lui accorda cinq minutes et une fille d'auberge, afin de lui montrer le chemin. Encore cinq minutes mortelles à attendre! La mettra-t-on dans le même compartiment que moi? Pourrais-je lui parler, lui dire un mot, lui remettre mon billet? Si j'avais le temps, ne devrais-je pas lui écrire une déclaration? Tous ces petits obstacles avaient augmenté le prix de ma conquête, et je commençais à m'y attacher réellement. Enfin la jeune fille reparut.

— Nous partons donc ensemble? lui dis-je.

Mais la maîtresse d'hôtel lui faisait mille recommandations qui m'agaçaient par leur détail. Je tournais autour de la modiste comme ces chiens qui se doutent que leurs maîtres vont sortir, et qui, par des sauts, des aboiements et des caresses, veulent les forcer à partir plus vite. Mon idée était que la jeune fille entrât dans le cabriolet découvert et moi à côté d'elle : La nuit était venue, la voiture était étroite, et je pourrais enfin causer librement.

— Montez sur le devant, mademoiselle Gabourd, dit le conducteur, cela ne fera rien aux autres voyageurs, puisque vous descendez bientôt, au prochain village.

Elle monta en tenant ses paquets, et je ne perdis pas une minute à la suivre dans ce cabriolet. Déjà le conducteur était sur son siége, devant nous, nous portant une ombre favorable; mais j'enrageais, car la maîtresse de l'auberge ne cessait de faire des recommandations à la modiste. Enfin, profitant d'un moment :

— Mademoiselle, je serais bien heureux de vous revoir à Paris, le voulez-vous?

— Oui, dit-elle.

— Voici mon adresse.

Et je la lui donnai en lui serrant la main.

— Surtout ne la perdez pas.

— N'ayez pas peur, dit-elle : je vous écrirai quand je serai de retour, et vous me montrerez votre bonne amie.

— Je n'en ai pas, et si je vous montre une bonne amie, ce sera vous.

— Ah! vous en avez une, tous les jeunes gens en ont.

— J'en ai eu, dis-je, mais elles m'ont fait beaucoup de mal et je les ai quittées.

Tout cela se disait à voix basse à cause du conducteur. Je tenais la main de la jeune fille dans les miennes, et je tâchais de faire passer dans une vive pression tout ce que je ne pouvais dire.

— Comment vous appelez-vous, mademoiselle?

— Céline.

— Eh bien, Céline, je vous aime depuis que nous nous sommes rencontrés, et je ne saurais vous dire combien j'ai pensé à vous là-haut et combien j'étais malheureux d'être séparé de vous.

Elle ne répondit pas, mais, quoique nous nous regardions sans presque nous voir, le charme n'en était pas moins puissant.

— J'ai encore appris ici de tristes nouvelles, dit la jeune fille; mon père est peut-être mort à l'heure qu'il est.

— Pauvre fille! pensais-je; et je lui serrai la main pour lui marquer mieux que par des paroles la peine que je prenais à son chagrin. Pour une marchande de modes, elle avait encore les mains un peu rugueuses de la campagne, et ces mains répondaient bien à sa naïveté.

Comme nous étions sans parler, chacun agité de nos pensées, la voiture s'arrêta et le prêtre parut avec son compagnon, qui tous deux me regardèrent et me trouvèrent peut-être un peu près de la modiste.

— Ah! monsieur le curé, dis-je, la voiture est bien étroite.

Le prêtre monta dans le cabriolet ouvert, à mes côtés, et le bourgeois prit place à côté du postillon. J'avais étalé effrontément ma main gauche sur le devant de la voiture, et je la remuais assez adroitement pour qu'elle remplaçât l'autre qui était en prison dans les mains de la jeune fille. Le prêtre et le bourgeois discutaient sur une question d'ultramontanisme; ils y mettaient beaucoup de feu. Je ne sais quelle idée me prit, je levai doucement la main de la jeune fille et je la portai à mes lèvres. Est-il rien de plus charmant que l'amour gêné par un obstacle? Ce que je n'avais risqué étant seul dans le cabriolet avec la jeune fille, me semblait d'un prix inexprimable. Donner un baiser au milieu d'une question d'ultramontanisme en doublait le prix. La marchande de modes, au premier enlèvement de sa main, la retira doucement de mes lèvres et fit entendre un petit cri qui pouvait être autant de plaisir que de reproche. Je ne me contentai plus de cet heureux début ; en feignant de laisser tomber mon mouchoir, je m'arrangeai de telle sorte en me baissant, que mes lèvres rencontrèrent la joue de la jeune fille.

— Je vous en prie, monsieur, me dit-elle.

Mais j'étais aussi heureux qu'Arlequin, quand il trouve le moyen de serrer dans ses bras la gentille Colombine en présence de son vieux tuteur Cassandre. Voilà le véritable amour, le seul toujours durable, le seul vrai, qu'un homme de génie a personnifié dans les tourmentes, les agitations et les courses vagabondes d'Arlequin et de Colombine ; sa grandeur vient des obstacles, et il s'éteindrait du jour où les deux amants verraient toute contrainte disparaître. Le prêtre, le bourgeois, le conducteur, qui pouvaient se retourner, donnaient un grand charme à cette rencontre en diligence.

— Plus j'approche, dit la jeune fille, et plus je souffre... ma tête me fait mal... je n'ose croire que nous allons arriver.

Elle parla alors de la mort de ses parents avec une douleur vraiment sentie ; j'attendais quelques mots du prêtre, mais il ne fit qu'une exclamation froide qui me blessa, car j'étais ému de la douleur de la modiste.

Tout à coup j'aperçus une lueur au loin.

— C'est l'église qui est illuminée, dit le postillon.

La jeune fille soupira tristement, quoique l'heure fût

passée d'enterrer les morts. Elle songeait sans doute comme j'y songeais, à son père mourant... Sa main devint froide, ainsi que son bras...

— Ah! ma pauvre mère! s'écria-t-elle d'un accent de douleur profonde.

L'église était à droite; à gauche nous longions un petit mur bas, qui laissait voir à la faible lueur des lanternes de la voiture le profil vague de croix de bois et de cyprès. C'était le cimetière. Ému, je laissai retomber de ma main la main de la modiste. Quelles paroles, en pareille circonstance, devant une telle douleur, sont possibles! La meilleure preuve d'affection, n'était-ce pas de laisser la modiste seule avec son chagrin, sans la troubler?

— Que vais-je apprendre? dit-elle lorsque la voiture s'arrêta.

Elle descendit lentement et resta affaissée contre un mur pendant que le conducteur cherchait ses paquets.

Le fouet claqua; les chevaux hennirent; j'entendis des sanglots près de la voiture, et je n'osais même dire à la jeune fille *au revoir*. Jusqu'au prochain relai, je m'arrêtai sur les idées suivantes: Libertin sentimental, — la mort, — l'amour, — la religion.

FIN

TABLE DES MATIÈRES

	Pages.
Préface..	1
Chapitre Ier. Ludivine et Sylvie.....................	7
— II. Histoire de M. T......................	42
— III. Les Orgues de Fribourg...............	79
— IV. Gritti......................................	96
— V. Le musicien Dubois....................	127
— VI. Où mène la science....................	169
— VII. Le comédien Trianon..................	213
— VIII. Les anabaptistes.......................	261
— IX. Purement archéologique..............	266
— X. Plus intéressant que le précédent......	272
— XI. La légende du bonhomme Misère......	275
— XII. Saint Le Gat............................	289
— XIII. Explique qui pourra la nature humaine...	293

www.ingramcontent.com/pod-product-compliance
Lightning Source LLC
Chambersburg PA
CBHW071522160426
43196CB00010B/1616